大　学　生　核　心　素　养　系　列　教　材

口才与写作训练教程

修订版

KOUCAI YU XIEZUO XUNLIAN JIAOCHENG

主　编\徐国莉
副主编\尚东玲　富　伟
编　委\李芬芳　潘　晨　王　婧
郑秋晨　王　琦　尚晓东

北京师范大学出版集团
BEIJING NORMAL UNIVERSITY PUBLISHING GROUP
北京师范大学出版社

图书在版编目(CIP)数据

口才与写作训练教程/徐国莉主编. —北京：北京师范大学出版社，2017.8(2025.2重印)
(大学生核心素养系列教材)
ISBN 978-7-303-22329-9

Ⅰ. ①口… Ⅱ. ①徐… Ⅲ. ①口才学－高等职业教育－教材 ②汉语－应用文－写作－高等职业教育－教材 Ⅳ. ①H019 ②H152.3

中国版本图书馆CIP数据核字(2017)第100307号

出版发行：北京师范大学出版社 https://www.bnupg.com
北京市西城区新街口外大街12-3号
邮政编码：100088
印　　刷：三河市兴达印务有限公司
经　　销：全国新华书店
开　　本：787 mm×1092 mm　1/16
印　　张：17.75
字　　数：350千字
版　　次：2017年8月第1版
印　　次：2025年2月第13次印刷
定　　价：38.80元

策划编辑：林　子　　责任编辑：林　子
美术编辑：高　霞　　装帧设计：高　霞
责任校对：段立超　陈　民　　责任印制：赵　龙

前言

语言表达与沟通交际能力是现代职场人士核心职业能力之一。很多高校开设了口语表达或应用写作的相关课程。本书是高校各专业公共基础学习领域“口才与写作”课程系列教材之一。

优秀的表达与沟通能力展示出来的不仅仅是语言文字能力，更是一个人各方面素质和能力的综合表现。“口才与写作”课程有着极强的实践性。课程组围绕“构建高效课堂，增强学生表达能力”的课程教学目标，一直致力于优化教学内容、改革教学方法的探索，开展了“课程目标围绕职业核心能力、教学设计基于工作过程、教学方法按照行动导向”的课程教学改革，遵循“任务驱动，项目载体”的教学设计理念，逐渐形成了一系列实践性强、互动性好的实践教学项目，教学效果十分显著，该课程成为学生喜爱的公共课之一。师生在教学能力比赛和演讲、科普讲解、创意写作等比赛中也频频获奖。本书依托课程教学改革实践经验编写，自2017年出版以来，广泛收集了师生使用中的意见与建议，同时注重以习近平新时代中国特色社会主义思想及党的二十大精神为引领，不断修订完善，逐渐形成了较为鲜明的特色。

第一，内容与体例创新，贯穿“说写融通”。目前市场上有关教材较为单一，或为应用文写作，或为演讲口才，还没有书面写作与口语表达融合较好的教材。本书总共设计了“沟通基础、职业口才、应用文书写作”3个模块、11个活动项目，16个典型工作任务，每个任务模块设计了一系列书面写作与口语表达融合较好的实践项目，将书面表达与口语表达、有声语言与无声语言紧密结合，促进学生在“动手写”的同时“张口说”，训练表达的思维与技巧。

第二，理论与实践结合，注重“产教融合”。本书按照“教学做”一体化思路来组织材料，并提供丰富的实践教学设计与案例，体现“做中教、做中学”的行动导向教学法特点；突出实践、理实一体，理论适度、难度适中，符合高校学生的心智特点；在案例的选取、典型任务和活动的设计上，广泛开展行业企业调研，引入企业案例，尝试弥补目前国内一些高校教材过于重视理论知识体系、实训内容不够突出、教学案例过少的缺憾。

第三，能力与素养并重，融入“课程思政”。每个任务设计素质、知识、能力“三维”教学目标，将思想道德素质、社会主义核心价值观与企业文化元素融合，在任务实施中注重培养学生自主探究习惯和团队协作精神，促进学生职业能力和素质提升。

此外，我们主动适应“互联网+高等教育”时代要求，不断开发和完善教材配套数字资源。我们希望本书成为一本既能够指导学生学习，又能够为教师教学提供参考的教材。因时间仓促、水平有限，书稿难免存在一些疏漏，敬请专家和读者批评指正。

编　者

目录

模块一　沟通基础

模块二　职业口才

模块三　应用文书写作

模块一 沟通基础

项目一

沟通心理训练

任务一 破冰建组

教学目标

1. 素质目标

(1)培养团队意识；

(2)培养主动与人沟通交流的意识与习惯。

2. 知识目标

(1)掌握沟通的原则；

(2)了解沟通障碍的表现和解决措施。

3. 能力目标

(1)能够运用正确的方法克服沟通心理障碍；

(2)能够运用沟通技巧与人有效沟通。

情景训练

任务：破冰建组

设计破冰建组游戏，对学生进行随机分组，使学生打破固有的交际圈子，安排具有挑战性的小组任务，使成员尽快消除隔阂，建立相互支持、通力合作的学习小组。

根据有关学者的研究表明，普通人每天60%～80%的时间用在“说、听、读、写”等沟通活动上。企业中的管理者在经营“人”的过程中，需要借助沟通的技巧，化解不同的见解与意见，建立共识。有一项有趣的统计表明，一个职业人士成功的因素75%靠沟通，

25%靠天分和努力。有名人言："成功的公式中，最重要的一项能力是与人相处的能力。"可见，巧妙地进行人际沟通，在工作、生活中都非常重要。沟通能力已经成为一个现代职业人士成功的必要条件。

案例导入

不会沟通，从同事到冤家

小王是公司销售部一名员工，为人比较随和，不喜争执，和同事的关系处得都比较好。但是，前一段时间，不知道为什么，同一部门的小李老是处处和他过不去，有时候还故意在别人面前指桑骂槐，对跟他合作的工作任务也都故意让小贾多做，甚至还抢了小王的好几个老客户。

起初，小王觉得都是同事，没什么大不了的，忍一忍就算了。但是，看到小李越来越嚣张，小王一赌气，告到了经理那儿。经理把小李批评了一顿，从此，小王和小李成了冤家。

思考与讨论：小王应该如何与小李沟通？这则故事给我们的人际沟通带来什么警示？

一天，大厅里进来一位老顾客，餐饮部主管向客人主动问好。为顾客安排好座位后，主管立即与服务他的一位新员工打了招呼，告诉她这位先生姓周，是江西人，在这边做生意，是老顾客，喜欢喝绿茶。等客人坐定，新员工立刻为周老板沏了一杯绿茶，周老板会心地一笑。不一会儿，周老板的朋友到齐了，开始点菜。服务员趁机到主管这里查找顾客消费档案，了解周老板的饮食喜好。等到周老板点完菜回到座位上，发现桌上已经多了两样东西，一样是水果拼盘，一样是辣椒酱。他高兴得连连说："新人也对我这么了解，你们这里的服务员真是细心周到，让我们有了回家的亲切感，想想家人也不过如此啊！"同桌的宾客也称赞这里的服务有水平，都说以后会选择这里宴请他人。

思考与讨论：在职场中，要达成业务目标，在与客户沟通之前应该做好哪些工作？

基础知识

一、沟通的定义

沟通是为了一个设定的目标，把信息、思想和情感借助一定的媒介在个人之间或群体间传递，并且达成共同的协议的过程。

沟通有三大要素：要有一个明确目标；达成共同协议；沟通信息、思想和情感。

(一)要有一个明确的目标

围绕一个明确目标进行的交流才叫沟通。如果大家在一起天南海北地侃大山，但没有目标，那就不是沟通，而是聊天。所以，我们在和别人沟通的时候，见面的第一句话应该说："这次我找你的目的是……"沟通时第一句话要说出你要达到的目的，这是非常重要的，也是你的沟通技巧在行为上的一个表现。

(二)达成共同的协议

沟通结束以后一定要形成一个双方或者多方共同承认的协议，只有形成了这个协议才叫作完成了一次沟通。如果没有达成协议，就不能称之为有效沟通，可以说是“沟”而不“通”。沟通是否结束的标志就是是否达成了协议。在实际的工作过程中，我们常见到大家一起沟通后，但是没有最终形成一个明确的协议，大家就各自去工作了。由于对沟通的内容理解不同，又没有达成协议，最终造成了工作效率的低下，双方又增添了很多矛盾，这种明显的“沟”而不“通”的情况是普遍存在于实际工作之中的，然而我们却习以为常。在明确了沟通的第二个要素后，我们应该知道，在我们和别人沟通结束的时候，我们一定要用这样的话来总结：“非常感谢你，通过刚才的交流我们现在达成了⑥　的协议，你看是这样的一个协议吗?”这是沟通技巧的一个非常重要的体现，就是在沟通结束的时候一定要做总结，这是一个非常良好的沟通行为。

(三)沟通信息、思想和情感

沟通的内容不仅仅是信息，还包含着更加重要的东西，那就是思想和情感。那么信息、思想和情感哪一个更容易沟通呢？答案是信息。例如，今天几点起床？现在是几点了？几点开会？往前走多少米？这样的信息是非常容易沟通的。而思想和情感是不太容易沟通的。在我们工作的过程中，很多障碍使思想和情感无法得到良好的沟通。但事实上，我们在沟通过程中，需要传递的更多的是彼此之间的思想，而信息的内容并不是最主要的。

二、沟通的方式

我们在工作和生活中，会采用不同的沟通方式，其中用得最多的是语言。这是我们人类特有的一种非常好的沟通方式。实际上，在工作和生活中我们除了用口语进行沟通，有时候还会用书面语言和肢体语言(如眼神、面部表情和手势)进行沟通，如用我们的眼神、面部表情和手势去沟通。归纳起来，我们的沟通方式有两种：语言的沟通和肢体语言的沟通。通过这两种不同方式的沟通，可以把沟通的三种内容即信息、思想和情感传递给对方，并达成协议。

(一)语言的沟通

语言是人类特有的一种非常好的、有效的沟通方式。语言的沟通包括口头语言、书面语言、图片或者图形。

口头语言包括我们面对面的谈话、会议等，书面语言包括我们的信函、广告、传真、E-mail、图片、表格、幻灯片等，这些统称为语言的沟通。

语言沟通能传递信息、思想和情感等，尤其善于传递信息。

(二)肢体语言的沟通

肢体语言的内容非常丰富，包括我们的手势、面部表情、眼神、姿态等。借助肢体语言，我们能更好地传递思想和情感。

我们在沟通的过程中首先要问自己，这次沟通的主要内容是信息还是思想和情感?信息用语言来沟通更容易，思想和情感沟通则借助肢体语言来表达会更深刻。

(三)沟通方式对沟通效果的影响

1. 肢体语言沟通

在人们传达信息的时候，实际上语言表达只占表达方式的 35%，而其余的 65%则是通过肢体语言传达。说同样一句话，如果加上手势和表情，会带来不同的效果。

2. 语言沟通

在语言沟通的时候，同样一句话，用不同的语气或者不同的表达方式，可以获得不同的效果。

在会议中或者做报告时，除了文字以外，更鲜明的表达方式是图表、图像。比如说企业今年年终销售额比去年增加 20%，直接用饼图或者柱状图，会使沟通更形象和直观。

案例导入

一家著名的公司在面试员工的过程中，经常会让 10 个应聘者在一个空荡的会议室里一起做一个小游戏，很多应聘者在这个时候都感到不知所措。在一起做游戏的时候主考官就在旁边看，他不在乎你说的是什么，也不在乎你说的是否正确，而是看你这三种行为是否都出现，并且这三种行为是否占有恰当的比例。如果一个人要表现自己，他的话会非常地多，始终在喋喋不休地说，可想而知，这个人将是第一个被请出考场或者淘汰的人。如果你坐在那儿只是听，不说也不问，那么，也将很快被淘汰。只有在游戏的过程中既说也听，同时还会发问，这才意味着你具备良好的沟通技巧(见图 1-1-1)。

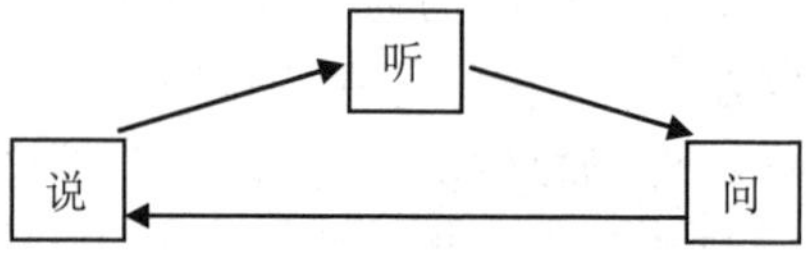

图 1-1-1　沟通的三种行为

三、沟通三种行为

要形成一个双向的沟通，必然包含三种行为，即说的行为、听的行为和问的行为。有效的沟通必然是由这三种行为组成的。换句话说，考核一个人是否具备沟通技巧的时候，看他这三种行为是否都能恰当出现就可以了。

当我们在沟通的时候，一定要养成良好的沟通习惯：说、听、问三种行为都要出现，并且这三者之间的比例要协调，如果具备了这些，才有可能实现良好的沟通。

四、有效沟通的原则

(一)完全性原则

完全性原则是指沟通信息的发出者应注意在沟通中是否提供了全部必要信息；是否根据听众的反馈回答了全部问题；是否为了实现沟通的目的

而在需要时提供了额外的信息。

（二）对称性原则

对称性原则是指提供的信息对于沟通双方来说应该是准确对称的。

（三）对事不对人原则

对事不对人原则要求沟通双方应针对问题本身提出看法，充分维护他人的自尊，不要轻易对人下结论，从解决问题的目的出发进行沟通。这种原则存在两种导向：问题导向和人身导向。

（四）责任导向原则

责任导向原则就是在沟通中引导对方承担责任。与之相关的方式有两种：自我显性的沟通与自我隐性的沟通。

（五）事实导向原则

在沟通中表现为以描述事实为主要内容的沟通方式。

五、有效沟通的步骤

（一）事前准备

第一，设立沟通目标。我们在与别人沟通之前，我们心里一定要有一个目标，我希望通过这次沟通达成什么效果。第二，制订沟通计划。有了目标就要有计划，即怎么与别人沟通，先说什么，后说什么等。第三，预测可能遇到的异议和争执，及早制定解决方案。第四，对情况进行分析。就是明确双方的优劣势，设定一个更合理的、大家都能够接受的目标。

（二）确认需求

第一步，有效提问。我们在沟通过程中，首先要确认对方的需求是什么。如果不明白这一点就无法最终达成一个共同的协议。别人的需求和目标需要通过提问来了解。第二步，积极聆听。在听的过程中，要善于将对方的话进行归纳总结，更好的理解对方的意图，寻找准确的信息。第三步，及时确认。确认双方的需求，明确双方的目的是否是一致的。

（三）阐述观点

说明自己的观点及意图，给对方一个明确的立场，让对方能够听懂、能够接受。

（四）处理异议

在沟通中，有可能你会遇到对方的异议，一旦遇到异议就会产生沟通的障碍。我们要力争说服对方，以求达成共识。处理异议时，态度要表现出具有“同理心”。解决人际关系问题中最具威力的三个字是“我理解”。在处理异议的过程中，我们应塑造一个让对方可以畅所欲言、表达意见的环境，展现支持、理解、肯定的态度，尊重对方的情绪及意见，让他觉得与你交谈是件轻松愉快、获益良多的事。

（五）达成协议

是否完成了沟通，取决于双方是否意见一致，达成共识，即达成了协议。要做到以下几方面：发现别人认同和支持之处，并表示感谢；愿与合作伙伴、同事分享工作成果；

对合作者的杰出工作给予回报。

（六）共同实施

在达成协议之后，要共同实施。达成协议是沟通的一个结果。但是在工作中，任何沟通的结果都意味着一项工作的开始，要共同按照协议去实施，如果我们达成了协议，可是没有按照协议去实施，那么对方会觉得你不守信用，就失去了对你的信任。信任是沟通的基础，如果失去了对方的信任，那么下一次沟通就变得非常困难。作为一个职业人士，必须要努力实施所有达成的协议。

（七）不断纠偏

在合作中，对双方的协议不断修改、补充、完善。

六、有效沟通的技巧

要想实现有效沟通，需要提高个人的沟通素质，增强沟通能力。

（一）了解自己和他人

心理学家鲁夫特与英格汉提出的"沟通视窗"模型是对沟通风格进行评估与分类时最常用的模型，它将人在交流时的心理，根据对信息的"暴露"和"反馈"分成4扇窗户，每一扇窗户都代表了一种与沟通有关的人格特征（见图1-1-2）。左上角那一扇窗称为"开放区"，这是自己清楚别人也知道的部分。右上角那一扇窗称为"盲点区"，属于盲目领域。这是自己不知道而别人却知道的部分。左下角那一扇窗称为"隐藏区"，属于逃避或隐藏领域，是不愿意或不能让别人知道的事实或心理。右下角那一扇窗称为"未知区"，这是自己和别人都不知道的部分，有待挖掘和发现。

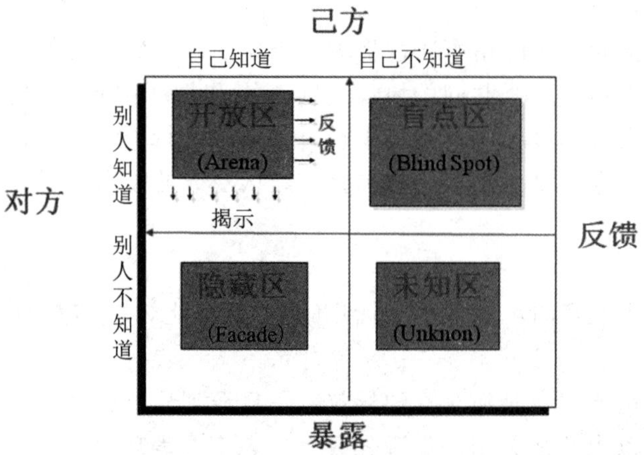

图 1-1-2 "沟通视窗"模型

任何一个人都有上述四种信息，在他人看来每一个人的这四种信息的多少是不一样的。

如果一个人开放区信息更多，这样的人是善于交往、非常随和的人，容易进行合作和沟通。要想使你的开放区变大，就要多说、多问，多了解别人对你的一些建议和反馈。

多说、多问不仅是一种沟通的技巧，也是赢得别人信任，是使别人以一个合作的态度与你沟通的重要的保证。

如果一个人盲区的信息最大，那么这样的人往往是不拘小节、夸夸其谈的人，他有很多不足之处，别人都看得见，而他却看不到。造成盲区大的原因是他说的太多，问的太少，他不去询问别人对他的反馈。所以，在沟通中，不仅要多说而且要多问，避免造成盲区过大。

如果一个人的隐藏区信息更多，那么关于他的信息，往往会只有他自己知道，别人都不知道。这是内心很封闭的人或者被认为是很神秘的人。这样的人我们对他的信任度较低，别人与其沟通的过程中，可能合作的意向就会弱一些。所以说如果别人觉得你是隐藏区很大的人或者别人觉得你是一个非常神秘的人，原因就是你说得太少了。

如果一个人未知区大，那么关于他的信息，他和别人都不知道。这种非常封闭的人，关于他的信息，他不向别人去了解，也不去告诉别人。封闭很可能会使他失去很多机会，如失去一份原本能够胜任的工作了，因为别人不了解他能做这件事情，他也不知道自己能做这件事情。现在竞争变得越来越激烈，每个人都要努力去争取更多的工作机会来成就自己的事业，那么这种未知区很大的人，就很可能失去了很多机会。失去机会就意味着要落后，甚至要被社会淘汰，所以每一个人一定要尽可能缩小自己的未知区，主动地通过别人去了解自己，主动地去告诉别人我能做什么。

（二）积极倾听

在沟通中，会听比会说更重要，我们平时听别人说了很多的话，却没有认真去聆听对方真实传递的信息，导致沟通失败。所以说倾听是一种重要的非语言性沟通技巧。倾听不是一种被动而是一种积极、主动的行为，它不仅能够帮你收集到更多更准确的信息，同时它也能够鼓励和引导对方更好地去表达。

倾听的技巧有如下几点：

第一，倾听回应。就是当你在听别人说话的时候，一定要有一些回应的动作。比如：“好！我也这样认为！”“没错！”在听的过程中适当地点头。倾听回应是积极聆听的一种方式，也会给对方带来非常好的感觉。

第二，提示问题。即当你没有听清的时候，要及时去提问。

第三，重复内容。在听完了一段话的时候，要简单地重复一下内容。

第四，归纳总结。在听的过程中，要善于将对方的话进行归纳总结，更好的理解对方的意图，寻找准确的信息。

第五，表达感受。在聆听的过程中要养成一个习惯，要及时表达感受，如回应“非常好，我也是这样认为的”，这是一种非常重要的聆听技巧。

（三）善于提问

提问是非常重要的一种沟通行为，因为提问可以帮助我们了解更多更准确的信息，能够帮我们控制沟通的方向、谈话的方向。通过采取有效的询问方式，可以启发对方的心智，引导对方积极参与沟通，达到沟通的目的。

提问的方法分为开放式和封闭式两大类别，不注意这两类问题的提问方法，往往会造成收集的信息不全面或者时间的浪费。比如,“请问一下会议结束了吗?”这是一个封闭式问题,我们只能回答结束了或者还没有。如果我们问一个开放式的问题:“会议是如何结束的?”对方可能会告诉你更多的信息,会议从几点开始到几点,最后形成了什么协议,然后在什么样的氛围中结束等。可见,开放式的问题,可以帮助我们收集更多的信息。

在我们工作中,有些人习惯用一些开放式的问题与人交流,而有些人却习惯于用封闭式的问题,我们只有了解了它的优劣处,才能够更加准确地运用封闭式或开放式的问题。封闭式问题可以节约时间,容易控制谈话的气氛,但不利于收集信息。开放式问题收集信息全面,能得到更多的反馈信息,谈话的气氛轻松,有助于帮助分析对方是否真正理解你的意思,但浪费时间,谈话内容容易跑偏。在沟通中,我们如果希望营造一种轻松的氛围,可以在开始谈话的时候问一个开放式的问题;当发现话题跑偏时可问一个封闭式的问题。

(四)令对方觉得受关注

现实生活中有些人之所以会出现交际的障碍,是因为他们不懂得这样一个重要的原则——让他人感到自己受重视。这些人喜欢自我表现,吹嘘自己。一旦事情成功,他们首先说的就是自己有多大的功劳,做出了多大贡献。这样其实就相当无形之中否认了他人的付出与成果,进而间接伤害了别人。

人际交往有个极重要的法则:时时让别人感到他们自己是重要的。人类心里最深远的驱动力就是希望自己很重要。人类心中最殷切的需求是渴望被他人肯定。所以,要打动别人内心的最好方法,就是巧妙地表现出你衷心地认为他们很重要。事实上,如果我们遵守这个原则,便获得许多友谊和快乐。但是,如果我们破坏了这个法则,就难免后患无穷。最伟大的沟通技巧就是重视别人的意见。与别人交谈时他们最感兴趣的话题是他们自己。所以,在沟通中,我们要学着把“我想……他们应该”的想法变成“他(她)想……我应该……”尽量使用这些词——“您”或“您的”而不是“我”“我自己”“我的”。

(五)学会赞同和认可

我们在与人沟通的时候,头脑中要形成一种赞同他人的意识,努力成为一个由衷地赞同别人和认可别人的人。

如果你仅仅是暗示对方你在赞同他们是远远不够的。要让他们知道你在赞同和认可他们,不妨试着点头说“是的”,或注视着对方的眼睛说“您说得对,我完全赞同”“我认为您的看法很好”,等等。让对方能够真切感受到你在赞同他们,而不是简单敷衍了事。

当你不赞同别人时,除非万不得已,请不要告诉他们。在与人交流时,即使别人不能让你赞同,也不要轻易去反对。如果轻易去反对别人的观点,特别是在大庭广众之下,你会很快与人产生矛盾,那样你会失去很多。所以,不能赞同别人时也不要轻易否定别人,除非你不得不这样做。

(六)巧妙地说服别人

当你说一些有利于自己的事情时,人们通常会怀疑你和你所说的话,所以,不要直接阐述,而是引用他人的话,让别人来替你说话,即使那些人并不在现场甚至并不存在。因为人们通常很少怀疑你间接描述的事实的真实性。当然,更好的办法是通过第三者来替你讲话。

你不要强行说服对方，而是要善于用对方的观点来说服对方。在沟通中遇到异议时，首先了解对方的某些观点，然后当对方说出了一个对你有利的观点时，再用这个观点去说服对方。

(七)巧妙批评别人

在批评别人时，应该在单独相处时提出，不要放声大叫，不要让更多的人听见，要给对方留点面子；可以略微给对方一点赞扬，或说一些恭维的话，在创造了一个和谐的气氛后，再展开批评；对事不对人，批评别人所做的错误行为，而不要批评当事人；告诉他正确的方法，在你告诉他做错了的同时，应告诉他怎样做才是正确的，这样才会使批评产生积极效果。一次犯错，一次批评，而不要将别人的错误累积在一起算总账；以友好的方式结束批评；批评过后要加以鼓励、引导。

(八)运用幽默表达

幽默是一种艺术手段。高超的幽默技巧，不只逗人发笑，还能让人在轻松愉悦中感受到深刻的真理和严肃的内容。一个员工如果只是中规中矩地工作，谈吐有失幽默，会让身边的人感觉无趣、木讷，适时地使用一些幽默的技巧，会取得良好的沟通效果。

案例欣赏

客人：(点菜时偶见鱼缸中有一条肚皮朝上的鱼,)你们这儿连死鱼也卖?

服务员：还没死呢。

客人：没死也快了。(对一起来的朋友)咱们还是换个地方吧!

经理：哦，那条鱼是在仰泳，您看，鱼鳃还在动。当然，如果客人没有专门要求吃仰泳的鱼，我们通常只提供自由泳的鱼。

客人：(忍不住笑了)我们要会蝶泳的鱼。

经理：对不起，先生，我们这里的鱼都还没有学过蝶泳，要不这样吧，让厨师教它们游蝶泳。您如果有兴趣，不妨点个"松鼠桂鱼"，因为这道菜既像松鼠，又有点像桂鱼蝶泳。

客人：那好吧，就点个"松鼠桂鱼"。

六、沟通障碍

(一)沟通障碍的表现类型

沟通障碍现象在企业中一直都是大问题，很多企业无形中为此增加了一项成本——沟通成本。研究表明，工作中70%的错误是由沟通不善和沟通障碍造成的。沟通最大的障碍是思维定式，我们的生活环境以及我们自身的生活经历形成了我们的思维方式、心理定势以及看待世界的方式。人与人是有差异的，这些差异在交流中都会形成障碍。认知障碍会帮助我们克服它们。沟通障碍主要包括：主题障碍、信息障碍、媒介障碍、客体障碍和反馈障碍等。

1. 主题障碍

主题障碍是指发送信息和传递信息的人的想法、意图不清晰。

案例欣赏

上司究竟是什么意思呢？

一次谈话中，上司对下级员工说道："你的绩效这一季比上一季低，我真的希望你再加点油。"下级员工听到后，仿佛听到了裁员的声音，他心里想：如果再落后的话，就要被解雇了。

但其实领导只是在讲一句鼓励的话，是想让员工再努力一点，而且相信员工一定能做到。但员工因为领导讲话时强硬的语气、死板的表情和手上的动作等因素，作出了错误的判断，以为这是领导的恐吓。

由此可见，如果领导能够通过具体化的语言，准确地表达出自己的意思，就不会产生案例中无效的沟通。

2. 信息障碍

信息障碍是指词不达意，不能用很好的方式把真实的想法和意图恰当、准确地表达出来。又或者由于错误的肢体语言，传达出来的信息也会使沟通产生障碍。

案例欣赏

上司何时要报告呢？

一次谈话中，上司对小王说："那份报告一写好，就马上拿给我，我需要它。"小王误以为领导是要他停止现在所有的工作，当天就把报告第一时间写好。其实上司的意思是要他在一个星期之内完成那份报告。

所以，上级在给下级发布信息时，如果没有准确地表达信息，比如，关于"什么人、什么时间、什么地点、做什么、要怎么做"等问题没有讲清楚，就可能会产生问题。

此外，在正式、重要的场合中，语言的沟通是不够的，所以要配合图片、书面等多种媒介，通过多种手段来克服沟通的障碍。

3. 媒介障碍

媒介障碍是指在想法清晰、表达正确的前提下，所使用的媒介不当而产生的沟通障碍，它通常也被称为通路选择障碍。例如，账号、电话号码、详细的地址等应用书面文字进行传递，如果只是通过口头语言传递就有可能出现信息偏差。

4. 客体障碍

客体障碍是指接收方有问题，接收方受自己的地位、角度、立场、需求和价值观等限制而致使自己不能很好地理解信息内容。

5. 反馈障碍

反馈障碍是指信息传递后，对方没有做出任何回应。

6. 心理障碍

比如，有的技术人员、研发人员不善于表达自己，那么在沟通的过程中就会产生一定的障碍。

7. 环境障碍

很多大型跨国企业，它的中国区市场部可能在北京，物流配送中心可能在上海，但研发基地可能依然在国外某地，这种地域上的障碍，会对沟通产生一定的影响。

8. 地位障碍

在一些头脑风暴会议或者恳谈会中，如果有一位相对权威的人士或者是公司的某位领导参加，很多员工就不会发言了。这就是地位产生的沟通障碍。

9. 人数障碍

在小型的培训会上，学员们可以进行面对面的沟通；如果下面坐着一二百名学员，大家就无法进行有效的沟通。

10. 文化障碍

麦当劳刚刚进入中国市场的时候，曾经有一段时间，员工的劳动生产率非常低，工作懈怠，牢骚满腹。经过反复地调查和沟通，员工终于说出了自己的心里话。他们说，麦当劳的老板们太“抠”，中午的午餐每人只给一个汉堡，再加一包薯条和一杯可乐，而且汉堡还不是巨无霸。这实际上是由于文化差异产生的障碍，在西方很多的国家，他们的午餐很简单，一个汉堡、一根热狗就可以解决，这就是东西方文化差异造成的沟通障碍。

(二)克服沟通障碍的意义

1. 有效的人际关系沟通提高组织成员的满意度

人际关系是以人的情感为纽带的，不同的人际关系引起人们的情感体验不同。良好的人际关系引起的是人们愉快、亲切、随和的心理体验。这样的心理体验能带给组织成员积极、健康、饱满的精神状态。如此，大家才能更好地投入各项工作中，不断地为组织的生存、建设和发展做出贡献。

2. 增强组织成员的凝聚力

良好的人际关系有助于团结。团结是组织生存和发展的重要条件。一双筷子很容易被折断，可要是想把一大把筷子同时折断却不是一件易事。相反，没有团结互助的精神，组织就缺乏凝聚力，维持组织生存和发展的感情关系就不会太牢固，人与人之间的矛盾冲突就会更多。

3. 提高组织成员的工作效率

成员工作效率的高低直接影响着组织效益的好坏。虽然，影响成员工作效率的原因是多方面的，但是人际关系的好坏是其中一个重要的因素。良好的人际关系可以激发组织成员的责任感和荣誉感，可以激励成员的工作热情，形成组织内和谐的气氛，从而提高成员的工作积极性、主动性和创造性，进而提高工作效率。在此，我们可以把成员的工作效率看成是一个不断变化发展的事物，从这个层面来讲，成员是内因，对于工作效率来说起着决定性的作用。那么人际关系就是外因，对成员的积极性、主动性和创造性有着重要的影响，倘若人际关系好，那么这个外因对成员这个内因所起的作用就是积极的，这样才能推动工作效率不断提高；如果人际关系差，那么对成员会产生消极的作用，这样必然会导致成员的工作效率下降，最终影响组织的发展。

(三)沟通障碍的排除

人际沟通效果的提高有赖于影响人际沟通障碍的消除。为此，信息发送者和信息接收者都要努力提高自己的沟通水平。

1. 信息发送者沟通障碍的解决方法

(1)要有勇气开口。作为信息发送者，首先是要有勇气开口。只有当你把心中所想表达出来时，才有可能与他人沟通。人与人之间存在很多矛盾的一个主要原因，就是当事人都只在自己心里想，没有把自己的想法说出来，从而导致了很多误解。

(2)态度要诚恳。人是有感情的，在沟通过程中，当事者相互之间所采取的态度对于沟通的效果有很大的影响。只有当双方坦诚相待的时候，才能消除彼此间的隔阂，从而求得对方的合作。

(3)提高自己的表达能力。对于信息发送者来说，无论是口头交谈还是采用书面交流形式，都要力求准确地表达自己的意思。为此，要了解信息接收者的文化水平、经验和接受能力，根据对方的具体情况来确定自己表达的方式和用词等，选择准确的词汇和语气，注意逻辑性和条理性，对重要的地方要加上强调性的说明，借助于手势、动作、表情等来增进思想和感情上的沟通，以加深对方的理解。

(4)注意选择合适的时机。由于我们所处的环境、气氛会影响沟通的效果，所以在与他人交流时交流要选择合适的时机。对于重要的信息，在办公室等正规的地方进行交谈，有助于双方集中注意力。而对于思想上或感情方面的沟通，则适宜于比较随意、单独相处的场合下进行，这样便于双方消除隔阂。要选择双方情绪都比较冷静时进行沟通，当大家都理解，但感情上不愿意接受时，信息发送者身体力行可能是最好的沟通方式。

(5)注重双向沟通。由于信息接收者同意从自己的角度来理解信息，有时便会导致误解，因此信息发送者要注重信息的反馈，提倡双向沟通，请信息接收者重述所获得的信息或表达他们对信息的理解，从而检查信息传递的准确程度和偏差所在。因为，信息发送者要善于体察别人，鼓励他人不清楚就问，注意倾听反馈意见。

(6)积极地进行劝说。由于每一个人都有自己的立场，为了使对方接受信息，并按发送者的意图行动，信息发送者常有必要进行积极劝说，从对方的立场上加以开导，有时还需要通过反复的交谈来协商，甚至采取一些必要的让步或迂回。为此，交谈时间应尽可能地充分，以免过于匆忙而无法完整地表达意思，要控制自己的情绪，不要采取高压的办法，而导致对方的对抗，尽可能开诚布公地进行交谈，耐心地聆听对方的诉说，不拒绝对方任何有意的建议、意见和提问。

2. 信息接收者沟通障碍的解决方法

第一，要注意仔细地聆听。以前人们常常只注重说、写能力的培养，而对于倾听的能力则不那么重视。事实上，倾听对于进行有效的沟通来说同样是非常重要的。有效的倾听能增加信息交流双方的信任感，这是克服沟通障碍的重要条件。要提高倾听的技能，可以从以下几个方面去努力：使用目光接触，展现赞许性的点头和恰当的面部表情；避免分心的举动或手势；要提出意见，以显示自己不仅在充分聆听，而且在思考；复述，用自己的话重述对方所说的内容；要有耐性，不要随意插话；不要妄加批评和争论，应适时、适当地转换听者与说者的角色。

第二，缩短信息传递链。拓宽沟通渠道，保障信息的双向沟通。信息传递链过长，会减慢信息的流通速度并造成信息失真。“沟通漏斗”是指在人与人沟通时，一个人通常只能说出预想的80%，对方听到的最多只能是60%，听懂的却只有40%，执行时，只有20%了(见图1-1-3)。也就是说，一个人所说的80%，对方只能执行到20%，这也就是沟通中的“80/20法则”。因此，要减少组织机构重叠，拓宽信息渠道。另外，管理者应激发团队成员自下而上地沟通。在利用正式沟通渠道的同时，开辟非正式的沟通渠道。坦诚、开放、面对面的沟通会使员工觉得领导者理解自己的需要，可以取得事半功倍的效果。

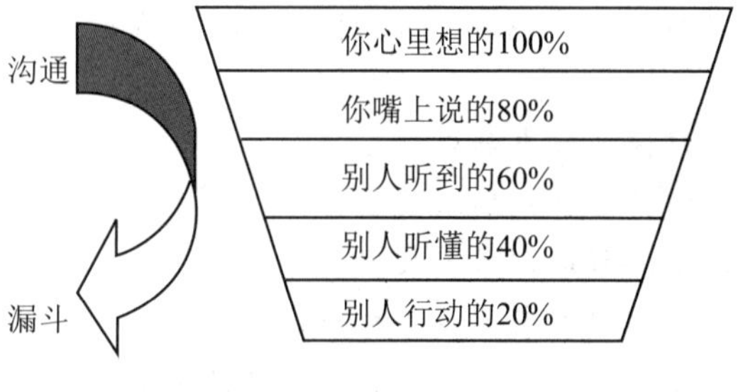

图1-1-3　“沟通漏斗”图

3. 沟通双方应遵循的原则

第一，培养信任感。要多了解和理解你的沟通对象，因为良好的沟通是建立在沟通双方相互信任、了解和理解的基础之上的。从排除沟通障碍、改善人际关系的角度来看，培养信任感是非常重要的手段。

第二，要用“双赢”的沟通方式去求同存异。提倡“高驱力，高同感”。“高驱力”指的是能积极地向别人表达自己的主张，比如在谈判中决不轻易地屈从和迁就，而“高同感”则是能认真地倾听别人所提出的与自己不同的意见和主张。既有“高驱力”又有“高同感”，这意味着既能维护自己的尊严和利益，又决不忽视对方的利益和尊严，而这正是取得“双赢”结局的保证。美国心理学家托马斯指出，人们在交往中会表现出四种人生态度，分别是：“我不行，你行”或“我不好，你好”，“我不行，你也不行”或“我不好，你也不好”，“我行，你不行”或“我好，你不好”，“我行，你也行”或“我好，你也好”。心理学认为，对于一个成年人来说，只有“我行，你也行”或“我好，你也好”的人生态度，才是健康的人生态度。

第三，善于理解和原谅别人。实际上，只要拥有共同的理想，共同的组织目标，以及待完成的伟大事业，再想想生命的短暂，就无暇为小事而争执和烦恼。

第四，学会从多个角度考虑问题。我们应该培养有换位思考的习惯，也应尝试从多个角度去思考问题，这样才能辩证地理解他人的行为和思维。因为许多精彩的创意就是在碰撞中产生的，而且，只有经过碰撞的思想才更加经得起推敲。

沟通是一门科学，也是一门艺术。沟通一方面体现在它的思想性、目的性且注重结果、质量和效率，另一方面，它贯穿于人际沟通过程中的一举一动、一言一行，这些无不体现着对人的关怀和理解。在日常工作和生活中，好好把握沟通的实质，摆正沟通的心态，掌握沟通的方法，不仅有助于自己事业的成功，同时也有助于自我能力品行的提升。

拓展知识

三十条人际沟通的小技巧

一、多给别人鼓励和表扬，尽量避免批评、指责和抱怨，不要逼别人认错。

二、要学会倾听。不要说得太多，想办法让别人多说。

三、如果你要加入别人的交谈，先要弄清楚别人究竟在说什么。

四、交谈之前尽量保持中立、客观。表明自己的倾向之前先要弄清楚对方真实的倾向。

五、注意对方的社交习惯并适当加以模仿。

六、不要轻易打断、纠正、补充别人的谈话。

七、别人有困难时，主动帮助，多多鼓励。

八、不要因为对方是亲朋好友而不注意礼节。

九、尽可能谈论别人想要的，教他怎样去得到他想要的。

十、始终以微笑待人。

十一、做一个有幽默感的人。但是在讲笑话的时候千万不要只顾着自己笑。

十二、做一个脱离低级趣味的人。

十三、跟别人说话的时候尽量看着对方的眼睛，不管你是在说还是在听。

十四、转移话题要尽量不着痕迹。

十五、要学会聆听对方的弦外之音。也要学会通过弦外之音来委婉地表达自己的意思。

十六、拜访别人一定要事先通知。

十七、不要在别人可能忙于工作或者休息的时候打电话过去。除非是非常紧急的事情。

十八、给别人打电话的时候，先问对方是否方便通话。

十九、一件事情让两个人知道就不再是秘密。

二十、你在背后说任何人的坏话都迟早有一天会传入这个人的耳朵。

二十一、不要说尖酸刻薄的话。

二十二、牢记他人的名字。养成偶尔翻看名片簿、电话本的习惯。

二十三、尝试着跟你讨厌的人交往。

二十四、一定要尊重对方的隐私，不管是朋友还是夫妻。

二十五、很多人在一起的时候，当你与其中某个人交谈，请不要无视其他人的存在。

二十六、要勇于认错。

二十七、以谦卑的姿态面对身边的每一个人。

二十八、给予他人同情和谅解。

二十九、尽可能用“建议”取代“命令”。

三十、不要轻易做出承诺。承诺的事情就一定要尽可能做到。

拓展训练

一、积极暗示游戏

(一)写优点

两人一组，每人写出4～5个自己搭档身上的优点，所列出的各项都必须是积极的、正面的，诸如：

一个身体上的良好特征，比如，甜美的笑容、悦耳的嗓音等。

一种讨人喜欢的个性，比如，体贴他人、有耐心、细心。

一种引人注目的才能或技巧，比如，良好的演讲技巧、打字异常准确。

(二)说优点

写完后，双方展开自由讨论，告诉对方自己所观察到的东西。

(三)记优点

每个人把他的搭档的积极反馈记录下来，在自己很沮丧的时候看一看。

(四)讨论

1. 你觉得进行这个游戏愉快吗?
2. 为什么对我们中的大多数人来说，赞扬别人是一件困难的事情?
3. 赞美别人为什么能让我们更加轻松地给予别人信息反馈?
4. 什么能让我们更加轻松地接受别人反馈的积极肯定的信息?
5. 为什么有些人很快就给别人负面的评价，而几乎从来不提别人的好处?

二、撕纸游戏

(一)第一轮撕纸

1. 每人一张纸，按照教师的指令去做，任何学员都不能发出声音。

2. 教师引导学员撕纸：将纸对折一下，然后再对折一下，在右上角撕去一个角，然后转动 180 度，再将手中所拿纸的左上角撕去，然后把纸打开。

3. 比较观察每人所撕的图形有什么不同。

(二)第二轮撕纸

1. 每人再拿一张纸，重复做上面的动作，这次允许学员在做的过程中可以向教师发问，并提出自己的一些疑问及不清楚的地方，譬如，问清楚对折是横折还是竖折，折过后的开口朝哪个方向等。

2. 按上一轮口令做完撕纸全过程，学员将纸打开。

3. 观察每人所撕的图形有什么不同，并与第一轮撕纸结果进行比较。

(三)讨论

1. 第一步完成之后，为什么会有这么多不同的结果？

2. 第二步在充分沟通之后完成的撕纸为什么还会有误差？

3. 在人际沟通中，克服沟通障碍应注意些什么？

任务二　自我介绍

教学目标

1. 素质目标

(1)培养学生主动沟通意识；

(2)增强职场沟通自信心。

2. 知识目标

(1)掌握自我介绍的基本类型和四要素；

(2)掌握自我介绍的表达技巧。

3. 能力目标

(1)能够根据具体的场合，做有针对性的自我介绍；

(2)能够根据要求写作自我介绍词。

情景训练

任务：写作自我介绍词

小王是大一的新生，入校不久，接到了校学生会宣传部的面试通知，通知中要求面试者准备一分钟的自我介绍，请结合自我介绍的知识，写一份自我介绍词。

自我介绍是社交中的一把金钥匙，是给他人留下的第一印象，它是每一个职场人都必须经历的事情，是日常工作中与陌生人建立关系、打开局面的重要手段。我们可以通过自我介绍得到他人的认识或认可，它是一种重要的职场表达技巧。

案例导入

某高校毕业的小刘很健谈，口才甚佳，认为自我介绍很简单，所以他从来不准备，看什么人说什么话。他的求职目标是地产策划。有一次，小刘应聘本地一家大型房地产公司，在自我介绍时，他大谈特谈房地产行业的走向，由于跑题太远，面试官不得不把话题收回来，他的自我介绍也只能“半途而止”，应聘没有成功。

思考与讨论：小刘的应聘为什么没有成功？面试时该如何做自我介绍？

基础知识

一、自我介绍的概念

自我介绍是指在社交场合中为增进彼此了解对自己的生平事迹、爱好特长、优缺点等个人情况进行叙述的一种演讲文体，它能够增进了解、拉近距离，消除不必要的误会，达到共同理解的目的。

二、自我介绍的类型

不同场合的自我介绍方式不同，应根据具体场合的需要来进行，切不可“千人一面”，一概而论。根据介绍内容的不同，自我介绍可以分为以下五种类型：

(一)应酬式自我介绍

应酬式的自我介绍，适用于某些公共场合和一般性的社交场合，如旅行途中、宴会厅里、舞场之上、通电话时。它的对象，主要是进行一般接触的交往对象。对介绍者而言，对方属于泛泛之交，或者早已熟悉，进行自我介绍只不过是为了确认身份而已，故此种自我介绍最为简洁。

例如：

“您好！我的名字叫王东”。

“您好！我是刘凤”。

注意：如果在以后的工作中，遇到客户给你做此类介绍，没有告知工作单位，没有告知联系电话，这就表明你们之间的交往还有一定的距离，还需要进一步加强交流。

(二)工作式自我介绍

工作式的自我介绍，主要适用于工作之中。它是以工作为自我介绍的中心，因工作而交际，因工作而交友。有时，它也叫公务式的自我介绍。

工作式自我介绍，应当包括本人姓名、供职的单位及其部门、担负的职务或从事的具体工作三项。工作式自我介绍内容的三要素，通常缺一不可。其中，第一项姓名，应当一口报出，不可有姓无名，或有名无姓。第二项供职的单位及其部门，有可能最好全部报出，具体工作部门有时也可以暂不报出。第三项担负的职务或从事的具体工作，有职务最好报出职务，职务较低或者无职务者，则可报出所从事的具体工作。例如：

“你好，我是成都天地有限公司人力资源部经理刘永红”。

“你好，我叫张大旺，是创意无限广告公司的公关部经理”。

(三)社交式自我介绍

社交式的自我介绍，也叫交流式自我介绍或沟通式自我介绍，是一种希望对方认识自己、了解自己、与自己建立联系的自我介绍。

这种介绍适用于社交活动中，大体上包括介绍人的姓名、工作、籍贯、学历、兴趣以及与交往对象的某些熟人的关系等。当然，这些内容在介绍时不一定面面俱到，应根据具体情况来定。例如：

我的名字叫王东，是成都天地有限公司副总裁。10年前，我和您先生是大学同学。

我叫唐永刚，现在在重庆飞翔物流公司工作，我是中大化学专业的。听说你也是中大的，我们是校友啊！

(四)礼仪式自我介绍

礼仪式的自我介绍，适用于讲座、报告、演出、庆典、仪式等一些正规而隆重的场合。它是一种向交往对象表示友好、敬意的自我介绍。

礼仪式自我介绍，一般包含姓名、单位、职务等项内容，但是还应加入一些适宜的谦辞、敬语，以示自己礼待交往对象。例如：

各位来宾，大家好！我叫李晓灿，是天地公司的副总经理。现在，由我代表本公司热烈欢迎大家光临我们的开业仪式，谢谢大家的支持。

(五)问答式自我介绍

问答式的自我介绍，一般用于应试、应聘和公务交往，讲究问什么答什么，有问必答。例如：

各位领导好！今天非常荣幸能够进入贵行的面试，我叫××，今年××岁，来自××城市，毕业于××学校，××专业。我性格活泼开朗，大方热情，乐于助人。我曾经在学校参加过银行工作的实习，在实习期间我严格按照正式银行职员的标准要求自己。同时，在实习中，身边银行职员无私奉献的精神和求知若渴的学习态度深深地感染了我。我也深深体会到了作为一名银行职员的乐趣，更加坚定了自己做一名银行职员的决心，成为一名银行职员也成了我的愿望。

应试、应聘时自我介绍很重要，它不仅是用人单位了解求职者的一个有效途径，还可以让求职者通过自我介绍在最短的时间内把自己最能打动人的一面展现出来。所以，自我介绍是有讲究的，求职者既要让对方全面地了解自己，又要回避缺点、突出优势。

在常规的面试中，面试官提出的第一个问题一般为："请您简单地做一下自我介绍"。要回答这个问题，首先搞清楚为什么面试官要请你做自我介绍？面试官通过自我介绍想考察求职者哪些素质，只有了解面试官的目的，面试者才能做好自我介绍。

一般来说，面试官通过面试者的自我介绍，主要考察以下五个方面的内容：

第一，考察自我介绍内容和递交简历内容是否相冲突。如果简历是真实的，口述自我介绍就不会有明显出入。如果简历有假，自我介绍一般就会露马脚。如被面试者反问"我的经历在简历里都写了"，面试官会认为这人有点假，印象分一下子会减不少。

第二，考察面试者基本的逻辑思维能力、语言表达能力和总结提炼概括能力。

第三，考察面试者是否简练和精干，并考核其现场的感知能力与把控能力。

第四，考察面试者初步的自我认知能力和价值取向。

第五，考察面试者是否听明白面试官的话以及对时间的掌控能力。有时面试官给出的要求是"请您用3～5分钟做一自我介绍"，被面试者有时一介绍就超过10分钟，甚至20分钟，面试官不得不多次做时间的提醒。

有些应聘者不了解自我介绍的重要性，只是简短地介绍一下自己的姓名、身份、学历、工作经历等情况，大约半分钟就结束了自我介绍，然后望着考官，等待下面的提问，这就浪费了一次向面试官推荐自己的宝贵机会。而另一些应聘者则试图将自己的全部经历都压缩在这几分钟内，这两种都是不可取的问答式自我介绍的做法。

三、自我介绍的要素

(一)声音要素

声音对自我介绍的效果起着重要影响，它是传递信息的载体，它传递的不仅是自我介绍的内容，还有介绍者的情绪和状态。在自我介绍的过程中，应以沉稳平静的声音、中等语速、清晰的吐字发音、响亮的声调给对方以愉悦的听觉享受；声音小而模糊、吞吞吐吐，是胆怯、紧张、不自信的表现。

(二)内容要素

1. 自我介绍的基本内容

自我介绍广泛用于各种社交场合，一般的自我介绍包括开场白、姓名、特长、目的、结束语等基本内容。

(1)开场白

礼貌的开场白是必不可少的，这是对对方的尊重，同时也为后面的内容做铺垫。开场白必须简洁，一个不恰当或冗长的开场白会在瞬间令对方对你失去兴趣。

开场白一般为“您好”“大家好”“早上好”等。

研究发现，在人际关系中，与“说了什么”相比，人们更加重视“怎样说的”，因此，说开场白时，最重要的是语气、语调、神情等。充满活力的声音、微笑的表情配合、简洁的话语构成了自我介绍时较好的开场白。

(2)姓名

首先要准确地通报自己的姓名，为了使对方更清楚明了，通常结合自己的身份一同介绍，力求简洁清晰。

如：“我叫王小红，你就叫我小王就好了，我是住在你隔壁宿舍的老乡。”

(3)特长介绍

在进行特长介绍时，要注意针对性和具体化。

第一，针对性。要根据具体情况选择一到两个特长进行介绍。在面试的自我介绍时，要根据应聘的岗位介绍自身与该职位相匹配的优点；在人际交往中，应根据具体场合向交谈对象介绍自己的特长等。

第二，具体化。自我介绍时，使用空洞的词语无法给对方留下深刻印象。

一般为“我的特点是比较爱交朋友，很看重友情。”“我的个性温和，做事细致，非常适合这个职位。”

(4)目的

在自我介绍时，应直接说明自己的目的，让对方明白你的来意，有利于双方后面的交流。吞吞吐吐、语焉不详会使对方困惑甚至反感。

一般为“我今天来是应聘贵公司××职位的。”

(5)结束语

结束语是自我介绍结束时令对方脑海里印象最清晰的话语，最好能让对方对下次的交流充满期待。

一般为：“以后有时间，我们可以进一步交流。”或者“我的介绍完毕，谢谢大家。”

以上为自我介绍五个方面的基本内容，做自我介绍时应力求内容真实完整。但是，不同类型的自我介绍，内容是有区别的，我们应根据自我介绍的具体类型，有针对性地确定介绍的内容。

2. 自我介绍词的写作技巧

自我介绍的内容恰当与否，关系到能否给人留下良好的“第一印象”，进而会对自我形象的塑造产生影响。自我介绍内容一般要求：客观、真实、简洁，有特色，主要有以下几个方面的写作技巧。

(1)抓住少数的东西

自我介绍讲究人无我有，人有我独，介绍大多数人没有的方面，更能吸引大家的目光和兴趣。例如：

我是一位土家族姑娘，有着土家人淳朴勤劳的品德，有着土家人能歌善舞的本领。

我爸爸是记者，妈妈是播音员。受他们影响，我从小就喜欢广播电视，希望长大了也能当个电视节目制作人。

(2)抓住特色

做姓名介绍时可以灵活多样，突出特色。例如：

我叫张弛，弓长张，松弛的弛，它出自古语“文武之道，一张一弛”。

我叫周志成，父母给我取这个名字，是希望我有志者，事竟成。

我叫刘维，与著名歌星刘维维只差一个字，我也喜欢唱歌，不过比起刘维来就不只差一个字了。

家乡介绍方面可以跟一些名人或诗句、歌词相联系，突出地域特色。例如：

“浏阳河，弯过了几道弯……”这首著名的歌，使我的家乡浏阳河名扬四海。

一千多年前，诗人陶渊明描写过号称世外桃源的理想乐土，那就是我的家乡，湖南桃源。

“永州之野产异蛇”，读过柳宗元的《捕蛇者说》的人，一定知道我的家乡永州，不过，今天的它不再荒凉、偏僻。

介绍年龄和出生年月方面也可以别出心裁，与众不同。例如：

再过几天就是我 18 岁生日了，在我成为中华人民共和国正式公民的时候，但愿生日能给我带来好运。

我叫陈泓辛，耳东陈，一泓清泉的泓，辛苦的辛，我的名字与一颗红心向着党的红心谐音，巧的是我出生在 7 月 1 日，与伟大的党同一天生日，更妙的是，我满十岁的时候也是个普天同庆的日子——香港回归。

(3)抓住成就做文章

要多介绍自己在学校或工作单位的业绩成就，突出自己的才能和优势。例如：

从小学开始我一直担任班干部，各种头衔有十几个，其中我最得意的是担任大学学生会文艺部长，成功组织了两届校园艺术节和三次毕业晚会。

此外，我参加了主持人培训班的学习，几次代表学校参加区、市、省的比赛，每次都获得较好的名次，其中还获得过省级比赛的三等奖。

(4)抓住兴趣、爱好和性格特色

通过兴趣、爱好和性格，可以更全面地了解一个人，这方面的介绍不能少，也要突出特色。例如：

我是铁杆球迷，中超、“五大联赛”，更不用说世界杯了，凡是电视转播的，我一场不落，对球星更是如数家珍。我的梦想是当一名优秀的足球评论员。

我最喜欢集邮，目前已有邮票1700多张，最令我自豪的是我有一张“大龙”邮票，还有一张奥运冠军签名的首日封。

各门功课中，我最喜欢地理和历史，每年暑假我都要外出旅游，目前我已经到过15个省，我的愿望是在30岁之前走遍全国各省。

(5)力求活泼、新颖

在自我介绍的形式上，应力求活泼、新颖，给人耳目一新的感觉。

案例欣赏

小徐和小赵都是刚毕业的学生，学的都是英语专业，学习成绩都很突出，二人同时应聘一家独资公司的高级秘书职位。人事经理看了简历以后，难以取舍。于是通知两人面试，考官让她们分别做一个自我介绍。

小徐说：“我今年22岁，刚从某大学毕业，所学专业是英语。浙江人，父母均是高级工程师。我爱好音乐和旅游，我性格开朗，做事一丝不苟，很希望到贵公司工作。”

小赵介绍说：“关于我的情况简历上都介绍得比较详细了。我再强调两点：我的英语口语不错，曾利用假期在旅行社做过导游，带过欧美团。再者，我的文笔较好，曾在报刊上发表过6篇文章，如果您有兴趣可以过目。”

最后，人事经理录用了小赵。

点评：小赵的介绍不落俗套，内容新颖，让面试官耳目一新，录取她也是很自然的事情了。

案例欣赏

在某团体举办的礼仪先生(小姐)评选活动中，一位参赛者做了如下自我介绍：我姓朱，撇未朱，单名枫，枫树的枫，唐代诗人杜牧名句“霜叶红于二月花”，咏的就是我的名字。这名字似乎有些女性化，但我的性格绝对男性，只是多了一分温柔。我是旅游学校三年级学生，专修酒店管理。我的兴趣爱好比较广泛，音乐、戏曲、电影、小说、旅游、书法、足球、围棋都喜欢，但都不着迷，它们使我的精神得到调剂，业余生活不感到枯燥。我爱交朋友，原则是真诚坦率相待，不求志趣相同。走亲访友，一般我是不带礼品的，必要时送一束鲜花。如果要我拎一盒奶油蛋糕、两瓶酒走在街上，我会像发高烧一样浑身难受。我的处事原则是“以不伤害他人为前提，求得尽可能的个人自在”。《红楼梦》里一位老先生说：“自在不成才，成才不自在”，我信。显然，他老先生是反对自在的，但他没有成才。我乐意帮助弱者，看到别人确有难处，不管是否认识，我都乐意伸出援助之手，感觉这是一份享受。但对马路、车站、码头上的求乞者，我一毛不拔。我喜欢英语和电脑，常常整天伴着耳机，或者把自己关在机房里，自在得很，不敢说精通，但一定会精通的。谢谢！

点评：朱枫的自我介绍与特定的场合十分吻合。既合常规，又不落俗套，内容丰富，又简洁明快，语言直率，又不失幽默。除了介绍姓名、专业、兴趣、爱好、特长外，还重点介绍自己待人处事的原则，塑造了一个富于个性的饱满的个人形象。

下面，通过自我介绍的成功和失败案例的对比分析，进一步了解自我介绍的写作技巧。

案例欣赏

成功案例·杨婉君版

我叫杨婉君，很多人都以为这个名字是抄袭琼瑶的，不过，却是先有我这个“婉君”，然后才有了琼瑶的那个“婉君”。但是，同学们觉得叫我婉君有点别扭，所以都叫我杨万君(慢而重地读出)，您瞧，在这儿(顺便指着简历上的名字)。

点评：如果你的名字很特别，可以简单介绍一下名字的来历，这样不仅满足了面试官的好奇心，而且可以使面试氛围轻松起来。杨婉君把自己的名字巧妙地跟琼瑶小说联系起来，并且指了指简历，与面试官进行了互动和沟通，拉近了彼此之间的距离。

我来自广东潮汕地区，会讲潮州话，由于妈妈是客家人，我也会讲客家话，希望在工作当中能够用得上。

点评：把自己的家乡告知面试官，很有必要，一方面出于礼貌；另一方面，假设面试官和你是老乡，对你的求职有好处。

在今天的候选人当中，我是唯一的非名牌大学毕业生。实际上，我没有考上名牌大学的原因是偏科，高考时数学没及格，可我的文科成绩，在班里一直是前几名。一路走来，虽然经历了很多艰辛，但有很大的收获，所以无论今天能否通过面试，我都非常感谢你们给了我这次面试的机会。

点评：虽然不是出自名牌大学，但实事求是地说了出来，而不是一味寻找借口。人无完人，自暴其短，适当予以补救，转移对方的注意力，幽默地展示自己又不失尊严，乃锦上添花之举。

在学习方面，我拿过两次三等奖学金。在学校做过新东方教育课程的校园代理，我的业绩在 20 多个学生代理中一直排在前三名，当然了，这和我的危机意识比较强、热爱学习是有关系的。

点评：分类介绍亮点，突出自己的优势，用数字说话，用事实打动人。如果没有业绩突出的经历，就不必面面俱到。

我觉得大学生活使我学会了与人沟通，可能您会觉得，十个大学生有九个会强调自己善于与人沟通，不过我依然觉得这是我大学里面最大的收获。您从简历上看得出来，我大学时在学生会工作了两年半，从干事一直到副主席，这使我有机会同年龄和背景不同的人进行交流，从学生到老师，从学校的领导到校外公司的高层，每一种沟通的方式和方法都不同，从而锻炼了我的言语表达能力和与人沟通的能力。

点评：这个回答对于介绍大学生活的收获虽然不够全面，但至少具备了两个优点：有说服力、个性化！

今天我来申请这个职位，主要是因为适合我的专业和兴趣，我喜欢做销售，在大学我卖过手机卡，推销过英语课程，觉得推销成功以后很有成就感。还有，我觉得自己具备推销员的素质，前面我说过，我在大学的推销记录一直是不错的。总的来说，我认为自己非常适合这个岗位的要求，希望能给我一个机会。

点评：具体陈述申请该职位的原因，而不仅仅是抽象述说。另外，关于来该公司求职的原因以及自己适合该职位的特点，也要点到，但是不宜长篇大论。

失败案例·李雨晴版

李雨晴正好碰上了一个赞美她名字的面试官："李雨晴，你的名字很好听呀！"对此，李雨晴的应答却不尽如人意："是嘛，谢谢！这个名字比较符合我的性格，雨是比较温柔的，晴是比较热烈的，我觉得我的个性既有顺从的一面，也有比较热烈积极的一面。"

点评：面试官夸奖面试者的名字，一是发自内心地赞美一下漂亮的名字，二是希望能够在面试开始的时候，制造一种放松和谐的气氛。李雨晴的回答却犯了一个典型的交流错误：失真。它听起来很"美"，却不完全真实，这样反映出面试者急于表现自己的优点，结果却违反了最基本的"真诚沟通"的原则。面试官本来想放松一下，结果反而被她的自夸弄得浑身起鸡皮疙瘩，觉得自己接下去要是不夸奖她一番，简直就没法继续交流了。

"哦，我来自肇庆，您去过吗?"恰巧几位面试官都没有去过肇庆，当场气氛显得十分尴尬。

点评：一般来说，不鼓励面试者"反问"面试官，尤其是这种有关个人信息而不是商业信息的私人问题。

"其实我高中的成绩是可以进名牌大学的，但是高考时没发挥好。我虽然不是来自名校，但是我相信自己绝对不比那些名牌大学毕业生差，我一直非常刻苦，每一次作文的得分都是优，我发誓一定要比他们还要优秀……"

点评：为自己辩解，反而弄巧成拙，暴露了心理素质差，经不起失败的考验。另外，适当地夸奖自己是可以的，但是绝不可贬低别人抬高自己。

"我觉得我学会了与人进行沟通，学会了团队精神，也锻炼了自己的领导能力和组织能力。"

点评：这个回答看上去中规中矩，却犯了三个明显的交流错误：一是不全面，因为大学的收获绝不只是沟通和组织能力；二是缺乏说服力，短短一句话，说了自己的四种能力，没有任何事实和数字支撑，让人难以置信；三是不够个性化，这样的回答，与别的面试者"撞车"的可能性很大，估计十之八九会让面试官暗叹："又来一个善于沟通、有团队精神的人！"

(三)仪态仪表

成功的自我介绍应注重仪态仪表，无论哪种形式的自我介绍，都要做到仪态大方，仪表整洁，给对方留下良好的印象。

自我介绍时态度要自然友善，亲切随和；表情要尽量放松，最好能略带微笑，可以面对镜子找出自己最亲切的笑容；要敢于正视对方的眼睛，学会用目光表达友善；坐姿要端正，手势大方，防止颤抖、摇晃、舔嘴唇等不良的动作，同时，要注意自己的着装和发型的整洁。

四、面试时自我介绍的注意事项

(一)面试前要有充足的准备

在参加面试之前要对求职单位进行“摸底调查”；同时要对自己的优劣势有清晰的认识，这样才能做到知己知彼，百战不殆。

(二)自我介绍时要有一个思路

自我介绍时你可以按照自己的工作经历顺序来阐述，比如对简历中的几家公司的工作经历做一次大致描述，也可以按照你的能力来阐述，比如你的能力体现在哪几个方面，这样做会让面试官觉得你的思路清晰。

(三)要注意控制心态和情绪

很多人面试时都很紧张，造成吐词不清或者大脑一片空白，其实完全没有必要，你要相信你是个人才，相信自己完全能够胜任，这样的话就会好很多。

(四)抓住介绍时间尽量展示自己的才华

在有限的介绍时间里，尽量展示自己的才华和优势，比如敬业、认真、务实；但也要谦虚，不能过分夸大自己。一方面从应试者的综合素养表现，考官能够大体估计面试者的能力；另一方面，如果考官进一步追问有关问题，将令“有水分”的面试者下不了台。

面试者的自我介绍，可以让考官观察到简历等材料以外的内容，如你的描述与概括能力，你对自己的综合评价等。

通常情况下，招聘者评价求职者自我介绍的标准如下：

时间：应严格控制在规定时间内。一般短则 0.5～1 分钟，长则 1～3 分钟，最多 5 分钟。

字数：100～1000 字。200 字左右为宜。

评判标准：视不同的招聘者及不同的岗位工种而定，没有统一标准。但一般评判权重大致为：语速 10%，语音 10%，清晰度 10%，神态 15%，重点 30%，新颖 25%(加深印象的特别之处或其他)。

总之，求职者一定要扬长避短地介绍自己，把问题往自己的优势方向引导，这样会给用人单位留下好的印象。

案例欣赏

[例一]

各位下午好！下面我将通过简单的面试自我介绍让您来了解我。我是来自××大学市场营销专业的×××。我喜欢读书，因为它能丰富我的知识；我喜欢跑步，因为它可以磨砺我的意志，我是一个活泼开朗、热情、执着、有坚强意志的人。

在读书期间，我做过暑期工，是向用餐的客人推销啤酒。那时我认为，营销是一种服务。既然是一种服务，就应该做到让大家满意，用热情和真心去做。激情是工作中不可或缺的要素，是推动我们在工作中不断创新，让自己全身心投入工作的动力。激情加上挑战自我的意识，我相信我能胜任这份工作。

我非常欣赏贵公司的企业文化："诚信是我们合作的基础，双赢是我们共同的目标！"我愿与××文化一起发展，一起创造辉煌的明天！谢谢大家！

这是一篇问答式的自我介绍，包含自我介绍五个方面的内容，全面具体，又能抓住重点，是一篇不错的自我介绍词。

[例二]

尊敬的××老师，亲爱的同学们：

大家下午好！我的名字叫朱松熙，今年20岁，来自韩国。我的名字中的"松"指松树，"熙"是有太阳照耀的意思。我就是灿烂阳光下的一棵松树，既温暖，又幸福。我的名字就是我的心愿。我希望大家能够像阳光下的松树一样，在温馨中成长。

我在2013年的时候来到了中国。我先是住在山东省青岛市，去年为了考大学来到了北京。青岛是一座美丽的海滨城市。它依山傍海，风景优美，也有很多旅游景点。我们那儿有一个广场，它的名字叫五四广场。相信大家都听说过"五四运动"。因为青岛是"五四运动"的发源地之一，人们把当时学生游行示威的地方叫做五四广场。如果想去青岛旅游的话，就跟我联系吧，我愿意给大家当导游。

每个人都有优缺点，我也如此。我的优点是乐观。我是乐观地对待每一件事。当然，我也有一个缺点，那就是有时候会很固执。如果我以后犯这个毛病的话，请大家提醒我吧！我非常需要大家的温馨提示。

如果有人问我的爱好是什么，我会说我有很多爱好。首先我喜欢弹钢琴，还喜欢看花样滑冰比赛。今年的花样滑冰大奖赛就在北京举行，我很想去看。如果有人对它感兴趣，就跟我一起去看吧！

最后我想说，"有缘千里来相会，无缘对面不相识。"我想能跟在座的大家相处是一种缘分。希望大家以后互相帮助，共同努力，更上一层楼。

这是一篇社交场合的自我介绍，内容全面，又比较灵活，与问答式自我介绍的内容不同，各有所侧重，值得借鉴。

[例三]

各位领导、各位同事：

我叫吴红，安徽人，我很高兴公司聘用我，让我从事化妆品推销工作。与各位大哥大姐相比我有很多不足的地方，比如说我没有经验，口才也比较一般，商品知识也了解得不够多，但是这些都不是困难。相信在公司领导和各位的指点下，我会努力学习，尽快去掌握这些知识的。我很喜欢我们公司安排推销的这些化妆品。进公司之前，我就一直在用这些。

大家知道，浙江是出美人的地方，我是安徽人，也算沾上点边吧。虽然我长得不算漂亮，但是用上这些化妆品，我想，女士们会乐意接纳我，男士们对我的回头率也会高些，我就可以详细向他们介绍这些化妆品的优点了。

我文化程度不高，中专三年虽然学了一些营销常识，但要适应市场需求的变化，要在工作中运用，还得从头下功夫学起。在家里我是姐姐，从小帮爸爸妈妈带弟弟，所以，也就养成了爱劳动的习惯。我从小爱唱歌跳舞，为人热情。大家有什么需要我帮忙的，我一定尽力！

谢谢大家，请大家多多关照！

这是一篇新职员上岗时做的自我介绍，在简要介绍自己的情况后，主要讲了自己在业务上的不足，接下来，分两部分谈了自己上岗之初的心愿，一方面是针对领导的，主要是表示自己弥补不足、做好工作的决心。另一方面是针对同事的，主要是希望大家多帮助自己，并以自己的许诺换取大家的真心。整篇内容以朴素的情感打动人，收到了很好的效果。

拓展阅读

相互介绍礼仪

1. 相互介绍

在人际交往中，往往需要你来介绍别人，或者向他人介绍自己。如家里来了客人，客人之间彼此不认识，一般是女主人当介绍人，把大家相互介绍一下。

单位来了客人，视情况不同，一般是三种人当介绍人。第一种是专职人员、公关、文秘等单位里负责对外接待工作的人员；第二种是对口人员，即客人要拜访的部门的有关人员，如客人是销售经理，则可以由本单位的销售部经理介绍；第三是本单位领导，当单位来了贵宾时，由本单位的领导负责介绍，以示对贵宾的尊重。

2. 介绍顺序

介绍时应注意以下两点：

(1)先递名片再做介绍。按惯例，自我介绍时应先递名片再做介绍，这是一种谦恭的表现，同时也表示对对方的尊重。

(2)地位低者先介绍，按照公关礼仪的惯例，公关人员要先向贵宾介绍自己，男士要先向女士介绍自己，主人要先向客人介绍自己；晚辈和长辈见面时，晚辈要先把自己向长辈做介绍；上下级见面时，职位低的先介绍自己。

为他人做介绍时的顺序是：

①把年轻的介绍给年长的，把职务低的介绍给职务高的。

②如果介绍对象双方的年龄、职务相当，异性就要遵从“女士优先”原则，即把男士介绍给女士。

③把家人介绍给同事、朋友，把未婚者介绍给已婚者，把后来者介绍给先到者。

④对于同性，可以根据实际情况灵活掌握，比如把和你熟悉的介绍给和你不熟悉的。

3. 介绍时机

自我介绍要掌握好时机，不能一厢情愿、贸然行事，否则会影响自己在别人心目中的形象，使介绍产生反效果。应注意寻找以下的时机：

(1)没有其他介绍人在场的时候。如果有介绍人在场却不通过介绍人而直接向对方做自我介绍，会显得唐突和失礼；通过介绍人做中介，可以缩短介绍的时间，增加介绍的可信度，迅速拉近双方的距离。

(2)没有其他闲杂人员在场的时候。其他在场人员过多会分散双方的注意力，双方难以形成良好的交流氛围。

(3)对方并不忙碌，而且看起来有一个较为轻松的心情时。当对方正在休息、用餐、忙于处理事务，或无兴趣、无要求、心情不好时，切勿去打扰，以免尴尬；在对方心情愉快时与他相识，更容易被接纳。

(4)周围的环境比较安静、氛围比较舒适的时候。这时的情境容易使人集中注意力，更易使双方进行融洽的交流。

(5)比较正式的社交场合。在专门的社交场合，个人的自我介绍就不会显得突兀，而比较容易为人所接受。

(6)对方在与别人谈话出现停顿的时候。如果甲和乙两个人正在交谈，你想加入，而你们彼此又不认识，你就应该选择甲、乙谈话出现停顿的时候再去做自我介绍，并说一些“对不起，打扰一下，我是×××”“很抱歉，可以打扰一下吗？我是×××”“你们好，请允许我自己介绍一下……”之类的话。

4. 其他事项

(1)熟悉双方最新的基本情况，不能出现信息错误(如姓名、工作单位、职务等)，而使一方感到尴尬或不快。

(2)态度自然大方、热情友好、不要做作．介绍词不要吹捧，更不要涉及个人隐私。

(3)注意按不同的场合选择不同的介绍用语。在正式场合，应该使用比较庄重的介绍用语。

拓展训练

一、请结合下列情境，进行自我介绍。

1. 在寝室接到室友母亲的电话，对方询问你是谁。

2. 假如你是学生会主席，你要去院长办公室请院长参加元旦晚会。

3. 假如你某次在食堂吃饭，无意间发现对面坐的是校篮球队队长，而你一直很希望有机会向他学习球技。

二、宿舍成员开展自我介绍比赛并评选出表现最优秀的成员。

要求：宿舍成员进行社交式自我介绍，时间为3分钟，介绍完毕，其他成员打分互评，评选出表现最优秀的成员。

三、自我介绍病文修改

您好！非常感谢您在百忙之中抽出宝贵时间接见我。今天我是特意来向您问声好的。我将接替××，负责贵公司的业务。我一定会好好努力工作的。

打扰了，请允许我就这样结束吧。顺便说一下，我叫××。

参考文献

吴婕主编：《有效沟通与实用写作教程》，中国人民大学出版社，2011年9月版。

项目二

交际礼仪训练

任务三 职业形象塑造

教学目标

1. 素质目标

(1)培养学生的团队合作意识；

(2)培养学生的职业素养。

2. 知识目标

(1)了解职场礼仪的概念及基本原则；

(2)了解态势语在交际中的作用及设计基本原则；

(3)掌握正确的仪容仪表及站、坐、走、蹲姿等行为举止礼仪的基本要求。

3. 能力目标

(1)能运用态势语辅助交际，优化个人形象、气质，提升人格魅力；

(2)能够根据职业特点设计良好的职业形象；

(3)能结合职场礼仪恰当地展现自我形象。

情景训练

任务一：职业形象的塑造

结合所学专业，运用职业形象的知识为自己设计一个恰当的职业形象，并根据专业设计一个恰当的职场情景剧。

情景训练

任务二：模拟演示职场情景剧

小刘是一位营销专业的毕业生，他接到了某公司的面试通知，请结合职业形象知识设计一个应聘的职场情景剧。

现代社会，各类公司或用人单位对各行业从业人员的职业形象越来越重视，对职业形象的要求也越来越高，职业形象不仅是从业人员专业技术能力的外在体现，甚至也是公司或单位的形象展示。因此，学习并塑造良好的职业形象对于即将步入社会的大学生而言尤为重要。

案例导入

一位人事部部长将带着三位刚从各分公司推选出来的业务骨干去见总裁，因为总裁要从这三位业务骨干中挑选出一个当业务经理。三位年轻人进入总裁办公室时，总裁还没有到，人事部部长请三位年轻人稍等。一会儿总裁来到了办公室，只见其中两位年轻人坐在沙发上，一位架起“二郎腿”，而且两腿不停地来回抖动；另一位身子松懈地斜靠在沙发一角，两手攥握手指，“咯咯”作响；只有一位年轻人端坐在椅子上等候面试。总裁非常客气地对两位坐在沙发上的年轻人说：“对不起，选拔已经有结果了，请退出”。两位年轻人四目相对，不知何故。

思考与讨论：在这则案例中，为什么总裁什么都没问，选拔就结束了？分析其缘故。

基础知识

什么是礼仪？

一、礼仪的概念

礼仪是一种行为准则或规范，表现为一定的章法。“礼”是指人们在交往的过程中，要互相尊重、诚恳和善、谦恭并有分寸。“仪”是指礼的外在表现形式，是礼在人们的语言、行为、仪态等方面的具体表现。

礼仪是文明的体现，它是约定俗成的，其核心是关心人、尊重人。礼仪的学习本身是一个内强素质、外塑形象的过程。

二、礼仪的类别

礼仪包括礼貌、礼节、仪表和仪式。

礼貌，就是礼仪在言语动作上的表现，通过仪表及言谈举止来体现。

礼节，就是人们在社会交际过程中表示致意、问候、祝愿等的惯用形式。例如介绍、互递名片、待客、做客等。

仪表，就是人的外表，包括容貌、姿态、风度、服饰和个人卫生等。

仪式，泛指在一定场合举行的具有专门程序、规范化的活动。例如升旗仪式。

三、礼仪的作用

学习礼仪有利于培养高尚的道德情操；有利于培养优雅的气质；有利于培养优美的仪表风度；有利于建立融洽的人际关系并促进事业的成功；有利于养成良好的行为习惯。

四、职场礼仪的作用与内容

职场礼仪，是指人们在职业场所中应当遵循的一系列礼仪规范。

职场礼仪与一般社交礼仪不完全一样。了解、掌握并恰当地应用职场礼仪，有助于完善和维护职场人的职业形象，会使你在工作中左右逢源，使你的事业蒸蒸日上，做一个成功职业人。在职场上要给别人留下好印象就必须懂得职场礼仪，通过职场礼仪去提升自身的形象。

职场礼仪包括着装、姿态、握手、介绍、乘车、电话等基本礼仪，以及交谈礼仪、商务餐礼仪等内容。可以说，成功的职业生涯并不一定意味着你要才华横溢，更重要的是在工作中你要懂得职场礼仪，以它为职场技巧，用一种恰当合理方式与人沟通和交流，这样你才能在职场中赢得别人的尊重，才能在职场中获胜。

案例导入

某旅游公司的客户接待室来了两个咨询旅游线路的游客，她们刚想开口咨询，却又眉头紧锁，好像对眼前的情景不是很满意：三张办公桌旁的业务员都是东倒西歪的样子，有的斜靠在桌前看报纸，有的半躺在椅子里接电话，有的用双手托着下巴、用胳膊支在桌上聊天。两位游客相互交换了一下眼神，同时退出了这家旅游公司的接待室。

思考与讨论：请分析这则案例中前来咨询的游客突然打“退堂鼓”的原因，并讨论如何展示正确的职业形象。

基础知识

职业形象的塑造

一、职业形象的概念

职业形象是指个人在职场或公众面前所树立的印象，包括内在的和外在的两种主要因素，具体包括外在形象、品德修养、专业能力和知识结构这四大方面。它是通过衣着打扮、言谈举止反映一个人的专业态度、技术和技能等。

职业形象是个人职业气质的符号，有些人对深色调的一贯喜爱，体现出他们沉稳的个性；有些人经常性地身着艳丽颜色或对比强烈的服装，可以展现他们激情四溢的作风；浅浅的素色的衣着打扮的人似乎在告诉人们，他善于调节自己的工作模式；一丝不苟的服装款式预示着一个人严谨的态度，层层装饰的外表揭示一个人求新求变的心态。职业形象需要达到五个标准，即与个人职业气质相契合、与个人年龄相契合、与办公室风格相契合、与工作特点相契合、与行业要求相契合。个人的举止更要在一定礼仪的基础上，在不同的场合采用不同的表现方式。

二、职业形象的塑造

职业形象就像个人职业生涯乐章上跳跃的音符，合着主旋律会给人创意的惊奇和美好的感觉，脱离主旋律的奇异会打破和谐，给个人的职业发展带来负面影响。因此，在适当的场合塑造恰当的职业形象都显得尤为重要，那么如何塑造一个人的职业形象呢？

(一)体态塑造

仪态又称体态，是指人在行为中的身体姿态和精神风貌。仪态比相貌更能表现人的精神气质，而且它往往比语言更真实、更富有魅力。姿态是身体所表现的样子，精神风貌则是内在气质的外在表现。在人际沟通与交往过程中，仪态是极为重要、有效的交际手段，它用一种无声的语言向人们展示出一个人的道德品质、礼貌修养、人品学识、文化品位等方面的能力与素质。

仪态美是身体各部分在空间活动变化而呈现出外部形态的美。如果说人的容貌美和形体美是人体静态美的话，那么仪态美则是人体的动态美。一个人即使有出众的容貌和身材，如果他举止不端、姿态不雅，也不可能有完善的仪态美。追求仪态美一要注意按照美的规律进行训练和修饰打扮；二要注意自身内在修养的提升，包括道德品质、性格气质和文化素养的提升，因为人的外在仪态美在很大程度上是人内在心灵美的自然流露。

1. 站姿

站姿是静态的造型动作，是其他动态美的起点和基础。古人主张“站如松”，说明良好的站立姿势应给人一种挺拔的感觉。如图 1-2-1 所示就是一种挺拔的站立姿势。

(1)站姿规范标准

站立时，女性双膝和两脚跟靠紧，脚尖分开呈 V 字形，脚尖开度为 45°～60°；男性可两脚分开至与肩同宽的幅度。身体重心主要支撑于脚掌、脚弓上。腹肌、臀大肌微收缩并向上提，臀、腹部前后相夹，髋部两侧略向中间用力。脊椎、后背挺直，胸略向前上方挺起。两肩放松，气下沉，自然呼吸。两手臂放松，自然下垂于体侧，两手虎口向前，手指自然弯曲。脖颈挺直，头部上仰，下颌微收，双目平视前方，面带微笑。

站立时要实现上述标准体姿，使身体挺拔，就要控制肌肉，形成三种肌肉对抗力量：一是髋部向上提，脚趾抓地，如果没有髋部和脚的对抗力，膝部就容易弯曲；二是腹肌、臀大肌保持一定的肌肉紧张，前后形成夹力；三是头部上仰，肩向下沉。只有这三种肌肉对抗力量相互制约，才能保持标准的站姿。

(2)几种基本站姿

①男士的基本站姿。一种是身体站直，挺胸抬头，下颌微收，双目平视，两膝并严，脚跟靠紧，脚掌分开呈 V 字形，提髋立腰，吸腹收臀，双手在腹前交叉贴于腹部，右手搭在左手上。

图 1-2-1　挺拔的站姿

另一种是身体站直，挺胸抬头，下颌微收，双目平视，两脚分开比肩宽略窄，双手在身后交叉并贴在臀部，右手搭在左手上。

②女士的基本站姿。一种是身体站直，挺胸抬头，下颌微收，双目平视，两膝并严，脚跟靠紧，脚掌分开呈 V 字形，提髋立腰，吸腹收臀，双臂自然下垂，双手放在两侧，中指紧贴裤缝；或双手在腹前交叉贴在腹部，右手搭在左手上。

另一种是身体站直，挺胸抬头，下颌微收，双目平视，两膝相靠，脚掌呈丁字形，提髋立腰，吸腹收臀，双手在腹前交叉并贴于腹部，右手搭在左手上。

总之，站立的姿势应该是自然、轻松、优美的，不论采取何种站姿，只有脚的姿势及角度和手的位置在变，而身体一定要保持绝对的挺直。站立时还应注意面带微笑，使规范的站立姿态与亲切的微笑相结合。

(3)不良的站姿

不良的站姿主要表现在：站立时，身体歪斜，探脖斜肩，弯腰驼背；双手抱胸，叉腰，做小动作或将手插在裤袋里等；半坐半立、趴伏倚靠或频繁地变动手位或脚位。这些都有失仪态的庄重，会破坏自己的整体形象。图 1-2-2 所示。

(4)站姿的训练

①借助他人帮助或自己对着镜子进行训练，用于纠正不良姿势，在找准规范动作感觉后，再进行 20 分钟左右的训练多次。

②靠墙站立练习，要求脚后跟、小腿、臀部、双肩、后脑勺都要紧贴墙壁。训练时，还可两人一组，背靠背地站立练习。

③头顶书本练习。要求把书放在头顶中心，为使书不掉下来，头、躯体自然保持平衡。这种训练方法可以纠正低头、仰脸、晃头及左顾右盼等不良习惯。

站姿训练每次应控制在 20～30 分钟，训练时最好配上轻松愉快的音乐，用以调整心志，既可以避免训练的单调，又可以减轻疲劳感。

图 1-2-2 不良的站姿

2. 坐姿

坐姿是一种基本的静态体位，不同的坐姿传达不同的意义与情感，坐姿有着优雅与低俗的区别。端庄优美的坐姿，会给人以文雅、稳重、大方的美感，给人留下良好的印象，如图 1-2-3 和图 1-2-4 所示。

图 1-2-3 女士优雅的坐姿

图 1-2-4 男士笔挺的坐姿

(1)坐姿规范标准

轻轻地走到座位前，缓慢转身，从座位左侧入座；坐在椅子上时，应坐满椅子的 1/3～2/3。坐下后，头颈正直，下颌微收，面带微笑，双目平视前方或注视对方。身体要保持正直，挺胸收腹，腰背挺直。双腿并拢，小腿与地面垂直，双膝和双脚脚跟并拢。双肩放松下沉，双臂自然弯曲内收，双手呈握指式，右手在上，手指自然弯曲，放于腹前双腿上。

(2)几种基本坐姿

①男女均可采用的坐姿

正襟危坐式：上身与大腿、大腿与小腿、小腿与地面都应当成直角，双膝，双脚并拢(男性双腿之间可适度留有间隙)。这是最传统的坐姿，特别适合于正规场合。

大腿叠放式：两条腿在大腿部位叠放在一起，位于下方的一条腿垂直于地面，脚掌着地，位于上方的另一条腿的小腿适当向内收，同时脚尖向下。女性着短裙不宜采用这种姿势。这种坐姿多适用于非正式场合。

双脚交叉式：双脚在踝部交叉。交叉后的双脚可以内收，也可以斜放，但不宜向前方远远直伸出去。它适用于各种场合。在公车上或在自己的办公桌前都可以采取这种坐姿，感觉比较自然，但随时都要注意膝盖不可分开。

前伸后屈式：双腿适度并拢，左腿向前伸出，右腿向后收，两脚脚掌着地。这种坐姿适用于非正式场合。

②女士宜采用的坐姿

双腿斜放式坐姿：分左斜放和右斜放两种方式。左斜放是指在基本坐姿的基础上，左脚向左平移一步，左脚掌内侧着地，右脚左移，右脚内侧中部靠于左脚脚跟处，右脚脚掌着地，脚跟提起，双腿靠拢斜放。两膝始终相靠。右斜放式的方向相反。这种坐姿特别适用于穿裙子的女性在较低处就座时使用。

双腿交叠式坐姿：这种坐姿在正规或非正规场合均宜用尤其适合穿短裙子的女士采用。其造型极为优雅，有一种大方高贵之感。双腿一上一下交叠在一起，两腿之间没有间隙，双腿或斜放于左侧或斜放于右侧，腿部与地面约成45°夹角，叠放在上的脚尖垂向地面。

微微张开双脚的坐姿：膝盖靠拢，两脚稍微张开的坐姿，也是变化较多的坐姿之一。尤其在自己不受关注的场合下做这种程度的放松，但两脚打开最多只能约与肩同宽。

(3)不良的坐姿

不良的坐姿主要表现在：上体不能保持直立，前俯后仰、东倒西歪；摇腿、跷脚、跷二郎腿或将两膝分开；只坐椅子的边缘或瘫坐在沙发上；将脚架在桌面上，勾住桌腿，绕到自己或他人的座位上，等等。

(4)坐姿的训练

最影响坐姿美感的是腿位和脚位，这也是坐姿训练的主要内容。训练时要求上身挺直、腿姿优美，同时还要注意入座和离座两个环节的训练。

入座时，动作一定要轻缓。先走到座椅前再转身，一脚在前一脚在后，保持上身的直立和身体的重心平稳，慢慢坐下。女性入座时，要稍微拢一下裙边。

离座时，动作也一定要轻缓。先采用基本的站姿规范，站定之后方可离开。若是起身就走，则会显得太过匆忙、有失稳重。女性离座时，也要注意拢一下裙边。

3. 走姿

行走是人们生活中的主要动作。走姿是站姿的延续，是一种动态的美。走姿能直接反映出一个人的精神面貌，最能表现出一个人的风度、风采和韵味，有良好走姿的人，会更显青春活力。如图1-2-5所示为两种标准的走姿。

(1)走姿规范标准

对行走的总体要求是：轻盈、自如、稳健、大方，有节奏感。

（a）　　　　　　（b）

图 1-2-5　正确的走姿

①头正、颈直、下颌微收，目光平视前方。

②挺胸收腹，直腰，背脊挺直，提臀，上体微前倾。

③肩平下沉，手臂放松伸直，手指自然弯曲，摆动两臂时，以肩关节为轴，上臂带动前臂呈直线前后摆动。两臂前后摆幅约 30°。

④提髋、屈大腿带动小腿向前迈步，脚跟先着地，身体重心落在前脚掌上。身体重心的移动，主要是通过后腿后蹬将身体重心推送到前脚掌，从而使身体前移。前脚落地和后脚离地时，腿须伸直。

⑤步位即脚落地时的位置。女子行走时，两脚内侧着地的轨迹要在一条直线上，男子行走时，两脚内侧着地的轨迹不在一条直线上，而是在两条直线上，呈平行线行走。

⑥ 步幅即跨步时两脚之间的距离，即前脚跟与后脚尖之间的距离。通常步幅是 1～1.5 脚长。

⑦ 行走时脚不宜抬得过高，也不宜过低。过低会使鞋底与地面摩擦过大。

⑧ 速度均匀。在一定的场合，一般应保持相对稳定的速度。在正常情况下，每分钟走 100～120 步为宜。

(2)不同环境中的走姿

①在人来人往或场面比较拥挤的环境，走姿的要求为：精神饱满，步态轻盈，行走的步幅、速度要适中，手臂的摆幅不宜过大。路遇来宾要让路，躲闪要灵敏，有礼貌。

②在要求保持安静的地方，应避免发出大的声响，走路要轻盈；穿皮鞋或高跟鞋在没有地毯的地方行走时，要把脚后跟提起，尽量用脚掌着地行走，以免发出声响。

③在楼道等环境里，由于过道狭窄，行走时要靠右行。途中如遇来宾迎面走来，要提早侧身让路，并微笑点头致意，以示尊重。

④进出电梯时，应遵循的基本原则是“先出后进”。进出时，应侧身而行，以免碰撞、踩踏他人；进入电梯后，应尽量靠里边站。

(3)不良的走姿

不良的走姿主要有：行走时，弯腰驼背，含胸挺腹，脚长呈“外八字”或“内八字”；摇头晃脑，扭腰摆臀，勾肩搭背，嬉笑打闹；粗鲁无礼，我行我素；等等。

(4)走姿的训练

①顶书本训练。将书置于头顶，面对镜子；行走时，双臂自然摆动，保持头正、颈直、目不斜视。这种训练可以纠正走路摇头晃脑、东张西望的毛病。

②步位、步幅训练。在地上画一直线，行走时检查自己的步位和步幅是否正确。这种训练可以纠正“外八字”“内八字”及步伐过大或过小的毛病。

③步态综合训练。训练行走时各种动作要协调，最好配上节奏感较强的音乐，注意掌握好走路时的速度和节拍。保持身体平衡，双臂摆动对称，动作协调。

4. 蹲姿

蹲姿是由站姿转化而来的，当人站立时，两腿弯曲并降低身体高度即形成蹲姿。蹲姿只是人们在比较特殊的情况下所采用的一种暂时性的姿态。如要拾取掉在地上的东西或取低处的物品时，就必须采用蹲姿，如图 1-2-6 所示。

(a) 交叉式蹲姿　　(b) 高低式蹲姿

图 1-2-6　蹲姿

(1)蹲姿的规范标准

①交叉式蹲姿：右脚在前，左脚在后，右小腿垂直于地面，左膝从右腿后面向右侧伸出，左脚脚跟抬起，前脚掌着地，两腿前后靠紧，合力支撑身体；臀部向下，上身稍前倾。左右脚可交换。

②高低式蹲姿：下蹲时左脚在前，全脚着地，右脚稍后，脚掌着地，后脚跟提起。右膝低于左膝，臀部向下，身体基本上由右腿支撑。女子下蹲时两腿要靠紧，男子两腿间可有适当间隙。下蹲时，上体依然要注意保持正直。左右脚可交换。

(2)蹲姿的注意事项

①不要突然下蹲。下蹲时，切勿速度过快，特别是在行进中下蹲时，尤其要牢记这一点。

②不要方位失当。在他人身边下蹲时，最好与之侧身相向，正面面对他人或背对他人下蹲都是极不礼貌的。

③不要毫无遮掩。在大庭广众之下下蹲时，身着裙装的女性一定要避免个人隐私暴露在外。

④不要随意滥用。不要在工作中随意采用蹲姿，也不可蹲在椅子上或蹲在地上休息。

(二)表情管理

表情是眼睛、眉毛、嘴巴、鼻子和面部肌肉以及它们的综合运动所表现出的心理活动和情感信息。面部每一块肌肉的细微变化，每一个微妙动作，如眨一下眼睛、皱一皱眉头，都可以表达一个人的内心情感。在人际交往行为给人的各种刺激中，表情占有相当大的比重。它主要是通过目光和微笑来传递信息的。

1. 目光

目光是用眼神来表达情感、传递信息、参与口头交际的一种态势语。眼睛被人们称为“心灵的窗户”，人们内心深处的所有语言都可以通过这扇窗户透露出来。泰戈尔曾说过：“一旦学会了眼睛的语言，表情的变化将是无穷无尽的。”这说明，眼神语言的表现力是极强的，是其他举止无法比拟的。目光运用得当与否，直接影响到信息传递和交流的效果。因此，我们要学会在不同场合、不同情况，运用不同目光。

(1)注视时间

在人际交往过程中，目光接触的时间约占30%～60%。如果超过60%，则表示对对方的兴趣可能大于谈话；如果低于30%，则表示对对方或对交谈的话题不感兴趣。除关系十分亲密的人外，视线接触的时间一般以注视对方1～3秒为宜。

(2)注视位置

在人际交往中，注视对方身体的不同部位，传达的信息也会有所不同，造成的气氛也不一样。因此，人们应根据不同的场合和对象，选择注视对方身体不同的部位。

①公务注视：注视区域在额头至两眼之间，即正三角区域内。这种注视给人的感觉是严肃、认真、有诚意，能令对方慎重考虑你的意见，在一定程度上能让你掌握控制权，保持主动。人们常常在工作交往中，比如，联系业务、洽谈生意或谈判等场合使用这种注视方式。

②社交注视：注视范围在两眼至嘴之间的倒三角区域内。这种注视令人感到舒服、有礼貌，能营造出一种和谐的气氛。人们通常在社交活动中，比如舞会、宴会、朋友聚会等场合使用这种注视方式。

③亲密注视：注视对方的双眼到胸部之间的区域，是一种亲近的注视行为，一般不能随便使用，以免引起他人的误解。这种注视行为通常用于亲人之间、恋人之间。

一般情况下，与他人相处时，不要注视对方头顶、大腿、脚部与手部。对异性而言，通常不应注视肩部以下的部位。

注视并不等于凝视。因此，无论是公事注视、社交注视还是亲密注视，都应注意不可将视线长时间固定在同一位置，这是因为，人本能地会认为，过分地凝视是一种威胁，是在窥视自己内心深处的隐私。所以，与对方交谈时，应不时地将视线从固定的位置移开。这样，能使对方感到轻松、平等。

(3)注视的角度

在与人交谈中，目光自下而上注视对方，一般有询问的意思，即表示愿意倾听；头部微倾斜，目光注视对方，一般表示“噢！原来是这样”；眼睛光彩熠熠，一般表示充满兴趣；而目光东转西移，就会让人感到你心不在焉。在人际交往中，根据目光注视交往对象的角度，大致可以判断与交往对象的亲疏、远近关系。

注视他人的常规角度如下：

①平视：即视线呈水平状态，也叫正视。一般适用于在普通场合与身份、地位平等之人进行交往。平视体现人际交往双方彼此对对方的尊重，也体现平等、公正、自信、坦率之意。

②侧视：是平视的一种特殊情况，即位于交往对象一侧，面向对方，平视着对方。它的关键在于面向对方，否则即为斜视对方，斜视表示对人的轻蔑，那是很失礼的。

③仰视：即主动居于低处，抬眼向上注视他人。仰视表示尊敬、景仰、崇拜，也有期待之意。因此，在面对长辈、贵宾和上司时，仰视对方，容易赢得对方的好感。一个人独自仰视有表示在思考的意思。

④俯视：即低眼向下注视他人，一般用于身居高处时。俯视往往带有权威性，也可对他人表示轻慢、歧视。俯视晚辈也能表示爱护、宽容、怜爱之意。一个人独自俯视表示害羞、胆怯或者悔恨等。

(4)正式场合应避免的不良眼神

①忌上上下下打量他人，或将目光越过他人头顶向上看。

②忌盯住对方尤其是异性某一部位“用力”看，更不要盯住对方身体有缺点或有缺陷的部位看。

③忌频繁地眨眼看人，一般眨眼的正常次数是每分钟 5～8 次。

④在与对方交谈时，忌左顾右盼、东张西望或不停地看表。

2. 微笑

微笑是人际交往的桥梁，微笑是感情沟通的渠道，微笑是心灵盛放的花朵，微笑是人际百科全书最精、最美的序言。微笑给人带来很多益处：它可以给人以轻松的感觉，使人乐于与之交流；它可以改善人际关系，使与他人的误会、隔阂在一笑中烟消云散；它可以牵动你脸上的许多神经，锻炼面部肌肉，使你看起来更年轻。有一首关于微笑的诗写道：

微笑一下并不费力，但它却给人带来永恒的魅力。
它转瞬即逝，却给人留下难忘的回忆。
富则虽富，却无人抛弃。
穷则虽穷，却无人不能给予。
受惠者成为富有，施予者并不变穷。
它给家庭带来欢乐，又是友谊绝妙的表示。
它给疲劳者解乏，又给绝望者以勇气。

如果偶尔遇到某人，没有给你应得的微笑，

那么就请你慷慨地把微笑给予他吧，

因为没有任何人比这种人更需要微笑。

总之，微笑是自信的象征，是礼仪修养的充分展现，是和睦相处的反映，是心理健康的标志。微笑是人际交往的一张万能通行证，如果没有微笑，生活就会黯淡无光。

(1)微笑的要求

微笑应该是发自肺腑、发自内心的，应该笑得真诚、适度、适宜。

①真诚微笑。当一个人心情愉快和遇到高兴的事情时，就会自然地流露出这样的笑容。这是一种心情的调节，是内心情感的自然流露，绝不是故作笑颜、假意奉承。发自内心的微笑既是一个人自信、真诚、友善、愉快的心境表露，同时又能营造明朗而富有人情味的氛围。发自内心的真诚微笑应是笑到、口到、眼到、心到、意到、神到、情到。

②适度微笑。微笑虽然是人们交往中最有吸引力、最有价值的面部表情，但也不能随心所欲，不加节制。微笑的基本特征是齿不露、声不出，既不要故意掩盖笑意、压抑喜悦，也不要咧着嘴哈哈大笑。笑得得体、笑得适度，才能充分表达友善、诚信、和蔼、融洽等美好的情感。

③适宜微笑。微笑是全世界通用的语言，但也不能走到哪里笑到哪里，见谁都笑。微笑要适宜，如在庄重、严肃的场合不宜笑；当别人做错了事、说错了话时不宜笑；当别人遭受重大打击、心情悲痛时不宜笑。微笑要注意对象，两人初次见面，微笑可以拉近双方的心理距离；同事见面点头微笑，显得和谐融洽；服务员对顾客微微一笑，表达出了服务的热情与主动。

(2)训练微笑的方法

①诱导练习：面对镜子，采用诱导法或情绪记忆法让自己微笑。如多回忆美好往事，或展望美好的未来，或让他人讲笑话等，使微笑源自内心、有感而发。

②发声练习：距离镜子1米左右，放松自己的面部肌肉，深呼吸，接着慢慢吐气，并将嘴角向两侧牵动，使嘴角向上颊面提高，让嘴唇略呈弧形，发出“一”声。

③当众练习：按照要求，当众练习，使微笑规范、自然、大方，克服羞怯心理。

(三)着装礼仪

1. 着装的作用

在职场中，体现职业形象的除仪态美外，得体的着装也非常重要，恰当的着装能产生很强的吸引力。仪表整洁会增添个人的魅力，因为整洁的衣着代表着振奋、积极、向上的精神状态，而专业得体的着装也是职业形象的良好展示。

2. 着装的要求

(1)着装与体态的协调

职业形象的良好展示并不意味着全身名牌，它更注重强调的是整体美。一是身材与打扮要互相协调，比如，偏胖的人就不宜穿过紧的衣服，否则包得紧紧的，会叫人感觉透不过气；而瘦长的人穿横条的服装就可显得丰满些，矮胖的人穿竖条的服装可显得身材苗条些；二是服装要和体形、肤色相适应。一般说来，服装不能和自己的肤色反差太大。比如体形肥胖的人，适合穿深色服装，这样看上去目标集中，会显得匀称些。体形瘦削的，适合穿浅色服装，这样看上去目标松散，会显得丰满些。皮肤白皙的人，穿深色、浅色的服装都可以；皮肤较黑的人，最好穿稍浅色的服装，但不宜穿黑色的服装。

(2)着装与职业的协调

作为即将步入职场的大学生，要展现的职业形象应是干练、自信、有朝气。不同的职业有不同的着装要求，总体而言，整洁、得体、大方即可。同时，根据场合的不同而决定服装的款式。比如在校内演讲时，服装的颜色要与演讲者的思想感情和演讲内容的特点协调一致。如表示喜悦、欢庆内容的场合最好穿色调明快的衣服，如在欢迎、庆祝等场合发表演讲穿浅色服装会让人愉快；而在发表严肃、庄重、哀痛等内容时应穿深色或黑色的衣服，因为颜色给人的感觉是很敏感的，不同颜色所表达的不同寓意和象征作用，已经在人们思维中形成了较为牢固的观念。比如：深色给人深沉、庄重之感；浅色让人觉得清爽舒服；白色使人感到纯洁，蓝色使人感到恬静，红色、黄色则使人感到喜庆、愉快。

(3)着装与身份的协调

服装对人体有扬美与遮丑的功能，它可以反映人的精神风貌、文化素质和审美观念。具体而言，要求做到外表整齐、干净、美观，风格高雅、稳健、感觉良好、行动方便，与自己性别、年龄、职业等协调，充分体现出自己的特点与神韵。比如：不同身份的人物在进行演讲时，着装就有区别。好动的人可借助蓝色、增加静的感觉；沉稳的人可借助浅色增加活力；在特定的情况下，有时可以穿职业装(如民警、税务人员、军人、护士等)，以显示自己的身份和对自己工作的热爱。在校学生不宜在演讲时身着高档的、名牌的服装；青少年不要打扮得珠光宝气、艳丽夺目；男性服装不能过于随便和随意，女性着装不宜穿戴过于奇异精细、光彩夺目、袒胸露背的服饰，否则会引人瞠目和议论，影响自己的整体形象。

不同的色彩能引起人们不同的联想，产生不同的心理感受。在现实生活中，衣饰色彩的选择一般是由人的自身的性格、生活经历、经济基础、性格气质、爱好兴趣决定的。没必要做刻意的要求与规定。

3. 着装的“TOP”原则

“TOP”是三个英语单词的缩写，它们分别代表时间(Time)、场合(Occasion)和地点(Place)，即着装应该与当时的时间、所处的场合和地点相协调。

(1)时间原则

不同时段的着装规则对女士尤其重要。男士有一套质地上乘的深色西装或中山装足以包打天下，而女士的着装则要随时间而变换。白天工作时，女士应穿着正式套装，以体现专业性；晚上出席鸡尾酒会就须多加一些修饰，如换一双高跟鞋，戴上有光泽的佩饰，围一条漂亮的丝巾；服装的选择还要适合季节气候特点，保持与潮流大势同步。

(2)场合原则

衣着要与场合协调。与顾客会谈、参加正式会议等，衣着应庄重考究；听音乐会或看芭蕾舞，则应按惯例着正装；出席正式宴会时，则应穿中国的传统旗袍或西方的长裙晚礼服；而在朋友聚会、郊游等场合，着装应轻便舒适。试想一下，如果大家都穿便装，你却穿礼服就有失松弛感；同样的，如果以便装出席正式宴会，不但是对宴会主人的不尊重，也会令自己颇觉尴尬。

(3)地点原则

在自己家里接待客人，可以穿着舒适但整洁的休闲服；如果是去公司或单位拜访，穿职业套装会显得专业；外出时要顾及当地的传统和风俗习惯，如去教堂或寺庙等场所，不能穿过露或过短的服装。

总之，根据不同的场合、年龄、身份、职业等选择合适的着装定能凸显自我的职业形象。

拓展知识

常用职场礼仪

在人际交往中，迷人的个人魅力来自每一个细节，衣着打扮，言行举止，一举一动，无不体现出一个人的性情和教养。美就体现在细节之中。细节的问题归根到底是礼仪礼节问题。

一、称呼礼仪

称呼不仅反映着自身的教养、对对方尊重的程度，甚至还体现着双方关系达到的程度和社会风尚。正确使用称呼务必注意：一是要合乎常规，二是要入乡随俗，三是对生活中的称呼、工作中的称呼、外交中的称呼、称呼的禁忌细心掌握，认真区别。

生活中的称呼应当亲切、自然。在工作岗位上，人们彼此之间的称呼是有特殊性的，要求庄重、正式、规范。以交往对象的职务、职称相称，这是一种最常见的称呼方法，比如张经理、李局长。

使用称呼应注意文化背景。在政务交往中，常见的称呼除“先生”“小姐”“女士”外，还有两种方法，一是称呼职务(对军界人士，可以以军衔相称)，二是对地位较高的称呼“阁下”。教授、法官、律师、医生、博士，因为他们在社会中很受尊重，可以直接作为称呼。

国际交往中，因为国情、民族、宗教、文化背景的不同，称呼就显得千差万别。一是要掌握一般性规律，二是要注意国别差异。在英国、美国、加拿大、澳大利亚、新西兰等讲英语的国家里，姓名一般由两个部分构成，通常名字在前，姓氏在后。对于关系密切的，不论辈分可以直呼其名而不称姓。比如：俄罗斯人的姓名有本名，父名和姓氏三个部分。妇女的姓名婚前使用父姓，婚后用夫姓，本名和父名通常不变。日本人的姓名排列和我们一样，不同的是姓名字数较多。其妇女婚前使用父姓，婚后使用夫姓，本名不变。

二、名片礼仪

名片是商务人士的必备沟通交流工具，名片像一个人简单的履历表，递送名片的同时，也是在告诉对方自己姓名、职务、地址、联络方式。由此可知，名片是每个人最重要的书面介绍材料。初次与人见面，打过招呼后互通姓名，然后就是相互递交名片。递交名片这样一个小小的动作也应该引起注意，要运用得体的方法才好。

(一)名片应该放在名片夹内，而不应该放在别的票证夹里，更不应该随意夹在小本本里，用时满处乱翻。

(二)名片夹应放在西装的内袋里，不应从裤子口袋里掏出。

(三)名片夹由于要长久使用，所以尽可能买个质地好的。

(四)如果对方伸出左手递交名片，自己要伸出右手去接，同时左手也应递交名片，这样互相交换。

(五)接受名片时，右手去接对方的名片，左手拿自己的名片夹。

(六)对方名片上的姓名如有不容易读的字，应客气地问清楚。

(七)如果对方有两人以上，应将他们的名片排好，并按照名片的顺序，分别与他们进行交谈。

(八)对于递交名片的方法，要求：拿名片下端，使对方易于接；位置至对方胸前；只是单方面接对方名片时，要把左手和右手同时伸出。

三、握手礼仪

社交礼仪中的握手是在相见、离别、恭贺或致谢时相互表示情谊、致意的一种礼节。标准的握手姿势应是平等式，即大方地伸出右手，用手掌或手指用一点力握住对方的手掌，通常以3秒左右为宜，不可一直握着对方的手不放。握手必须基于双方之自然意愿，不可强求。握手的方式：

(一)尊重对方喜欢的空间和距离。

(二)握手时微笑地注视着对方，增强亲切感。

(三)一边握手，一边与对方寒暄交谈。

(四)与女士握手时，应等对方伸出手来，再上前轻轻握住。时间不宜过长。

(五)与长辈握手时，要颔首致意，以示尊敬。

(六)如果你是颁奖嘉宾，应先颁发奖品(奖金，证书)给获奖者后，再与对手握手，并高举双手鼓掌祝贺。

问候时的握手礼有些讲究。一般都是领导或者客户主动与你握手，你再伸出手与其握手。握手时需要注意的是力度不能过大并且不能戴手套，因为戴手套与人握手有不尊重对方的意思。

四、鞠躬礼

鞠躬，意思是躬身行礼。是表示对他人敬重的一种郑重礼节。此种礼节一般是下级对上级或同级之间、学生向老师、晚辈向长辈、服务人员向宾客表达由衷的敬意。鞠躬是中国、日本、韩国、朝鲜等国家传统的、普遍使用的一种礼节。鞠躬主要表达“弯身行礼，以示恭敬”的意思。如今的日本，鞠躬礼是最讲究的。所以我们在同日本人打交道时要懂得这一礼节。对日本人来说，鞠躬的程度表达不同的意思。如弯 15 度左右，表示致谢；弯 30 度左右，表示诚恳和歉意；弯 90 度左右，表示忏悔、改过和谢罪。

鞠躬礼掌握的要领是：

(一)脖子不可伸得太长，不可挺出下颏；

(二)耳和肩应在同一高度；

(三)保持正确的站立姿势，两腿并拢，双目注视对方的胸部，随着身体向下弯曲，双手逐渐向下，朝膝盖方向下垂。

五、接打电话的礼仪

接起电话时首先需要问候对方，音量不宜过高也不宜太低。音量过高会显得对他人的不尊重，音量过低会让对方听不清你想要表述的内容。另外，接电话还有一个需要注意的地方就是倾听，倾听对方想要表达的意思并将其写在本子上，这样一来就不会有遗漏。

电话交谈完毕时，应尽量让对方结束对话，若确需自己来结束，应解释、致歉。通话完毕后，应等对方放下话筒后，再轻轻地放下电话，以示尊重。

六、乘坐电梯礼仪

电梯虽然很小，但是在里面的学问不浅，充满着职业人的礼仪，看出人的道德与教养。

操作按键是晚辈或下属的工作。伴随客人或长辈来到电梯厅门前时，先按电梯按钮；电梯到达门打开时，可先行进入电梯，一手按开门按钮，另一手按住电梯侧门，请客人们先进。

进入电梯后，按下客人要去的楼层按钮；行进中有其他人员进入，可主动询问要去几楼，帮忙按下。入电梯后，应面朝门的方向站立，越靠内侧，是越尊贵的位置，依序进出，尊者为先。电梯内尽可能侧身面对客人，不用寒暄，尽量避免交谈，绝不吸烟。到达目的楼层，一手按住开门按钮，另一手并做出请出的动作，可说：“到了，您先请!”客人走出电梯后，自己立刻步出电梯，并热诚地引导行进的方向。

上下班时，电梯里面人非常多，先上来的人，要主动往里走，为后面上来的人腾出地方，后上的人，要视电梯内人的多少而行，当超载铃声响起，最后上来的人主动下来等后一趟。如果最后的人比较年长，新人们要主动要求自己下电梯。

拓展知识

网络沟通文明礼仪

现代科技的发展给人类生活带来了许多便利，依托网络在线交流成为普遍的沟通方式，网络时代让人与人之间的沟通更加快捷，随时随地都可以获取信息、共享信息。我们要学习和遵守网络沟通文明礼仪，规范自己的网上言行，共同坚守指尖上的文明。

一、网络沟通的特点

(一)网络化

网络化是网络沟通的显著特点，网络化使工作更加快捷，而网络资源的共享为工作提供更为丰富的资源。局域网的建立更加有助于工作的协调沟通。

(二)智能化

网络沟通智能化是区别于工作中传统的信息沟通，它要求人们必须熟悉掌握各种办公软件，在处理事务时做到应变自如。工作中比较常用的网络沟通的工具有电子邮件、视频电话、企业微信、微信、QQ以及电子传真等。

(三)多样化

是指工作中网络沟通媒体形式多样，包括视频、音频、动画、幻灯片、图片和文本等。

二、网络沟通基本原则

随着网络沟通的普遍化，它的优缺点也日益明显。网络沟通最大的优势即是可以提供便捷、及时、廉价、全面、不受场地局限的各类信息，但其缺点也显而易见，如缺乏可信度、信息泛滥、受限等。随着现代社会的不断发展，网络沟通在信息时代已经深入人心，甚至近几年由此而衍生了电商、微商等新兴行业，正是因其广泛应用于各个行业，因此在网络沟通中更应注重网络沟通原则的运用。

(一)真实社交原则

互联网给予来自五湖四海人们一个共同的地方聚集。在网络虚拟空间里，我们始终要记得，我们仍然是在和真人交流，即使是陌生人。因此，现实生活中如何与人沟通，网络上也应当如何沟通。网上道德和法律准则与现实生活是相同的，不要以为在网上就可以降低标准。现实生活中的交际原则，同样适用于网络沟通。

网络沟通中，你的一言一语成为别人对你印象的唯一判断，不能因为隔着屏幕就忘了基本的沟通礼仪和道德法律。当着他人面不宜说的话，在网络上也不要说。交流时应多使用文明用语，不要故意挑衅甚至使用脏话；要宽容对待网友，与人为善；看到别人犯错时要善意提醒、给出建议，不要恶意讽刺。网上交流时，不要轻信谣言，更不能传播谣言，要清楚分辨、确认无误后方可发到网上。

(二)真诚尊重原则

尊重他人的隐私，未经允许，不得随意公开他人笔名、视频、邮件和聊天记录等。

尊重他人的劳动和知识产权，不得剽窃、随意修改和公开别人的劳动成果。

尊重别人的时间和带宽，提问之前先做充分的搜索和研究，很有可能同样问题以前已经问过多次，现成的答案随手可及。不要以自我为中心，过度消耗他人时间和资源。例如对方不回复消息，要分析具体情况，如果觉得对方在忙，可以稍后再联系。不能见对方不回后，马上就打电话过去。因为如果对方当下真在忙，打电话不就是打扰别人了吗？非要打电话，也应换个时间段再打，然后试探性地看对方是否想继续聊那个话题。

任何消息在发送前，要先仔细检查语法和用词，以免因为自己的过错，导致他人看不懂或产生误会。此外，网络讨论甚至争论都是正常现象，要就事论事、以理服人，平心静气讨论，不要进行人身攻击。

(三)平等谦逊原则

网络沟通要保持自信。但如果对某个方面确实不熟悉，就不要冒充专家。

网络沟通中要保持谦逊有礼。网络中看不到彼此眼神，听不到语气，因此要注意谦虚、婉转的表达方式，并让对方理解、感受到，例如可以通过简单地加上表情图符表示开心或难过，多用“笑容”来表达你的情感。

三、常见网络沟通礼仪

线上互动不受空间限制，极大地提高了沟通效率，但毕竟隔着一层屏幕，很难像当面沟通一样，通过表情和语气来感知对方的反应。这就意味着在线上沟通时更容易出现理解偏差，造成不必要的误会。因此，线下沟通时不可或缺的社交礼仪在网络交往中也必不可少。

(一)电子邮件沟通礼仪

1. 主题应当精当，不要发送无主题和无意义主题的电子邮件；

2. 注意称呼，避免冒昧。当与不熟悉的人通信时，请使用恰当的语气，适当的称呼和敬语；

3. 注意邮件正文拼写和语法的正确，避免使用不规范的问题和表情符号，使用简单易懂的主题以准确传达电子邮件的要点；

4. 因为邮件容易丢失，因此应当小心查问，不是无理猜测并暗责对方。在自己做到及时回复邮件的同时，不要对他人回复信件的时效性做过分期许；

5. 不要随意转发电子邮件，尤其是不要随意转发带附件的电子邮件，除非你认为此邮件对于别人的确有价值。在病毒泛滥的今天，除非附件是必需的，否则应该避免Word、PPT附件等，多使用PDF，在正文中应当包含附件的简要介绍，邮件要使用纯文本或易于阅读的字体，不要使用花哨的装饰，最好不要使用带广告的电子邮箱；

6. 如果不是工作需要，尽量避免群发邮件。特别不要参与发连环信这种活动(把这条消息发送给10个好友之类)。群发邮件容易使得收件人的地址相互泄漏，因此最好使用邮件组或者暗送，两个人商量事情牵涉到第三方时，应该将邮件抄送给第三方；

7. 在给不认识的人发送邮件时，请介绍一下自己的详细信息，常在签名中注明自己的身份，没有人乐意和自己不明底细的人讨论问题。

8. 如果对方公布了自己的工作邮件，那么工作上的联系请不要发送到对方的私人信箱，没有人乐意在和朋友们联系的信箱中看到工作上的问题.

(二)微信、QQ沟通礼仪

1. 一般应及时回复。假如遇到你不便回答的问题，如客人向你打听进货渠道，你可以委婉地拒绝，也可以先假装没看到信息，事后再作解释。

2. 不要轻易转发广告、点赞、砍价等链接，避免对别人造成干扰或是暴露手机信息，造成不必要的麻烦或损失。

3. 无论是语言、文字或是图片，都应注意使用文明用语，拒绝粗口、色情、暧昧、低级庸俗的照片。

4. 涉及安全、银行信息或转账事宜时，应注意多留心，尽量避免发生财产等方面损失。

5. 不要随便要求别人添加好友，除非有正当理由。

6. 如果是正式的谈话，有话直说，不要用“忙么”“在吗”“打扰一下”等开始一段对话，而是把对话的重点压缩在一句话中。在别人状态为“忙碌”的时候，不要随意打扰。

7. 注意言简意赅，如果谈工作，尽量把要说的话压缩在 10 句以内。

8. 如果是工作信息，尽量少发语音。有研究显示，阅读 100 个字的信息平均需 9 秒，同样的信息通过语音接收则需 22 秒。而且有时对方可能正在开会，不方便收听语音。这种“方便自己，麻烦别人”的做法，难免引起他人的反感。

9. 尊重别人的劳动，不要随意转载，不要随意否定对方知识层次，不要自诩高人一等，使用侮辱性质的词句。

10. 不要做鉴定师和价值判断人；不要断章取义，更不要成为网络暴力的实施者。

拓展训练

1. 同学聚会上，罗志挽着女友前来参加，仿佛是为了展示自己找了位美女，只见他骄傲地昂着头，慢慢踱着“外八字”步缓缓地走进大厅；然后从侍者手中取了杯饮料，斜靠在女友身上喝了起来；喝完后又坐在椅子上不停地晃动脚尖与女友闲聊，还潇洒地用响指招呼每一位刚到的同学。

思考：罗志的表现符合仪态礼仪规范吗？根据资料模拟演示，分组讨论。

2. 某公司经理被别人问到他为什么要录用一个没有任何人推荐的小伙子时说：“他神态清爽，服饰整洁；在门口蹭掉了脚下带的土，进门后随手轻轻地关上了门；当他看见残疾人时主动让座；进了办公室，其他的人都从我故意放在地板上的那本书上迈过去，而他却很自然地俯身捡起并放在桌上；他回答问题简洁明了，干脆果断。这些难道不是最好的介绍信吗？”

思考：这封“介绍信”介绍了小伙子的哪些优点？根据所提供的资料模拟演示，分组讨论，教师点评。

3. 运用职业形象的知识结合所学专业，为自己设计一个恰当的职业形象，并设计一个职场情景剧。

4. 根据所掌握的礼仪知识，结合个人实际，为自己设计一份“提高个人礼仪综合素养”的计划书。

项目三

口语表达训练

任务四 倾听回应

教学目标

1. 素质目标

培养学生尊重他人、关注他人的行为习惯。

2. 知识目标

(1)了解倾听的含义及意义；

(2)了解影响倾听的误区及障碍；

(3)掌握倾听及回应技巧。

3. 能力目标

(1)能够运用正确的方法倾听；

(2)能够在与人交流进行积极回应。

情景训练

任务：耳语传话游戏

将同学分组并列好队伍。准备几张写有同样内容的纸条，交给每组第一位同学阅读并记忆纸条内容后，然后收回纸条，由该同学将内容向第2位同学小声转述，不能让其他同学听到；第2位同学再向第3位同学口述，依次传话至队伍最末尾的同学，最末尾的同学把听到的内容公布。评委公布纸条内容，并评判结果是否与纸条内容一致，又快又准者获胜。

思考：游戏结果表明，不少组的传话结果与纸条内容迥异。那么到底是说话人的问题，还是听话人的问题呢？

信息化时代，人际交往的一个显著特点是互动性。在“互联网＋”时代背景下，对话、沟通成为人们的趋向性选择，思想和文化的教育方式也由注重单向灌输变为重视双向交流，倾听自然也成为这种互动交流的必要前提和条件，成为连接双方的桥梁和纽带。伏尔泰说：“耳朵是通向心灵的道路。”米内也说：“会倾听的人到处都受欢迎。”倾听不仅是一门与人有效沟通的艺术，而且是一个人品德修养的具体表现。没有倾听就没有交流，懂得倾听，有时比会说更重要。倾听能力是一个人尊重、包容与接纳他人的能力的表现。倾听具有一种神奇的力量，它可以让人获得智慧和尊重，赢得真情和信任，保证我们能够与周围的人融洽相处。因此，我们应从“好为人师”“我讲你听”的习惯中走出来，跟上时代的脚步，提高自己倾听的素养和能力，掌握倾听的技巧。

案例导入

某将军十分关心下属。一天，他突然袭击，检查军队食堂。在食堂里，他看见两个士兵站在一个大汤锅前。

“让我尝尝这汤！”将军向士兵命令道。

“可是，将军……”士兵正准备解释。

“没什么‘可是’，给我勺子！”将军拿过勺子喝了一大口，怒斥道：“太不像话了，怎么能给战士喝这个？这简直就是涮锅水！”

“我正想告诉您这是涮锅水，没想到您已经尝出来了。”士兵答道。

思考与讨论：在职场中，管理者不善于倾听下属会产生哪些不良影响及后果？

基础知识

倾听与言说是人们言语交际的两种基本行为，二者构成了日常言语交际的基本前提和基本结构。

倾听

一、倾听的含义及意义

“倾听”现代汉语释义为“细心地听取”。所谓倾听就是通过视觉、听觉来接受、理解说话者信息、情感和思想，并伴随着充分尊重和积极回应态度的一种情感活动过程。它既是一种言语交际行为，也是一种心理情感活动。

说到“听”，人们往往想到的就是人的听觉器官对声音的生理反应，认为只要耳朵听到对方的话音，就达到了“听”的目的。其实，倾听的内涵非常丰富。倾听不仅仅是用耳朵听，而是要用全部身心投入到说话者的话语情境中，既能理解其言语信息的意义，又能理解其手势、体态、表情等非言语信息的含义。在有效沟通中，倾听具体有以下重要意义：

(一)沟通首先是倾听的艺术

西方谚语说:“用十秒时间讲,用十分钟时间听。”中国也有句老话叫:“说三分,听七分。”可见在语言沟通中,“会听”甚至比“会说”还重要。能言善辩并不代表沟通能力强,有效沟通的一半是洗耳恭听。人人都需要理解,不仅需要被理解,而且还需要理解对方,要想相互理解就需要双方的沟通,能否有效倾听往往决定沟通的成败。

语言学家认为,人们在日常交往中,言语实践的使用情况是:听占45%,说占30%,读占16%,写占9%。也就是说,人们有近一半的时间在听。倾听不但是人们获取知识、信息的重要途径,而且也是人们交流思想、情感的有效方式。

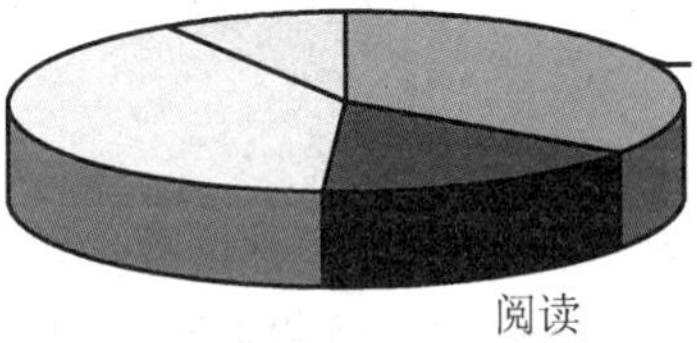

图 1-3-1 沟通行为比例

案例欣赏

一天,有位年轻人来找苏格拉底,说是要向他请教演讲术。年轻人为了表现自己,滔滔不绝地讲了许多话。待他讲完,苏格拉底说:“可以考虑收你为学生,但要缴纳双倍的学费。”

年轻人很惊讶,问苏格拉底:“为什么要加倍呢?”

苏格拉底说:“因为我要教你两门功课,一门是怎样闭嘴,另一门是怎样演讲。”

苏格拉底不喜欢在跟人谈话时只管自己滔滔不绝、容不得他人插嘴的人。难怪他对人说:“我们有两只耳朵,而只有一张嘴,显然是希望我们多听少说。”

(二)倾听是信息来源的重要渠道

倾听是了解、理解、接受、接纳外部世界的过程。倾听有利于了解和掌握更多的信息。一个会倾听的人能够从别人那里获得很多信息,能够随时学到知识。交谈中有很多有价值的消息,稍纵即逝,一个随时都在认真倾听他人讲话的人,就有可能成为一个“信息的富翁”。中国有句成语叫“闭目塞听”用来讽刺那些不善于倾听的人。学会倾听,其实就是培养一种信息意识。听到同样的内容,有的人会立即意识到它的最大价值,而有的人则熟视无睹或束手无策,这就是倾听能力的高低差别了。一个善于倾听的人,常常能从倾听中捕捉到有用的信息,也因此能谋得先机,取得事业的成功。

案例欣赏

1958年，刘文汉在美国谈生意。一天他来到位于在美国克利夫兰市中心的一家餐馆里吃饭。两个美国人的谈论吸引住了刘文汉的注意力。这两个来吃饭的美国人每人要了一杯烈性威士忌，边喝边聊，谈论的话题就是如何发财。有一个人说：如果开创一个新事业，如生产假发，那肯定能发大财。说者无心，听者有意，刘文汉凭着他敏锐的判断力，感到生产假发的确是一项大有可为的事业，能给自己带来巨大的财富。回到香港后，刘文汉历尽千辛万苦，终于寻找到了一位懂得假发技术的理发师。经过刘文汉三顾茅庐般的相邀，理发师终于答应出任刘文汉的总设计师。刘文汉的假发公司成立了，由于这种产品符合人们的心理需求，产品品质的优良，配以生动、新奇的广告，他的假发一炮走红。刘文汉的假发制造业使他获得了巨大的财富，他也被冠以“香港假发大王”的称号。

（三）倾听是重要的职场沟通技能

一直以来，倾听已被确认为一项重要的沟通技巧，而且是商业工作和管理者必备的沟通技能。在对财富排行榜500强企业的一项调查中，59%的被调查者对员工提供倾听方面的培训。研究人员请工商管理人员对工作中最重要的交流技巧列出顺序，绝大多数人把“倾听”列在第一位。研究者还发现，在良好的倾听技巧和工作效率之间存在着直接的联系，接受了倾听能力训练的员工比没有经过这项训练的员工工作效率高得多。

案例欣赏

卡耐基先生曾经花45分钟注意聆听一位女士谈她的非洲之行，后来她对别人夸卡耐基先生是一个“非常有意思的人”“最有意思的谈话家”，而实际上，卡耐基只是做了一个忠实的听众。

倾听是企业管理沟通中的关键环节，这是由管理工作的特点决定的，整体复杂、多边竞争的环境决定了正确决策的困难，个人难以做出永远正确的判断，一位擅长倾听的管理者将通过倾听从上级、同事、下属和顾客那里及时获得信息，并对其进行思考和评估。善于倾听的管理者可以给员工留下良好的印象，激励他们畅所欲言，这样不仅可以让管理者获得重要的信息，更有助于管理者做出正确的决策。同时，对于缺乏经验的管理者来说，倾听还可以增长知识和经验，减少或避免因为不了解情况而出现失误。

（四）倾听有利于促进交流

人际沟通中，懂得倾听比懂得说话更重要。只要留心生活，就会发现人缘好的人，通常不是因为他有多幽默，多会说话，而在于他能静静地听完每个人的说话。倾听他人诉说自己的心里话，就是对他人表示关心和尊重。

心理研究显示：人们喜欢善听者甚于善说者。实际上，人们都非常喜欢发表自己的意见。所以，如果你愿意给他们一个机会，让他们尽情地说出自己想说的话，他们会立即觉得你和蔼可亲、值得信赖。许多人不能给人留下良好的印象，不是因为他们表达得不够，而是由于他们不注意听别人讲话。别人讲话的时候，他们可能四处环顾、心不在焉，或是急于表达自己的见解，这样的人不受欢迎。很多人错误地以为沟通就是“听我说”，其实赢得他人好感的并不是会说话的人，而是善于聆听的人。有效沟通的前提之一是倾听，说与听都是沟通不可或缺的条件，这两者相互平衡，才会产生理想的沟通效果。

在管理工作中，许多事情受阻，并不是因为你说错话、做错了什么，而是因为你没有仔细聆听对方的谈话。人们常说“沉默是金，开口是银”，善于倾听的人，一方面表现出他能尊重别人，另一方面反映出他能够关心别人。学会了倾听的技巧，沟通对象会因你的倾听而感到满足和受尊重，会因你的善于倾听把你当作朋友。所以一个优秀的沟通高手，一定是善于倾听对方的心声的人。

案例欣赏

一位女士发现人们在生活中被倾听的需求不能得到充分满足，于是便专门从事“听人说话”的职业。她刊登广告后不久，工作室即门庭若市，前来发牢骚、投诉烦恼、倾泻内心苦闷的人源源不断。

二、倾听的内涵

(一)倾听的过程

倾听是一个复杂的心理过程，包含了下列五个阶段：

接收 → 理解 → 记忆

↖　　↙

反应 ← 评估

1. 接收信息

接收信息是倾听的第一个阶段，也就是由感觉器官接收外界的刺激，倾听不仅包含接收对方传达的口语内容，而且包含注意对方的非语言信息。

2. 理解信息

理解信息是倾听的第二个阶段，也就是了解对方传达信息的意义。除了必须注意对方所表达的意见和想法外，也必须了解对方言谈时的情绪状态。

3. 记忆信息

记忆信息是倾听的第三个阶段，即将我们所接收与理解的信息，停留在脑海中一段时间。人们的记忆，并不是信息的完全复制品，而是以自己的方式，重新建构所接收到的信息。

4. 评估信息

评估信息是倾听的第四个阶段，即判断说话者内心的意图。人们除了必须理解、记忆说者所传达信息的表面意义外，还必须进一步推测这些信息的潜藏意义。

5. 反应

反应是倾听过程中十分重要的一个阶段，说话者会根据倾听者的反应来检查自己行为的结果，从而知道自己所说的是否被准确接收和正确理解，然后做出适当的调整，这样会更加有利于倾听者的倾听。

如果这些步骤之一没有做好，倾听过程的有效性就会大打折扣甚至整个失败。例如，在一个嘈杂的环境中工作，可能根本就不能准确听清所传达给你的信息。即使接收到了这个信息，如果与说话者之间没有共同的含义或者语言，也可能会导致所理解的意义与说话者的本意大相径庭。

(二)倾听的层次

在沟通倾听的过程中，因为我们每个人的聆听技巧不一样，所以看似普通的聆听却又分为五种不同层次的倾听效果。

1. 听而不闻

所谓听而不闻，简言之，可以说是不做任何努力地去听。听而不闻的表现是不做任何努力，你可以从他的肢体语言看出，他的眼神没有和你交流，他可能会左顾右盼，他的身体也可能会倒向一边。听而不闻，意味着不可能有一个好的结果，当然更不可能达成一个协议。

2. 假装倾听

假装倾听就是要做出倾听的样子让对方看到，当然假装倾听也没有用心在听。在工作中常有假装倾听现象的发生，例如，你和客户之间交谈的时候，客户有另外一种想法，出于礼貌，他在假装倾听，其实他根本没有听进去；上下级在沟通的过程中，下级惧怕上级的权力，做出倾听的样子，实际上没有在听。假装倾听的人会努力做出倾听的样子，他的身体大幅度地前倾，甚至用手托着下巴，实际上是没有听。

3. 选择性地倾听

选择性地倾听，就是只听一部分内容，倾向于听所期望或想听到的内容。当听到想要听的信息时，听话者就会成为一个非常投入和理解力很强的听众。当听到不想听的特定信息时，听话者就会不理睬讲话者或者起反作用。换句话说，当听话者用这种方式倾听，从头到尾来看，他在听的过程中表现出的反应是不一致的。

4. 专注地倾听

专注地倾听就是认真地听讲话的内容，同时与自己的亲身经历做比较。

5. 设身处地地倾听

设身处地地倾听不仅是听，而且努力在理解讲话者所说的内容，用心和脑，站在对方的利益上去听、去理解，这是真正的、设身处地地倾听。设身处地地倾听是为了理解对方，多从对方的角度着想：他为什么要这么说？他这么说是为了表达什么样的信息、思想和情感？当对方和你沟通的过程中，他频繁地看表，说明他现在想赶快结束这次沟通，你必须去理解对方：是否对方有急事？可以约好时间下次再谈，对方会非常感激你的通情达理，这样做将为你们的合作建立基础。

(三)倾听的类型

人们以各种方式倾听，而且虽然他们怎样倾听通常是一种潜意识的选择，但是却同时影响了他们听到的内容及提取出来的含义。例如，一个重视团队合作和人际关系的员工很自然地就会寻找一个与说话者交流的方式。相反，一个行动导向的倾听者会更注意听与需要完成的任务相关的信息。

1. 内容倾听

内容倾听的首要目的是理解和记忆说话者的信息。当你要听内容时，重点是信息和理解，可能会忽略说话者的风格及表达上的缺陷，只要关注和理解信息就可以了。

2. 批判性倾听

批判性倾听的目的是在各个水平上理解和评价说话者信息的含义：论证逻辑、论据力度、结论的正确性、信息对自己的含义、说话者的目的和动机，以及任何重要或相关内容的缺失。

3. 同理心倾听

同理心倾听的目的是理解说话者的感受、需要和偏好，这样就能领会他的观点，无论自己是否有相同的看法。同理心倾听能够帮助一个人把影响其冷静、清醒地解决问题的情绪发泄出来。有时候一个心烦意乱的同事寻找的仅仅是一个倾听者，不要尝试给什么建议，除非这个人特别要求。同样，不要对说话者的感受做评价，也不要试着告诉人们他们不应该有这种或者那种情绪，相反地，让说话者知道你了解他的感受并且理解那种情况。

三、影响倾听的误区及障碍

要想真正做到有效倾听，就要先了解哪些障碍会干扰到倾听，进而找出解决的办法。影响倾听的因素很多，按其来源可以分为主观障碍和客观障碍。

(一)主观障碍

在沟通的过程中，造成沟通效率低下的最大原因在于倾听者本身。研究表明，信息的失真主要是在理解和传播阶段，归根结底是在于倾听者的以下主观因素。

1. 自我为中心

人们习惯于关注自我，总认为自己才是对的。在倾听过程中，过于注意自己的观点，喜欢听与自己观点一致的意见，对不同的意见往往是置若罔闻，这样往往错过了聆听他人观点的机会。每一个人心里都有自己的观点，很难接受别人的观点。当别人在诉说时，你可能这样想：“你的观点没有什么新意，你不用说，我都知道是怎么回事。”带着这样的想法，你自然难以认真听对方的话。由于坚持自己的观点，对于对方的解释和结论，如果是“英雄所见略同”，你肯定是心满意足；但如果是出入很大，你可能会产生抵触情绪——反感、不信任，并产生不正确的假设，在这种排斥异议的情况下，是很难能够静下心来认真地进行倾听的。

2. 先入为主的偏见

偏见是倾听的重要障碍。在心理学中称为“首因效应”，即常说的第一印象，对方最先提出的观点与自己大相径庭就不愿意认真听下去。假设你对某个人产生了某种不好的看法，“这个人没什么能耐”，他和你说话时，你也不可能注意倾听。又假设你和某个人之间由于某种原因，产生了隔阂，如果他有什么异议，你就可能认为他所做的一切，都是冲着你来的，无论他做出什么解释，你都认为是借口。

3. 急于表达自己的观点

人们都有喜欢自己发言的倾向。发言在商场上被视为主动的行为，有助于树立强有力的形象，而倾听则是被动的。前美国参议员哈亚卡瓦曾说：“我们都倾向于把他人的讲话视为打乱我们思维的烦人的东西。”许多人认为只有说话才是表白自己、说服对方的唯一有效方式，若要掌握主动，便只有说。在这种思维习惯下，人们容易在他人还未说完的时候，就迫不及待地打断对方，或者心里早已不耐烦了，往往不可能把对方的意思听懂、听全。

4. 思想不集中

三心二意、心不在焉是这种情况的典型表现。虽然倾听者身在现场，而且表面上似乎在用心努力地听讲，所谓“身在曹营心在汉”，其实倾听者本人要么另有心思，要么心不在焉，所以倾听的信息完全没有或部分没有进入倾听者的头脑中。当倾听者由于工作和心理的压力而心事重重的时候，或者觉得对方的话无聊、让你感到不自在的时候，只会把一部分注意力放在倾听上，很难做到有效倾听。此外，大脑思考的速度比说话的速度快很多，前者至少是后者的3～5倍(据统计，人们每分钟可说出125个词，理解400～600个词)，所以人们在接纳一个人说的话的同时还有很多空余的“大脑时间”，就会去思考别的一些事情，“寻找”一些事做，占据大脑空闲的空间。

5. 语义理解障碍

语言在不同的层次上影响到倾听过程：声音层次——这是我们听觉器官接收说话者信号的层次；语法层次——把声音转化成有意义的信息；最后是说话者所要表达的原意层次。由于环境噪声干扰，说话者语误、方言口音、发音错误以及听者自身认知、态度、需求、知识等问题的存在，使倾听这样一个简单的过程变得复杂，当意义不明时，听者便会做出一定的推论而曲解信息。

词语是沟通与思维的工具，那些有多种意思的单词是有效倾听的潜在障碍。对讲话者来说这个词是这个意思，而对倾听者来说，却可能是另外一个意思。说话者的交谈信息中，如果涉及许多难以理解的词语，就有碍听话者抓住主题。一个很明显的例子是，如果谈话一方用了过多的专门术语，他可能使不懂行的另一方完全丧失理解能力。与倾听有关的最严重的语意问题是，当演讲者使用那些会引起倾听者恐惧、愤怒或者充满感情色彩的词，如“乡巴佬”“神经病”等，就都会阻碍有效倾听的正常进行。

案例欣赏

知名新闻主持人沃特·克隆科特(Walter Cronkite)多年前在乘船进入缅因州的中央港口码头时，很惊讶地看到一群人在岸上向他挥手。他隐约地听到他们呼喊：“你好，沃特!”(Hello，water)当他的船驶近时，大家的呼喊声更大了。克隆科特十分感动，他激动地向岸上这些人挥帽招手作为回应。但出乎他的意料，几秒后，船卡住了，动弹不得。当岸上的人们呆呆地伫立望着他时，克隆科特才恍然大悟，原来那些人喊的并非是他的名字，而是“水浅，水浅……”(Low water，Low water)。

6. 情感因素障碍

我们的经历受到情感因素的影响。比如，在倾听时本能地排斥所不想听到的内容；相反，当某人说到一些我们想听的话时，我们会竖起耳朵接收所有的信息——真理、部分真理，甚至是谎言和谬误。可以说，情感起到了听觉过滤器的作用，有时它会导致盲目，而有时他排除了所有倾听的障碍——你会很高兴从别人的口中证实了自己的思想，并由此感到快乐。

7. 消极的身体语言

在听人说话时东张西望，双手交叉抱在胸前，跷起二郎腿，甚至用手不停地敲打桌面，这些动作会被视为发出这样的信息：“你有完没完？我已经听得不耐烦了。”不管你是否真的不愿听下去，这些消极的身体语言都会大大妨碍双方沟通的质量。

8. 分心

人们倾向于根据一个人的长相或讲话的方式来判断一个人，因此听不到他真正说了什么。有些人常被说话者的口音和个人外表以及行为习惯扰乱心绪，从而影响了倾听效果。

(二)客观障碍

1. 环境干扰

交谈时的环境各种各样，时常转移人的注意力，从而影响专心倾听。有学者做过试验，一个人同时听到两个信息时，他会选择其中的一个，放弃另一个。这样的话，就很容易忽略另外一个人的信息。具体来说，环境障碍主要从两方面施加对倾听效果的影响。

(1)干扰信息传递过程，消减、歪曲信号。如在嘈杂的课堂上，老师的声音几乎被学生的吵闹声淹没了，坐在后排的同学根本就听不到老师在说什么，这跟一个安静的课室所能达到的效果是迥然不同的。

(2)影响沟通者的心境。也就是说，环境不仅从客观上，而且从主观上影响倾听的效果，这正是为何人们很注重挑选谈话环境的原因。比如，领导在会议厅向下属征询建议，大家会十分认真地发言，要是换作在餐桌上，下属可能就会更随心所欲地谈谈想法，有些自认为不成熟的念头也在此得以表达。反之亦然，在咖啡厅里，上司随口问问你西装的样式，你会轻松地聊上几句，但若上司特地走到你的办公桌前发问，你多半会惊恐地想这套衣服是否有违公司仪容规范。这是由于不同场合人们的心理压力、氛围和情绪都大有不同的缘故。

下表指出了不同环境影响倾听效果的主要障碍来源：

环境类型	主要障碍
办公室	不平等造成的心理负担；紧张；他人的打扰
会议室	顾忌其他在场的人；受时间的限制
现场	外界干扰；准备不充分
谈判	双方存在对抗心理
讨论会	难以从大量散乱信息中发现闪光点
非正式场合	外界干扰；易走题

2. 沟通时间不充分

时间不足影响倾听行为，主要表现为以下两种情况：一是安排的时间过短，对方不能在这么短的时间内把事情说清楚，他可能言简意赅，忽略了许多的细节，需要你仔细去把握。对于倾听者来说，这么短的时间内既要听清楚对方所要表达的内容，还要明白并要做出回应，非常匆忙，容易产生失误。另一种情况是在工作过程中，你根本就没有时间认真倾听对方所要表达的内容，临时有重要的事情找到你寻求帮助，事先并没有约定好时间，你正忙着其他的事务，你只是草草地听着对方的简单叙述。

3. 生理因素

由于倾听是感知的一部分，它的效果受听觉器官、视觉器官的限制。听觉器官的严重缺陷将使沟通变得很困难，或者几乎不可能，视觉器官的缺陷将使沟通者无法看到对方在交流过程中的手势、表情等身体语言，这会限制有效沟通的进行，所有这些必然会影响倾听效果。

此外，身体障碍如疲惫，疾病等也会影响有效倾听。人们在一天里精力分低潮和高潮阶段，一般来说，7:30 到 10:30 为人在一天中经历最旺盛的阶段，11:00 到 13:00，人的精力处于低谷。当然，这也因人而异。一般来讲，在精力低潮阶段，疲劳会影响有效倾听，除了疲劳，疾病也会减弱一个人的倾听能力，如当一个人重感冒或牙痛时，就很难成为专注的倾听者。

四、有效倾听技巧

(一)身心投入地听

要意识到倾听的重要性，倾听是你从他人那里获得信息的有效途径之一。认真对待倾听，首先是明确倾听的目的，这有助于在倾听中更有针对性，双方不会因为一些无关紧要的话题而浪费太多口舌，由此可以提高交谈效率。我们在倾听别人说话时，必须保持放松而灵敏的身体姿态，并伴以适当的肢体动作，对对方的讲话做出积极的反应。比如身体适当前倾，与说话者交流目光，适当点头或做一些手势。一位良好的倾听者还必须尽量排除周围环境的干扰，这个环境包括客观环境和主观障碍。最重要的还是倾听者的内心注意，也就是听话者用心思考，感受对方传达的信息，这更能显示倾听者的专注程度。

案例欣赏

乔·吉拉德被誉为“伟大的推销员”，回忆往事时，他常提起如下一则令其终生难忘的故事：在一次推销中，乔·吉拉德与客户洽谈顺利，正当快要签约成交时，对方却突然变了卦。当天晚上，按照顾客留下的地址，乔·吉拉德找上门去求教。客户见他满脸真诚，就实话实说：“你的失败是由于你没有自始至终听我讲的话。就在我准备签约前，我提到我的孩子即将上大学，而且还提到他的运动成绩和他将来的抱负。我是以他为荣的，但是你当时却没有任何反应，而且还转过头去用手机和别人讲话，我一恼就改变主意了！”此一番话深刻地提醒了乔·吉拉德，使他领悟到“听”的重要性，让他认识到如果不能自始至终倾听对方讲话的内容，认同顾客的心理感受，难免会失去自己的顾客。

(二)听出言外之意

言语中的基本信息和话语中心包括描述的主要事件是什么、表达了什么样的欲望和需求、基本观点是什么、代表什么样的思想状态和情绪等，要善于从说话者的话语层次、手势体态、情绪流露中去抓住话语的要点和中心。还要善于倾听言语背后掩盖的内容和情感，了解讲话者的真实想法和感觉，真正听懂话语的意图。

案例欣赏

王鑫是一家外企的基层员工，与领导的来往仅限于工作业务。前两天，领导突然走到他的座位旁，低声问他，最近家里面有什么事情吗？王鑫仔细一想，并没有啊，领导又问，那是交女朋友了？王鑫再一想，还是没有啊。领导问完，笑了一笑，径直走开了，留下王鑫在座位上纳闷，领导什么时候关心起我的生活来了？

在上面的案例中，领导之所以这么问王鑫，并不一定是真的关心他的私事，也不是想给他介绍女朋友，而是因为王鑫最近的工作状态不佳，工作成效不显著，领导不得不给他提个醒。领导的言下之意是“你是因为个人的私事影响了工作吗？”如果王鑫听懂了，应该尽快调整自己的工作状态，以免给领导留下更糟糕的印象。

(三)倾听非语言暗示

在交流中65%的信息是通过非言语行为传递的，非言语行为不易隐藏，而且是无意识的显露。我们的言语可以过滤，按照社会所接纳的模式表达，可以撒谎，但是非言语会揭穿你的谎言。

倾听者不仅要注意说话者的语言，更要关注说话者的声音大小、音调、语速及面部表情、姿势等肢体语言所表达的含义，这些非语言符号所传递出来的大量信息，其含义远比单纯的语言信号要丰富得多。如抖腿表明情绪紧张、焦虑；摸座位扶手表示“我真想站起来”“我真不想跟你谈了”；摸鼻子表示“我不想说真话”“我想遮住我的嘴”；玩茶杯表示谈判想成功或急着谈成功；双臂交叉表示“我好怕”；手插裤袋表示紧张不安、有顾虑和压力、不想讲话，想把秘密隐藏在口袋里；两手手心向上，表示留客；两手手心向下，表示送客；扬眉表示不太相信；耸肩表示无奈等。

倾听者还必须与说话者保持适当的距离。人类学家王霍尔(1960年)把人际距离分为四种：亲密距离，0～45厘米，可感觉对方体温、气味、呼吸，适应于父子、夫妻、情人之间；个人距离，45～120厘米，适应于朋友之间；社会距离，120～360厘米，适应于认识的人之间，多数交往发生在这个距离；公众距离，360～750厘米，适应于陌生人之间，上下级之间。倾听者应依据与说话者的人际关系选择适当的人际距离。

(四)重视说话者

重视说话者的人，必然会让谈话者更珍惜与你交谈的机会，感觉到你的兴趣和对他的尊重，从而更加乐意和你交谈，进而实现有效沟通。

1. 让说话者感到轻松

最好不要坐在说话者对面的椅子上，应坐在说话者旁边，用点头、微笑、目光注视、眼神、面部表情及前倾姿势，传递“我正在倾听”的信息，或表示理解和同意说话者的想法及观点；适当提问或稍加评论，表明“我对话题很感兴趣”。倾听者的面部表情应符合谈话的内容及谈话者情绪，语音语调柔和、坚定、有控制力，并尽可能与说话者语音语调一致。如资深记者在采访过程中，为了让被访者轻松，总是与被访者保持良好的目光接触，眼睛看被访者的时间占采访时间的40%～60%，一般只看被访者的眼部到嘴部的三角区域，不看被访者的额头，不抱臂、不跷腿，面对被访者，身体向前倾斜。

2. 让说话者感到受重视

(1)鼓励说话者

鼓励对方先开口可以降低谈话中的竞争意味，让说话者感受到双方谈话的诚意，这也是克服急于发言的有效方式。同时，对方先提出他的看法，你就有机会在表达自己的意见之前对其有所了解，当你提出观点时，就更有针对性且易于说服对方。

在倾听过程中，使用深感兴趣的、真诚的、高昂的声调会使人自信十足；恰当的肢体语言，如用手托着下巴等，也会显示出倾听者的态度诚恳，这些都能让说话者感受到倾听者的支持和信任；用一些简单的反应，如恰当的微笑、赞许的表情、积极的目光或伴以“嗯”“对”等的词语，促使说话者说下去，向说话人表明你在认真倾听；也可以用皱眉、不惑等表情给讲话人提供准确的反馈信息，以利于说话者及时调整。

(2)谈论对方感兴趣的话题

人们对自己感兴趣的话题总会表现出更大的热情，这样做可以有效避免无话可说的尴尬，把谈话焦点放在对方熟悉的方面，能调动对方谈话的积极性。如适当地说一些笑话、讲几则幽默故事、问几个脑筋急转弯，或者讨论最近的娱乐新闻等，可以缓解紧张或无聊的气氛，调动双方谈话的积极性，从而实现有效沟通。

(3)接受说话者的观点

每个人都有自己的观点，要鼓励别人说出自己的看法，而不能因为自己的主观意愿，否定自己不同意的观点，如果无法接受说话者的观点，那可能会错过很多学习的机会，而且无法和对方建立起融洽的关系。

(4)不随意打断他人

在倾听的过程中，应忘掉自己的立场、见解，保持沉默，让对方把话说完。善于听别人说话的人不会因为自己想强调一些细枝末节、想修正对方话中一些无关紧要的部分、想突然转变话题，或者想说完一句刚刚没说完的话，就随便打断对方。当别人谈兴正浓的时候，不要轻易打断别人的话，这是一种不礼貌的行为。如果有很特殊的情况，你不得不打断对方的谈话时，那么，你说完后一定要帮助对方恢复被你打断的思路。许多大人物都曾经说过，他们更喜欢那些肯耐心听别人说话的人，而不是那些动不动就高谈阔论的人。法国一位哲学家说：“如果你要得到仇人，就表现得比你的朋友优越；如果你要得到朋友，就要让你的朋友表现得比你优越。”

(5)换位思考

站在对方的角度去考虑他所说的话，以客观的心态去面对说话者，用心去感受说话者的心情，感受他的喜悦或悲伤，这也是做到最高层次倾听的体现。这样做可以避免因心理定式和偏见等产生的障碍。

(五)创造良好的倾听环境

1. 选择合适的场所

场所合适与否直接关系到沟通双方的心理感受和外在噪声的干扰。在公众场合下，应避免在噪声比较大的地方交谈，如施工场所、十字路口，应尽量寻找安静、舒适、典雅、有格调的咖啡厅、茶室等，同时力求避免电话、手机和他人的干扰。如果是在家中聚会，有必要将电视音量关小，保证室内舒适，假如邻近街道，可以将门、窗关紧，同时注意室内家具的摆放、颜色的搭配等细节问题。

2. 选择恰当的时间

公众场所都有自己的高峰期，像公园、商场、节假日风景区，人比较多，咖啡厅晚上人流不息，而餐馆则在中午、下午 6 点以后客人较多。选择场所时还应考虑时间的不同对双方的谈话效果也将产生不同的作用。

3. 保持恰当的距离

说话者跟听话者感情好，私下交谈时则相互挨得紧，恋人更是如此。但如果在正式场合，不论亲疏，都应保持一定的距离。过远，则不容易听清；过近，容易使说话者感到紧张。

五、倾听中的回应技巧

真正有效地倾听，不仅仅是倾听说话者的言语，还包括策略性地领会其意图，并在倾听过程中进行语言上的回应、肢体上的积极表达。从本质上讲，它就是你与说话者心理上积极互动的过程。如果说话者一个人在那里唱独角戏，他一定会觉得特别无聊，所以倾听时给予一定的反馈，根据话语情景，通过应答、插入提问、微笑、点头等语言和非语言方式，对说话者的信息内容做出回应。

积极主动的回应，能使说话者和倾听者之间形成心理和行为上的默契，产生良好的沟通效果；消极被动的回应则会使说话者和倾听者之间形成心理隔阂，影响沟通效果和人际关系。

对方与你分享好事	回应类型	你的回应
“我升职加薪了!”	积极主动	语言回应：“太棒了！我太为你骄傲了。我知道这个晋升对你有多重要！快告诉我当时的情况——你的老板在哪告诉你的？他说了些什么？你是什么反应？我们应该出去庆祝一下!”非语言的回应：保持目光接触，表达积极情绪，比如真诚的微笑、触摸、大笑。
	积极被动	语言回应：“这是个好消息，这样的提升是你应得的。”非言语的回应：很少甚至没有积极的情绪表达。
	消极主动	语言回应：“好像要担很多的责任啊，你晚上在家的时间会更少了吧?”非语言的回应：表现出消极情绪，比如不快、皱眉。
	消极被动	语言回应：“晚饭吃什么?”非语言的回应：几乎没有任何目光接触，转身离开房间。

我们可以通过以下的积极回应方式来表现你正在倾听并有自己的思考：

(一)语言的回应

1. 复述回应

复述指用自己的话来重新表达说话者所说的内容。听者以自己的语言简洁地重复说话者主要的意思，以确定自己接收和理解的意义是否对方所欲传达的意思。当我们复述他人的意思时，用字必须尽量精简，避免使用冗长的陈述，阻碍说话者的思路，还应注意简述语义时保持客观的描述，避免引导对方谈话的主题与方向。

有效的倾听者常常使用这样的语言：“我听你说的是”“你是不是这个意思”“就像你刚才所说”。复述对方说过的话既表示对说话者的尊重，又能够用对方的观点说出自己的想法。这样，倾听者不仅能够赢得说话者的信任，而且能够找到沟通语言，从而拉近彼此之间的距离。

2. 提问回应

说话者表达的信息不完全、不准确时，倾听者要采用提问方式予以回应，通过提问澄清和确认信息内容。如某总经理在听完销售部经理关于市场拓展问题的汇报后，问：“按你的规划实施盈利的可能性有多大？存在哪些风险和困难，你打算怎样克服这些困难？”通过适时适度的提问来获得更多的信息，倾听中的提问要做到数量要少而精，太多的问题会打断说话者的思路和情绪，恰当的提问往往有助于双方的交流，要紧紧围绕谈话内容，不应漫无边际地提一些随意而不相关的话题，浪费彼此的时间。

3. 肯定回应

谈话者往往都是希望自己的经历受到理解和支持，因此在谈话中加入一些简短的语言，如“对的”“是这样”“你说得对”等，或点头微笑表示理解，都能鼓励谈话者继续说下去，并引起共鸣。

4. 阐释回应

总结或推测当事人的观念、价值观。比如，一个人抱怨工作时间长，加班多，收入低，而且领导脾气不好水平还低。你可以回应：“你是不是觉得挺不公平的，收入和能力不成正比？”

5. 情感回应

反应对方已经传达或隐含的情绪状态。除了简要地重复对方的内容外，我们也必须表达对于说话者感情的理解。正如简述语义能够让我们检验说话者谈话内容的知觉一样，反映对方的情感，也可以检视我们对于他人情绪的知觉，以及提供说话者更深入观察他们自己内在的喜怒哀乐的各种情绪的机会。

当说话者表达某种感情或感觉显得很情绪化时，倾听者应积极给予回应，帮助其克服情绪障碍，降低感情强度。例如，说话者讲到兴奋之处，倾听者可用“太有意思了”“真有趣”等语言来回应；讲到伤心之处，可用“真是太难为你了”等语言来回应；当说话者的观点与倾听者的看法基本一致时，可用“你说的没错”“我也有同感”等语言来回应；当倾听者不赞成说话者的观点时，可用沉默或“你也许是对的”“我不完全赞同你的观点”“以后再交换看法”等语言来回应。

案例欣赏

十年卖出500辆奔驰车、蝉联奔驰汽车销售前三名的业务员邱次雪，有一次，遇到一位下巴抬得高高的阔太太进店看车，她的同事亲切地上前问候："您要来看车吗?"女客人不悦地答道："来这不是看车，看什么?"这时，邱次雪一语不发为女客人送上一杯水。女客人开口说："你们业务员服务态度很差，卖的车又贵。"邱次雪虚心请教："那我们要如何改善呢?"她挽着女客人的手到贵宾室里坐下，听她抱怨了20分钟，等她气消了，开始与她聊起家庭生活的经验，30分钟后，一笔60万元的订单就到手了。

（二）非语言符号的回应

倾听者面无表情、目不转睛、一声不吭、毫无反应地盯着说话者，会使说话者怀疑倾听者是否真的在听，或认为自己的讲话有什么不妥而深感不安。你可以通过一些动作，姿势，表情等让说话者感受到你的心情。最基本的就是目光注视，让他感觉到你正在专注地倾听，当你觉得对方说得很精彩时可以鼓掌；当你觉得对方说得很有趣时，可以微笑甚至大笑；当你觉得疑惑时，可以皱皱眉，让人觉得若有所思等。

1. 目光接触要得当

在人际交往中，目光接触发挥着信息传递的重要作用。如果你想和别人建立良好的默契，应60%～70%的时间注视对方，注视的部位是两眼和嘴之间的三角区域，这样，信息会被正确而有效地理解。不同的目光，反映着不同的心理，产生着不同的倾听效果：听别人讲话时，一面点头，一面却不将视线集中在谈话者身上，表示对来者和话题不感兴趣；说话时，将视线集中在对方的眼部和面部，是真诚的倾听，尊重和理解；只注意自己手中的活计，不看对方说话，是怠慢、冷淡、心不在焉的流露；仰视对方，是尊敬和信任之意，俯视他人，是有意保持自己的尊严；伴着微笑而注视对方，是融洽的会意；随着皱眉而注视他人，是担忧和同情；面无悦色的斜视，是一种鄙意；看完对方突然一笑，是一种讥讽；突然圆眼瞪人，是一种警告或制止；从头到脚地打量别人，是一种审视。彼此心存好感的两人说话，会注视对方的眼睛，以示融洽和谐；话不投机的人相遇，一般都尽量避免注视对方的目光，以消除不快。

2. 点头回应

点头是表达认同的最直接方式。沟通是从点头开始的，不要小看这一个动作，学习沟通，是从认同别人开始。以一种全身心倾听的态度点头回应，这样才能取得显著的效果。速度稍快、略显夸张的点头更容易点燃对方诉说的热情。

3. 不做分心的举动

类似那些频繁看表、心不在焉地翻资料、随手拿笔乱写乱画、眼神游移的状态，都是你分心的表现，也会破坏说话者说话的兴致。当这些举动出现的时候，说话者会觉得谈话索然无趣，因而也就不可能存在共鸣了。

拓展训练

一、倾听技能测试

下列问题选项为：几乎都是；常常；偶尔；很少；几乎从不。

(一)倾听的态度

1. 你喜欢听别人说话吗？
2. 你会鼓励别人说话吗？
3. 你不喜欢的人在说话时，你也注意听吗？
4. 无论说话人是男是女、年长年幼，你都注意听吗？
5. 朋友，熟人，陌生人说话时，你都注意听吗？

(二)倾听的行为

6. 你是否会目中无人或心不在焉？
7. 你是否注视听话者？
8. 你是否忽略了足以使你分心的事物？
9. 你是否微笑，点头以及使用不同的方法鼓励他人说话？
10. 你是否深入考虑说话者所说的话？
11. 你是否试着指出说话者所说的意思？
12. 你是否试着指出他为何说那些话？
13. 你是否让说话者说完他(她)的话
14. 当说话者在犹豫时，你是否鼓励他继续下去？
15. 你是否重述他的话，弄清楚后再发问？
16. 在说话者讲完之前，你是否避免批评他？
17. 无论说话者的态度与用词如何，你都注意听吗？
18. 若你预先知道说话者要说什么，你也注意听吗？
19. 你是否询问说话者有关他所用字词的意思？
20. 为了请他更完整解释他的意见，你是否询问？

问题对应选项得分：几乎都是，5 分；常常，4 分；偶尔，3 分；很少，2 分；几乎从不，1 分。

将所得分加起来：

90～100，你是一个优秀的倾听者；

80～89，是一个很好的倾听者；

65～79，你是一个勇于改进，尚算良好的倾听者；

50～64，在有效倾听方面，你确实需要再训练；

50 分以下，你注意倾听吗？

二、请判断下列语境中的言外之意

1. 一位作曲家带着自己创作的曲子向一位著名的音乐大师讨教。在听演奏的过程中，这位大师不断脱帽。演奏完毕，作曲家连忙问道："大师，是不是屋里太热?"大师说："不热，我有碰到熟人就脱帽的习惯，在阁下的曲子中我碰到那么多熟人，不得不连连脱帽。"

这位大师答话的意思是?

2. 爱因斯坦正在搞一个科研项目，由于紧张劳累，身体消瘦。一次宴会上，一个胖子对他说："爱因斯坦先生，见到你就知道世界上正在闹饥荒。"爱因斯坦回答道："我一看见你就知道世界上闹饥荒的原因。"

胖子和爱因斯坦的言外之意是?

3. 马克·吐温曾因规劝一个乡绅不要再糟蹋文学而被关进牛棚。后来，这个乡绅又请马克·吐温来指点他的新作，马克·吐温翻阅了一下，二话没说，直往牛棚里跑。乡绅急切地追问："你到哪里去?"马克·吐温说："到牛棚去啊!"

马克·吐温的言外之意是?

4. 有两个朋友碰到了一起。第一个人说："如果你对体操感兴趣的话，学校里有个不错的体操队。"第二人的回答："我爬楼梯还得停下来喘几口气呢!"

这两人问答的意思是?

5. 音乐课上，老师教大家唱《摇篮曲》，唱着，唱着，王亮同学埋头大睡，老师叫醒他说："王亮，你对这首歌的意境理解得真透彻啊!"

老师这句话的言外之意是什么?

三、积极回应练习

当你关心的人告诉你他们的好事时，你要认真倾听。改变你的习惯，用积极的、主动的方式来回应他们。请他们与你重温事件，重温的时间越长越好。请你坚持一周、一月或更久，每天寻找周围人的好事，并在每晚将它们记录在下面的表格中。

别人的事件	我的回应 (精确完整的记录)	别人对我的回应
	语言回应：	
	非语言回应：	

四、请按照听话能力训练评价表为自己的倾听能力评分

评价标准	权重	分数
1. 能够注意谈话的细节，并牢记细节以回答问题；能辨别并回忆口头讲话的主要观点。	30	
2. 能理解说话内容并概括谈话中心思想，听出一段话的隐含意思，能根据话语的内容进行简单的推论。	40	
3. 能听出别人讲话中明显的语病和错误或不妥之处。	30	
合　　计	100	

参考文献

1. 许肖辉. 倾听是一种艺术[M]. 北京：北京工业大学出版社，2009.

2. 李岳. 赢在倾听[M]. 广东：广东经济出版社，2006.

3. 郑卫国. 倾听技巧精妙[M]. 武汉：武汉大学出版社，1999.

4. 崔佳颖. 360 度高效沟通技巧[M]. 北京：机械工业出版社，2010.

5. 刘晓琴，陈晓鹏. 职场沟通中常见的倾听障碍及其应对策略[J]. 科技创业月刊，2010(6)：123～124.

项目四

听说基础训练

任务五 经典诵读

教学目标

1. 素质目标

(1)培养学生自信的心理素质;

(2)培养学生沟通团结协作习惯。

2. 知识目标

(1)掌握发声的气息与共鸣控制;

(2)掌握普通话声韵调的发音标准;

(3)掌握语音、语调、语速、停连、重音等朗读技巧;

(4)掌握朗诵的基本要求。

3. 能力目标

(1)能够用标准流利的普通话进行朗读和朗诵;

(2)能够用科学的发声方法、正确的语音语调和节奏进行口语表达。

情景训练

任务：有感情地朗读现代诗《一棵开花的树》

一棵开花的树

——席慕蓉

如何让你遇见我
在我最美丽的时刻
为这
我已在佛前求了五百年
求佛让我们结一段尘缘
佛于是把我化做一棵树
长在你必经的路旁
阳光下
慎重地开满了花
朵朵都是我前世的盼望
当你走近
请你细听
那颤抖的叶
是我等待的热情
而当你终于无视地走过
在你身后落了一地的
朋友啊
那不是花瓣
那是我凋零的心

现代社会，讲好一口标准流利的普通话是口语表达的基础，也是人际交往的需要。如何使自己的发音抑扬顿挫、优美动听，让听者舒心悦耳也是一门学问。

案例导入

曾经有一个这样的故事：意大利有一位悲剧明星在一个欢迎外宾的宴会上应客人们的邀请表演节目，他就用意大利语念了一段“台词”。尽管外宾都听不懂台词的意思，却被他悲惨凄凉的语调和跌宕起伏的声音所感动，还有许多听众潸然泪下。而他的一位朋友却忍俊不禁，跑出去大笑不止。原来，这位悲剧明星朗诵的并不是什么悲剧中的台词，而是宴席上的菜单。他充分利用了语调、语速、重音、哭声、叹息等特殊语音的技巧的传情达意功能为听众们献上了如此出色的“滑稽”表演。

思考与讨论：为什么他的“台词”会给听众带来如此大的感动？

基础知识

朗读与朗诵

一、朗读

朗读是一种语言的再现，要求朗读者在理解作品的基础上，运用发音规范的普通话和恰当的朗读技巧，把书面作品转化为清晰、流畅的有声语言。主要有以下几个方面的基本要求。

（一）语音准确，吐字规范

使用规范标准的普通话。要求朗读时在声母、韵母、声调、轻声、儿化、音变以及语句的表达方式等方面都符合普通话语音的规范。

（二）语意清晰，把握基调

朗读前充分阅读文章，理解作品内容，掌握作品风格，把握作品基调；朗读时要熟悉作品，做到忠实于作品原貌，不添字、漏字、改字。

（三）语流畅达，富于美感

朗读时语速适中，富于变化，吐字清晰，不吃字，不打结；注意停顿、重音、语调等朗读技巧，停连得当，轻重适度，节奏鲜明，语调贴切，点染得体，抑扬顿挫地表情达意，做到声源于情，以情带声，以声传情。

二、朗诵

朗诵是一种口头语言的表演形式。朗诵是诵读者用清晰的语言，响亮的声音，优美的体态，得体的动作把文学作品有感情地向听众表达出来，以传达作者的思想内容，从而引起听众的共鸣。

口语表达主要凭借的是有声语言，它是充分利用有声语言传递信息，交流思想和感情的活动。除了有声语言，无声语言也是朗诵的重要组成部分，它包括仪表、姿态、动作、眼神、表情、手势等。无声语言对于有声语言具有渲染、补充和调整的作用，对于口语表达具有直接影响。朗诵者应该根据具体要求设计相关的无声语言，同时加强训练，使有声语言和无声语言成为一个和谐的整体。

三、朗读与朗诵的区别

朗读与朗诵都是有声语言艺术的范畴，都要求使用规范的普通话朗读，忠实于原作品，语句流畅自然，有感染力和吸引力。朗读和朗诵可以把书面上无法表达的内在情感变化，经过理解和分析，运用各种技巧表达得淋漓尽致，从而补充文字上的不足，这不但可以加深人们对作品的理解和感受，还可以提高阅读兴趣和能力。但是朗读和朗诵是有区别的，朗读是朗诵的基础。主要区别在选材、应用的范围、语言表现、表现方法等几个方面。

表 1-4-1　朗读与朗诵的比较

项目	朗读	朗诵
选材	广泛，涵盖各种文本，并不限于文学性作品。	辞美、意美的文学精品更适合朗诵。
应用的范围	一种传播文化或教学宣传形式，主要用于课堂学习或电台、电视台播音以及日常生活中。	一种艺术表演形式，多在电视上或舞台上，以及文娱活动中使用，有明显的演出目的。
语言表现	目的是准确表达原作的思想内容，用声音再现文本，让听众清楚，语言平实、自然，语调变化不大，注意有一定的轻重缓急、抑扬顿挫。	目的在于艺术表演，使听众得到思想情感熏陶和语言美的享受，所以容许朗诵者在忠实原文的基础上进行艺术加工。语言难度更大，注重停连、重音、语气和节奏的处理以及音色的展示，更优美悦耳，具有表演性，是艺术化的夸张语言。
表现方法	不要求脱稿，可以眼睛接触文本，声音清亮悦耳，无须夸张地以眼神、表情、动作配合。	要求脱稿，既需要各种声音技巧的运用，同时也讲求眼神、表情、手势等态势语，体现和谐优美；既传达作品的思想感情，又能引起听众的共鸣。讲求舞台效果，感染性强烈，往往需要化妆、配乐、舞台灯光、背景等。

基础知识

科学的发声方法

诵读能力口语表达训练的基础。要能够说一口准确清晰、流利和圆润的普通话需要进行一定的语音训练，需要掌握科学的发声训练方法，掌握有声语言表达的技巧。

科学的发声方法主要包括：气息控制、共鸣控制、吐字归音。

首先要了解我们的发音器官，知道声音是从人体的哪些部位发出，然后领悟发音时气流、气息的控制，共鸣的控制以及口腔控制等方面的要领，还要进行必要的训练。

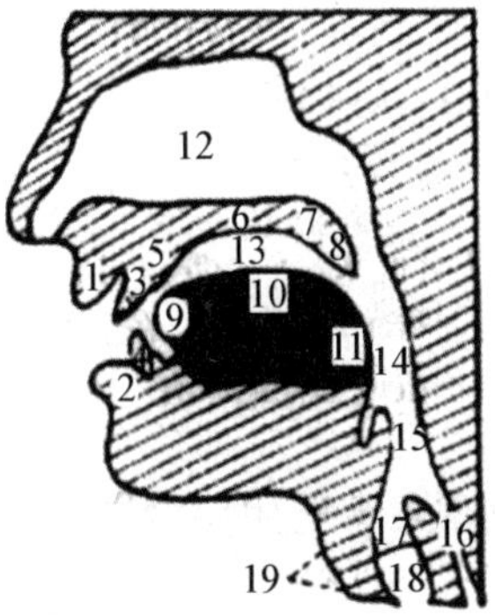

图1-4-1　发音器官图

1.上唇　2.下唇
3.上齿　4.下齿
5.齿龈　6.硬腭
7.软腭　8.小舌
9.舌尖　10.舌面
11.舌根　12.鼻腔
13.口腔　14.咽头
15.会厌　16.食道
17.气管　18.声带
19.喉头

一、气息控制

在有声语言的发音过程中，气息是原动力，它冲击声带振动发出基本声音，并且在共鸣作用下得到美化。气息的强弱变化对声音的清晰、响亮、圆润程度，以及持久性和共鸣状态都会产生直接的影响。

气息状态与人的感情变化有直接的关系，气息是催发情感、表情达意的重要手段。因此，要想使自己的声音运用自如、响亮清晰，又能传达出应有的情感，就必须掌握一定的气息运用技巧。

1. 常见的呼吸方式

(1)胸式呼吸——抬肩，呼吸浅，声音轻而飘。

(2)腹式呼吸——挺腹、塌肩，气流弱，缺乏持久性。

(3)胸腹式呼吸——运用了胸部和腹部全部肌肉，吸气量最大，声音坚实明亮。

2. 气息控制的训练方法

(1)深呼吸练习

身体直立，双手自然下垂，目视前方，头正、肩松、胸部要挺。舌尖轻轻抵上腭，用鼻缓缓吸气，小腹慢慢收缩，肋骨与腰部慢慢扩张，将气一直吸入肺的深部。吸气较满时，利用收缩的腹部肌肉和横膈膜开始吸气，把气从口中或鼻中自然均匀地吐出，直到吐干净，再放松小腹。待稍停，再重新练习。

(2)吹动纸片练习

在面前挂一张稍薄的纸，距离约1米远，待深呼吸后，将气息缓缓吐出，凭借气息的力量吹动纸片，要看到纸片有明显的颤动。若一时吹不动可适当调整距离，但不可离纸片过近。如此反复练习，直至轻轻一吹纸片就颤动为止。要训练到可自由控制纸片动荡程度的大小为止。

(3)点燃蜡烛，进行气息均匀控制训练；

(4)闻花香控制气息；

(5)发“啊”“吁”，不必太大声，感觉气息通畅。然后延长这种音。发“啊”“吁”音，体会气息下沉的感觉。由弱到强，由小到大；

(6)单发 hèi 音和 i—a 音，或练习发 yang—guang 音；

(7)发单元音 a、o、e、i、u、ü，延长的 a 音；

(8)扩展音域练习：进行 u(wu)音的增强气息及减弱气息发音控制练习；

(9)跑 20 米左右，然后朗读一段课文，尽量避免喘气声。

3. 气息控制的要求

气息的深浅、多少、快慢，应视实际需要灵活运用，“深、通、匀、活”是我们对气息控制的总体要求。

(1)深：指气息下沉，不提、不浅。气息深可以防止说话声音发飘、发虚。

(2)通：指气息在胸腔里运动没有任何障碍，喉不紧，胸不紧，声音不在喉部卡住，也不在胸部憋住。

(3)匀：指发声时气息的均匀和持久。气息匀强调的是控制呼气的力量，而非前强后弱，或忽大忽小，或虽然气足但气短。

(4)活：指根据感情的需要，气息位置深浅、气流量大小、气息运动速度快慢有变化，而且变化灵活。气息达到活的程度必须有气息的深、通、匀做基础，而且要通过大量情感色彩丰富、状态多样的句段、古诗词、现代诗、散文等材料的练习才能做到。

4. 气息控制训练任务

读下列绕口令，在保证字正腔圆的基础上，先尝试用三口气读完，再尝试用一口气读完，如果气息较足，可尝试继续读下去，试试看一口气最多可以读出多少个枣。

出东门，过大桥，大桥底下一树枣，拿起杆子去打枣，青的多红的少，一个枣，两个枣，三个枣，四个枣，五个枣，六个枣，七个枣，八个枣，九个枣，十个枣，十个枣，九个枣，八个枣，七个枣，六个枣，五个枣，四个枣，三个枣，两个枣，一个枣……一个枣，两个枣……

二、共鸣控制

共鸣是指声带振动的时候影响到其他邻近的空间器官产生的声响效果。人体声音的共鸣空间叫做共鸣器，主要有口腔、鼻腔、和胸腔。进行普通话语音训练关键是口腔共鸣，基础是胸腔共鸣，辅助为腹腔。口腔是人类语言的语音构成的重要场所。清晰、圆润的声音主要经过口腔共鸣产生。但是口腔不要开得太大，口腔共鸣并不是越强越好，要适度，不然会使声音模糊。胸腔共鸣属于低音共鸣，它起声音的基础作用，特点是浑厚、结实、有力。但是要注意胸腔共鸣的运用也要适度，否则会影响声音的清晰程度。

1. 口腔共鸣训练

(1)调节颈部姿态，竖起后咽部，发单韵母 a、o、e、i、u，读时注意体会上下贯通的共鸣感觉。

(2)自测口腔打开方式是否正确，发“o”音，口腔竖起像一个鸡蛋立在嘴巴的感觉即为正确方式。

2. 鼻腔共鸣训练

(1)抿起嘴巴，发出“嗯”的音，用手触摸鼻梁，体会气流从鼻腔涌出鼻腔震动的感觉。

(2)练习 mi—ma 音，打开鼻孔延长 mi—ma 的发音，体会鼻腔共鸣练习。

3. 头腔共鸣训练

交替发口音 a 和鼻音 ma. a—ma. 发口音时软腭上挺，堵住鼻腔通路，体会口腔共鸣；发鼻音时，软腭下垂，打开鼻腔通路，体会头腔共鸣。反复练习，体会软腭上挺或下垂的不同感觉。

4. 胸腔共鸣训练

(1)音高练习

选一句话，在本人音域范围，由低到高，再由高到低，体会胸腔共鸣的加强。

(2)加强胸部响点的练习

用较低的声音弹发 ha 音，感觉声音像从胸部发出，体会胸部的响点。由低到高一声声地弹发，由低到高，再由高到低，体会胸部响点的上移和下移。

5. “三腔”共鸣综合训练

(1)夸张四声练习：选择韵母音素较多的成语或词句，运用共鸣技能做夸张四声的训练。山—明—水—秀，黑—白—分—明，融—会—贯—通。

(2)大声呼唤练习

假设一个目标在 80——100 米处。

老——王——等——一——等。苗——苗——早——点——回—家。

小明，快——回——来——！

呼唤时，注意控制气息，并注意延长音节，体会“三腔”共鸣。

三、吐字归音

吐字归音是指对字头、字腹、字尾的完整处理过程，也叫出字、立字、归音，总体要求是：字正腔圆，咬字器官互相配合。

吐字归音是口才表达很重要的基本功。具体训练方法主要有两点：

一是咬字符合普通话的构成要求。吐字发音要按照普通话的要求构成把汉字的声母、韵母、声调念准，进而读准每个常用的音节。

二是要防止“吃字”。一些人口头表达的时候由于情绪紧张，常常有“吃字”现象。所谓“吃字”，就是没有能够把一个词明晰地吐出来，比如把“这样”说快了，就说成“酱”等。这是吐词不清的一个因素，必须要注意纠正。

经过气息控制、共鸣腔的共鸣练习，吐字归音及口语表达的“字正腔圆”还可以通过以下的训练进一步强化。

(一)绕口令训练

1. 双唇音

八百标兵奔北坡，炮兵并排北边跑；炮兵怕把标兵碰，标兵怕碰炮兵炮。

一平盆面，烙一平盆饼，饼碰盆，盆碰饼。

吃葡萄不吃葡萄皮儿，不吃葡萄倒吐葡萄皮儿。

2. 唇齿音

我们要学理化，他们要学理发，理化理发要分清，学会理化却不会理发，学会理发也不懂理化。

费家有面粉红墙，粉红墙上画凤凰。凤凰画在粉红墙，红凤凰、黄凤凰，红凤凰看黄凤凰，黄凤凰看红凤凰，粉凤凰、飞凤凰，粉红凤凰花凤凰，全都仿佛活凤凰。

3. 舌尖音

白石塔，白石搭，白石搭白塔，白塔白石搭，搭好白石塔，白塔白又大。

调到敌岛打特盗，特盗太刁投短刀，挡推顶打短刀掉，踏到得刀盗打倒。

老龙恼怒闹老农，老农恼怒闹老龙。农奴龙恼农更怒，龙恼农怒龙怕农。

牛郎年年念刘娘，刘娘连连恋牛郎。牛郎念刘娘，刘娘恋牛郎。郎念娘来，娘恋郎。

4. 舌根音

哥挎瓜筐过宽沟，赶快过沟看怪狗，光看怪狗瓜筐扣，瓜滚筐空哥怪狗。

一班有个黄贺，二班有个王克，黄贺王克二人搞创作，黄贺搞木刻，王克搞诗歌，黄贺帮助王克写诗歌，王克帮助黄贺搞木刻。由于二人搞创作，黄贺完成了木刻，王克写好了诗歌。

5. 舌面音

氢气球，气球轻，轻轻气球轻擎起，擎起气球心欢喜。

你也勤来我也勤，生产同心土变金。工人农民亲兄弟，心心相印团结紧。

6. 翘舌音

史老师讲时事，常学时事长知识。时事学习看报纸，报纸登的是时事，常看报纸要多思，心里装着天下事。

认识从实践始，实践出真知。知道就是知道，不知道就是不知道。不要知道说不知道，也不要不知道装知道。老老实实，实事求是，一定要做到不折不扣的真知道。

7. 平舌音

早晨早早起，早起做早操，人人做早操，做操身体好。

四是四，十是十，十四是十四，四十是四十。十不能说成四，四也不能说成十，假使说错了，就可能要误事。

(二)吐字训练

1. 声母区分练习

村—春、三—山、王—黄、龙—农、最—坠、卒子—组织、木柴—木材

2. 韵母区分练习

问—翁、枕—整、金银—经营、方阵—方正、木盆—木棚、印象—影响

3. 儿化韵练习

宝贝儿、心肝儿、树叶儿、听曲儿、韵味儿、小花儿

(三)经典开嗓训练

这里是太阳眷恋的东方，长江在这里孕育，希望在这里茁壮成长；

这里是海风吹醒的地方，种子在这里萌动，思想在这里豁然开朗；

回首三年路，记住奋斗的甘苦，但不沉醉于成功的喝彩。挥挥手，不带走一片云彩。

笑看三年情，握住共同的理想，但不沉迷于遥远的幻想。握握手，未来在我们自己手中。

这就是我们年轻的东方，它充满无穷的力量。

基础知识

朗读技巧

(一)朗读的内部技巧

首先，要熟悉作品内容，扫清文字障碍。

其次，认真阅读作品，特别是其中的生字、生词、多义词、异读词、成语典故、语句等的含义。

再次，了解作品背景，准确把握作品内涵。

最后，用心感受作品，确定朗读基调。不同的作品有不同的感情色彩及态度，或庄重诙谐，或欢快或悲哀，或沉郁或从容，或亲切或严肃等。

(二)朗读的外部技巧

说话或朗读时，句子有停顿，声音有轻重快慢和高低的变化，这些总称语调。语调和声调不同，声调由音高构成。语调不仅与音高有关，与音长、音强也有很大关系。它主要由停顿、重音、句调等构成。

1. 合理安排停连

停连包括停顿和连读。停连是朗读技巧之一，停连是否得当，体现了人们对朗读作品的理解程度和表达。如果停连不当，轻则造成语义的不连贯，重则肢解词语和句子。比较：

A. 佳佳对 蓉蓉不好。

B. 佳佳对蓉蓉 不好。

A. 过路人 等不得在此穿行。

B. 过路人等 不得在此穿行。

A. 哥白尼认为日月星辰绕地球转动 这种学说是错误的。

B. 哥白尼认为 日月星辰绕地球转动这种学说是错误的。

停顿是指语言进行中的间歇，是有声语言表情达意不可少的一种重要语音手段。

停顿有以下几种情况。

(1)生理停顿

句子当中因为生理需要而调节气息引起的停顿，叫生理停顿。要注意不要妨碍语意表达，不割裂语法结构。如：

难道我们从这隆重的节日的情调中不可以领略到我们民族文化的源远流长和千百年来人们热烈向往美好未来的心境吗？

(2)语法停顿

反映语言结构层次关系的停顿叫语法停顿。

语法停顿包括有标点的停顿和按句子语法结构而产生的句中停顿。一般情况下，首先，标点停顿从短到长的顺序是：顿号、逗号、分号、冒号、句号。叹号、问号、破折号和句号相同。段落与段落中间的停顿最长。

其次，有时在没有标记的地方，为表达内容和感情也需要停顿，尤其是在长句和结构复杂的句子中。

①主语或谓语较长时，主谓之间往往需要停顿。如：

由此我想，那些失去或不能阅读的人/是多么的不幸，他们的丧失/是不可补偿的。世间有诸多的不平等，财富的不平等，权力的不平等，而阅读能力的拥有或丧失/却体现为精神的不平等。

②宾语较长时，动宾之间需要停顿。如：

他们知道/与其骗我说外祖母睡着了，还不如对我说实话：外祖母永远不会回来了。

③定语较长时，定语中也需要按照结构适当停顿，一般停顿出现在距中心语较远的定语后。如：

一个读书人，一个/有机会拥有超乎个人生命体验的幸福人。

④状语、补语较长时，与中心语之间也经常要适当地停顿。如：

我发现母亲正仔细地/用一小块儿碎面包/擦那给我煎牛排用的油锅。

⑤并列成分之间，也往往可以适当地停顿。如：

由此我想，那些失去/或不能阅读的人是多么的不幸。

(3)强调停顿

强调停顿，也叫逻辑停顿，它是为了强调某一事物、突出某个语意或表达某种感情，对语法停顿的长短或位置做改动。如句子“我看见他笑了”，停顿的位置不同，意思不同。

A. 我看见/他笑了(“他”笑)

B. 我看见他/笑了(“我”笑)

有时语法停顿和强调停顿的位置是重合的，这那么这个停顿就具有了双重作用，遇到这种情况，往往比单独的语法停顿稍长一些。如：

当战友们赶到的时候，他/已经停止了呼吸。

因此，朗读中的停顿，停顿不仅仅是生理上换气的需要，而且是揭示语言内在的层次结构、准确体现语句意思的方式，更是表达作品内容、感情的重要手段。恰当的停顿能够保证朗读者的气息均匀、声音饱满，也能够使朗读抑扬顿挫、跌宕起伏，富有感染力。不恰当的停顿往往会使听者难以分辨句义，甚至错误地理解句义。

2. 准确使用重音

重音是指有声语言中说得或读得较重的音节。一篇作品中有些重要的词、词组或短语必然要求通过变化的声音形式来显示它的重要程度，这就是重音。一般用增加声音的强度来体现。重音分为语法重音和强调重音。

(1)语法重音

根据句子语法结构的关系，把其中的某些成分说得响亮些，这叫语法重音。

语法重音是句子内在固有结构规律的语音表现，它可以使句子结构清楚、意思明确，是语句重音的基础形式。在不表达特殊的感情色彩，没有特别强调的情况下，句子的语法结构决定重音。

通常主谓结构的句子，谓语部分较重。如：

风停了，太阳出来了。

述宾短语中，包括介词短语，宾语通常读重音。如：

他去北京了。他从北京来。

有定语、状语修饰的句子，修饰语较重。如：

他匆匆地走进来。

眼前就是浩瀚的大海。

虽然都是极熟的朋友，却是终年难得一见。

表示结果、程度、情态的补语往往也加重。

树叶儿却绿得发亮，小草也青得逼你的眼。

我们高兴极了。

主—谓—宾(逐渐加重)：天放晴了，太阳出来了

表示疑问、特指或活用的代词往往读重音。如：

谁在那儿？我什么都没听见！

你在说谁？

这不对。

哪儿都不去。

(2)强调重音

在话语交际时为表达特定的语意或情感而有意识地把句中某个词说得响亮些，这叫强调重音，或叫逻辑重音。

为了表达某种特殊的感情，强调句子中的潜在含义，体现语言的目的性而故意将文中的某些字、词和短语处理为重音。逻辑重音可以使语意感情表达得更加充分，更加感人。试带着不同的重音朗读这个句子“我请你吃饭”，体会重音不同所隐含的不同的“言下之意”。

A. 我请你吃饭(请你吃饭的不是别人)

B. 我请你吃饭(是“请”不是“叫”，够面子吧!)

C. 我请你吃饭(不请别人)

D. 我请你吃饭。(不是请你唱歌)

可见，逻辑重音没有固定的位置，它是根据话语具体内容和说话人的情感(或心理)变化来确定的。

常见的重音表达方式有增大音量、拖长音节、放轻音量、一字一顿、夸大调值等。

3. 采用适当句调

句子的句调是指话语中贯穿于整个句子的高低升降的音高变化。通过句调抑扬升降的变化，可以表达不同的语气，即表现说话人喜怒哀乐等多种不同的感情态度。句调根据表达的语气和感情态度的不同，可分为以下四种：

(1)平直调

说话时句调没有明显的高低升降变化，一般用于叙述、说明的语气或表示严肃、庄重、冷淡的情绪。一般的陈述或者解说性的句子都是平直调。如：

①本人无可奉告(冷淡)

②我们从来不侵略别国的领土(严肃)

(2)高升调

这类句调由平升高，句尾上扬，常用来表示疑问、反问、惊异、紧张、警告、呼唤、号召、命令、祝福等，也可以用来表示激昂、愤慨的情绪。如：

①今天几号?

②我怎么会把您喝的水弄脏呢?

③难道你真的不相信吗?

④起来，不愿做奴隶的人们!

(3)降抑调

这类句调由平而降，句尾弱而下降，即前高后低的句调。多为感叹句和一般祈使句，通常表示肯定、自信、赞扬等语气，如果表示乞求、惋惜、悲痛、沉重和哀叹等语气也用降调，而且往往降得比较明显。如：

①健康的人总是快乐的(肯定)

②我可以完成这个任务(自信)

(4)曲折调

说话时句调的高低有曲折变化，一般可分为降升调和升降调。曲折调大多用来表示讽刺、夸张、幽默、恐吓等语气。如：

①你可“从来不会”做错事的呀!(讽刺)

②不要说这一点点东西，就是一辆货车我也能扛得起!(夸张)

掌握语调技巧，可以明显地增强语言的表现力和感染力。在处理说话的语调时，首先要力求准确恰当、自然协调。在不同的场合要采用适当的语调，使语言表达得体。另外，除了根据语境确定一个语调外，还要依说话的内容和情感的发展而使语调有所变化，做到抑扬顿挫，起伏跌宕，丰富多彩，不应该自始至终只有一个调子，单调乏味。

4. 选择适当语速

语速指的是说话时的速度。一般来说，人们在表达欢乐、兴奋、激动、惊恐、愤怒、着急时，语速会较快；表示平静、痛苦、忧郁、悲哀、迟疑、失望时，语速就会较慢。中速则适合表达说明性的内容，或者一般的叙述。

(1)慢速

天冷极了，下着雪，又快黑了，这是一年中的最后一天——大年夜，在这又黑又冷的晚上，有一个披着头发光着脚的小姑娘在街上走着。

(2)中速

再说家里和街上一样冷，他们头上只有个屋顶，虽然最大的裂缝已经用草和破布堵住了，风还是可以灌进来。

(3)快速

“奶奶!”小女孩叫起来,“快把我带走吧!我知道,火柴一灭,您就会不见的,就像那暖和的火炉,喷香的烤鹅,美丽的圣诞树一样,就会不见的!”

5. 选择合适语气

语气指的是说话时的口气。有什么样的感情,就会产生什么样的气息;有什么样的气息,就会有什么样的声音状态。如:

爱则气徐声柔(我爱他);

憎则气足声硬(我恨你);

悲则气沉声缓(唉!太惨了)

喜则气满声高(太好了!我们终于完成了)

惧则气提声抖(我,我,我再也不敢了)

急则气短声促(不好了!不好了!月亮掉到井里了)

冷则气少声淡(行了,我早就知道了)

怒则气粗声重(你给我滚)

疑则气细声黏(这是真的吗?)

6. 控制说话节奏

节奏是一种有秩序的、有规律的、协调的变化进程。节奏的要素大体有以下这些:结构的疏与密,内容的详与略,情节的起与伏,情感的激与缓,声调的抑与扬,音量的大与小,态势的动与静,速度的快与慢,语流的行与止,过程的长与短等。这些要素的综合运用,便会形成节奏,形成有声语言的乐章,激荡听众的情感,引发听众的共鸣。

根据话语内容与声音形式的表现特点,讲话的节奏主要有六种类型:

紧张型——急促、紧张,气急、音短;

轻快型——多扬、少抑,轻快、欢畅;

高亢型——语势向高峰逐步推进,高昂、爽朗;

低沉型——语势抑闷、沉重,语音缓慢、偏暗;

凝重型——多抑少扬,语音沉着、坚实、有力;

舒缓型——气长而稳,语音舒展自如。

口语表达时,节奏的运动和表现往往以某一种类型为主,综合其他类型,互相渗透,有主有辅,运用时适当把握,不仅可以增添语言的魅力,而且可以表现出良好的修养。

拓展知识

诵读表演技巧

诵读表演技巧主要包含两部分的内容:一方面是指内在体验;另一方面是指外部表现。内在体验主要包含内在语、对象感及情景再现,而外部表现主要包含重音、停连、节奏和语气等常用口语表达技巧。

一、诵读表演技巧的内在体验

1. 内在语

内在语是指那些在播音语言中所不便表露、不能表露或没有完全表露出来和没有直接表露出来的语句关系和语句本质。

从语言的构成逻辑上讲，语句链条间是具有逻辑关系的，但是在内容中并未体现，所以需要我们在阅读时加以处理，结合语境和上下文来确定语句中这一“深层链接”，而不是简单地陈述过去。因此，看起来越平淡的表达情感的语句，在诵读表演时处理起来越是复杂。

2. 对象感

大多数初学者在表现有声语言的时候显得语气平淡呆板，没有起伏，或者速度特别快像是自言自语，再或者漫无目的一笔带过，没有播讲兴趣和播讲愿望，让人听久了就萌生倦意。原因很简单，他们为了读而读。语言的传播不是自言自语，也不是对空宣传，更不是自我欣赏，时刻谨记你的播讲目的，是你让你的受众进入那个美妙的世界中去。

3. 情景再现

这一点最为重要。情景再现指的不是单纯的你的自我精神世界的再现，而是你“在符合稿件需要的前提下，以稿件提供的材料为原型。使稿件中的人，事、情节、场面、景物、情绪等在播讲员脑海中不断浮现，形成连续的活动的画面”，并不断引发相应的态度、感情。

简单地说，诵读者必须要将自己融进作品，想象自己是作品中的角色，并将作品中描写的情景经过加工再次展现。如果自己对稿件都未进行深刻细致的理解，又如何让他人产生共鸣的情绪？因此，自身必须非常熟悉所讲稿件内容，并对其感情、人物、场景等都有自己的理解与把握。

二、诵读表演技巧的外部表现

1. 注意断句

没有断句的朗诵就是一个持平的声音，俗话说“念经”，大多数人都会听得睡着，剩下的少部分人也是半睡半醒。所以如何念？念什么？怎么念？都是作为诵读者需要考虑的问题，不同的断句体现的情感也是不同的。

2. 注意字词的分割

有些词会连在一起，特别是文言文，古语跟现代语不一样，一个字往往就代表了一句话，一种意境，这种情况下，那一个字也得断开了读，不能跟其他词一起。

3. 声音要跟随作者在文章中的感情变化而变化

作者惟妙惟肖的感情体现在字里行间，如果没有感情的诵读，体会不到作者当时的那种心情波动，那么这种诵读就是失败的，也毫无意义。

4. 音量不能太高或太低

太低或者太高的声音，只会让一篇朗诵文失去本来要表达的艺术，细腻的感情也往往被高音淹没或者低音掩盖了一篇好文的艺术精华，适当的声音才是诵读必备的先决条件。

5. 夸张而不浮夸

在诵读表演中，除了诵读的技巧外，适当的表演也是有必要的。富有个性特色或具有夸张力的表演在诵读中往往能取得哗众取宠的效果，但切记不能本末倒置，喧宾夺主，过于浮夸，这会让稿件流于庸俗缺少质感。

三、恰当运用态势语

语言除了有声语言表达外，还有辅助语言，即态势语。有人曾做过统计：信息的传递有38%来自有声语言，7%来自无声语言，而55%是来自肢体语言的展示，因此肢体语言在信息传递和沟通中所占的比例是非常重的。态势语在诵读中所起的作用无异于画龙点睛，要调动你身体所有能调动的部位，包括面部表情与肢体动作，优美的诵读内容与得体协调的态势语相结合，将内容展现得更加完美。

1. 体态语

诵读的体态语和职业形象塑造的基本体态展示有相似之处，一般也应遵循“大方、自然、得体”的原则，但也有不同。在诵读过程中，体态语往往带有一定的表演性质，而职业形象的体态语更多展现的是职业规范性，所以两者既有相似又有不同。诵读在体态语的展示上既可以展现风尚仪态，也可以根据诵读内容在体态展示上进行适当的夸张，从而增强朗诵或朗读的感染力。

2. 表情语

面部表情的基本要求主要包括：面部表情要保持自然，面部表情要富于变化，面部表情要配合有声语言达到高度统一，眼神、脸部表情等都应与内容高度契合。

我们常说：“眼睛是心灵的窗户”，在演讲或朗诵时，经常会使用眼神来传递心中所思所想，其中环视法、专注法及虚视法是最常使用的方法。眼睛要与观众交流，情到深处眯眼、闭眼、瞪大眼睛等眼神辅助，表情应内容需要，或夸张、或痛苦，或高兴，充满表现力和感染力。如果眼神缺乏与听众的交流，那势必会挫伤听众的积极性。

3. 手势语

手势语俗称“哑语”“手势”。

手势语可分为四类：形象性手势语、象征性手势语、指示性手势语及情意性手势语。按照手势的活动范围，可将手势语分为上位、中位、下位手势。肩部以上为上位手势，一般表示积极、肯定、理想、希望、喜悦、祝贺等意思，表达的感情相对较为饱满；肩部到腹部为中位手势，一般用来讲解、叙事和说明，不带有浓厚的感情色彩；腹部以下称为下位手势，一般表示消极、否定、憎恶、反对、失望等意思。

四、注意表演台风

每个人登台都应有自己的风格，端庄大方、沉稳幽默、直率活泼等，每位登台的诵读者都应善于根据稿件内容调整自己的风格，在诵读中将自身转化成一位演员，这样才能体现出更好的舞台效果。

拓展训练

一、根据内容设计态势语并进行展示。

1. 我自信！我坚强！我乐观！

2. 这就是我的家乡，哺育了我三十年的家乡啊！是你，教会了我勇敢、坚韧；是你，教会了我宽容、忍让；是你，给了我朴实无华的信念；是你，是你，就是你！没有你就没有我的一切！

二、任务：配乐诗朗诵。

徐志摩《再别康桥》

轻轻的我走了，正如我轻轻的来；
我轻轻的招手，作别西天的云彩。
那河畔的金柳，是夕阳中的新娘；
波光里的艳影，在我的心头荡漾。
软泥上的青荇，油油的在水底招摇；
在康河的柔波里，甘心做一条水草！
那榆荫下的一潭，不是清泉，是天上虹；
揉碎在浮藻间，沉淀着彩虹似的梦。
寻梦？撑一支长篙，向青草更青处漫溯；
满载一船星辉，在星辉斑斓里放歌。
但我不能放歌，悄悄是别离的笙箫；
夏虫也为我沉默，沉默是今晚的康桥！
悄悄的我走了，正如我悄悄的来；
我挥一挥衣袖，不带走一片云彩。

任务六 主题演讲

教学目标

1. 素质目标

克服交际心理障碍，培养自信大方的性格。

2. 知识目标

(1)了解演讲的类型与演讲三要素：内容、声音、肢体语言。

(2)掌握演讲词的结构及写作技巧。

(3)掌握演讲发声的气息控制、共鸣控制、心理调控，声音的语调、节奏设计。

(4)掌握态势语的表意作用。

3. 能力目标

(1)能够运用演讲写作技巧独立完成演讲稿的写作。

(2)能够运用声音、肢体语言表达技巧，结合演讲稿写作方法，完成有吸引力的个人演讲。

情景训练1

主题演讲

“幸福，不是长生不老，不是大鱼大肉，不是权倾朝野。幸福是每一个微小的生活愿望达成。当你想吃的时候有得吃，想被爱的时候有人来爱你”。请以“幸福”为主题演讲。

情景训练2

主题演讲

校团委在全校计划组织一场以“我的故事或身边的故事或他(她)人的故事”为主题的演讲活动，希望同学们踊跃参加，尤其是刚刚入学的大一新生。要求：主题鲜明，有感染力；层次清晰，结构完整；语言表达清晰，声音充满自信。

请结合演讲稿的写作结构及技巧，写一份演讲稿。

案例导入

1965年11月，美国友人、女作家斯特朗女士在中国庆祝她80岁的寿辰，周恩来总理为其在上海展览馆大厅举行宴会。周恩来总理进行了宴会开场演讲。“今天，我们为我们的好朋友、美国女作家安娜·路易斯·斯特朗女士庆贺‘40公岁’诞辰(出席宴会的人们对‘40公岁’迷惑不解)。在中国，‘公’字是紧跟它的量词的两倍，40公斤等于80斤，40公岁等于80岁。”

周恩来的演讲引发在座人们的阵阵笑声，斯特朗女士也高兴得流下泪来。精彩的演讲为宴会增添了许多的欢声笑语。

思考与讨论：你认为这是一种什么形式特点的演讲？

基础知识

一、演讲及基本类型

演讲又叫讲演或演说，是指在公众场所，以有声语言为主要手段，以体态语言为辅助手段，针对某个具体问题，鲜明、完整地发表自己的见解和主张，阐明事理或抒发情感，进行宣传鼓动的一种语言交际活动。

演讲一般是在较为隆重的仪式上和某些公众场所发表的讲话。演讲的类型较多，例如：

从演讲内容上分，包括政治演讲、生活演讲、法律演讲、学术演讲、教育演讲、军事演讲、促销演讲、公关演讲、宗教演讲和外交演讲等。

从演讲目的上分，包括说服性演讲、鼓动性演讲、传授性演讲、娱乐性演讲等。

从演讲形式上分，包括命题演讲、即兴演讲和论辩演讲等。

从演讲场合上分，包括集合演讲、课堂演讲、法庭演讲、教堂演讲、战地演讲、广播演讲和电视演讲等。

从演讲表达方式上分，包括叙述式演讲、议论式演讲、说明式演讲、抒情式演讲等。

从演讲的情调上分，包括激昂型演讲、深沉型演讲、严谨型演讲、活泼型演讲等。

二、演讲的基本要素

演讲包括有声语言、态势语言和主体形象三个基本要素。

有声语言主要指的是语言和声音，态势语言主要指的是身姿、手势、表情和眼神，主体形象主要指的是外貌和气质。

三、演讲稿的写作技巧

演讲稿是演讲的依据，是对演讲内容和形式的规范和提示，它体现着演讲的目的和手段，演讲的内容和形式。写好演讲稿，你的演讲就几乎算是成功了一半。写作演讲稿时，要根据演讲稿的类别，恰当选择主题的表达方式，这样形成的讲稿才能符合演讲的需要。

(一)标题的写作技巧

演讲的题目是一篇演讲稿有机的组成部分，它能鲜明地表现内容特点。主要方法有：

1. 提示型标题

即标题要概括演讲的基本内容，把演讲的核心简明地揭示出来。如《好女建功在军中》《把艰苦奋斗的乐章奏得更响》。

2. 象征性标题

运用比喻或象征等修辞手法，把抽象的哲理或某种象征意义具体化、形象化，从而深入浅出地揭示主题。如《扬起生命的风帆》《让美的栏杆不断升高》。

3. 含蓄型标题

运用伏笔，造成悬念，用婉转的话来烘托或暗示某种内涵，让人思而得之，而且越思考含义越多。如《春泥》《笑声中的忧虑》。

4. 警醒型标题

运用哲理名言，提醒、劝谏、鼓动听众，以激起听众的警觉，使之猛醒。如《走自己的路》《天下兴亡匹夫有责》。

5. 设问型标题

通过设问，提示演讲所涉及的内容，其实演讲内容就是对演讲题目的回答。如《人才在哪里?》《我们该怎样爱孩子?》。

6. 抒情型标题

抒发自己的情感，以情动人，具有浓烈的感情色彩。如《我骄傲，我是军人的妻子》《党啊，亲爱的妈妈》。

(二)称呼的写作技巧

写作称呼需要提行顶格加冒号，根据受众对象和演讲内容需要决定称呼。常用“同志们”或“同学们”“朋友们”“女士们、先生们”等，也可加定语渲染气氛，如“年轻的朋友们”等。当然，也可根据演讲场合不用称呼，自然进入演讲。

(三)开头的写作技巧

任何形式的演讲，开头总是关键。在演讲开始后的几分钟或者几秒内，听众的注意力最集中，也是会决定是否接受这个演讲，是否继续听下去。

1. 开头的基本要求

(1)吸引听众的注意。演讲开头成败的关键在于能否吸引并集中听众的注意力。演讲的方式随题材、听众和场景的不同而改变，一般可以运用事例、逸闻、经历、反诘、引言、幽默等手法。

(2)为听众提供背景知识。如果听众对演讲的主题不熟悉或是知之甚少，就有必要采取这样的开头，也可以体现主题的重要性。

(3)为听众阐述演讲结构。演讲开头部分对内容加以概述，这样可以使听众对演讲的中心思想和结构有所了解。

(4)争取到听众的信任。有时候，听众可能会对演讲者的动机发出疑问，或质疑演讲者的观点。在诸如此类的场合——特别是想改变听众的观点或行为时——要使演讲成功就需要建立或是提高听众对演讲者的信任感。

2. 开头的实用技巧

(1)提问式开头

从演讲一开始，就提出一个或几个问题，触发听众神经元的亢奋，迅速唤起听众的兴趣和注意力，引发听众的思考，有效地缩短演讲者与听众的距离。这样的提问式开头，新颖别致，出人意料，让人耳目一新。例如，演讲稿《讲真话》就采用了这种开场白：

同志们，首先请允许我冒昧地提出一个问题：在座的各位都讲真话吗？

此问让人为之一振，也切中正题。又如，演讲稿《人才在哪里？》的开头：

人才在哪里？人才在 960 万平方公里的土地上，在 14 亿人民中间，在当今社会发展的浪潮里，在你们——我尊敬的听众之中。

这个开头既有很强的吸引力和感染力，又缩短了演讲者与听众的心理距离，建立了二者进一步沟通和交流的桥梁。

采用提问式开头，关键在于问题要提得恰当。讲究内容新颖，听众感到新鲜、出乎意料，能够激发听众积极思考，能巧妙而自然地引出演讲的主体内容。如果只是为提问而提问，问题设计不当，或故弄玄虚，或弄巧成拙，都会让人感到浅陋俗套。

(2)叙事式开头

演讲者一开始就讲述情节生动，内容新奇的故事，并能造成悬念，赢得听众的关注。听众往往喜欢听演讲者述说自己亲身经历的故事。例如，福楼拜曾把他的那篇《遍地黄金》演说了 6000 次，获得了几百万元的收益。其开头就是以自己 1870 年沿底格里斯河而下的一个游记，听众都非常想知道后面发生了什么事，所以整个演讲过程中都聚精会神，听得很认真。

在叙事式开头中，需要注意以下几个方面的问题：一是叙事力求简明扼要、短小精悍；二是故事本身要有针对性，耐人寻味，激发兴趣；三是讲故事只是实现演讲的一个手段，叙事要与中心论题密切相关。如果忽略了这些，演讲就可能虎头蛇尾，听众听得不知所云。

(3)故事式开头

用形象性的语言讲述一个故事作为开场白会引起听众的莫大兴趣。故事选择要短小，有意味，促人深思，与演讲主题有关。

李燕杰在《爱情与美》的演讲中这样开场：

“我不是研究爱情的，为什么会想到要讲这么一个题目呢？”然后讲了一个故事：北京一家公司的团委书记再三邀请李老师去演讲，并掏出几张纸，上面列着公司所属工厂一批自杀者的名单，其中大多数是因恋爱问题处理不好而走上绝路的。“所以，我觉得很有必要与大家谈谈这个话题。”

这个故事一下子把听众的注意力集中起来，使他们感到问题的严重性和紧迫感。

(4)悬念法开头

人们都有好奇的天性，一旦有了疑虑，非得探明究竟不可。这种方法开头，会使听众激起强烈的兴趣。

一段演讲开头，是这样巧设悬念的：

在一百四十多年前，伦敦出版了一本被公认为不朽的小说杰作，很多人都称它为“全球最伟大的一本小说”。当小说出版之时，市民在街头巷尾与朋友见面，都要彼此问一声：“你读过这本书吗?”答案几乎都是“是的，我已读过了”。这本书出版的第一天，便销售了一千本，两周内销售了一万五千本。以后又出版了不知多少次，世界各国都有译本。几年前，银行家以连城的价值，买到了这本书的手稿，现在这本书的原稿陈列在纽约市的美术馆。这部世界名著是什么？

就是狄更斯19世纪40年代写的——《圣诞欢歌》。

(5)引用式开头

演讲者从演讲一开始，就引用名人名言、格言、谚语、诗词名句等，直接把听众引入沉思，具有精辟凝练的特点。将名言与现实生活中的事情联系在一起，不仅可以使老观点穿上新衣服，使其心意盎然，而且还可以增加演讲稿内容的深度，使演讲稿平中见奇。例如演讲稿《走自己的路》的开头：

路漫漫其修远兮，吾将上下而求索。

演讲开头引用屈原《离骚》中的名句，含义深邃而又顺其自然地引出下文。

又如演讲稿《教育家的自家田地》的开头：

孔子屡次自白，说自己没有别的过人之处，不过是“学而不厌，诲人不倦”。他的门生公西华听了这两句话便赞叹道：“正惟弟子不能及也。”我们从小就读这章书，都以为两句无奇的话，何以见得便是一般人所不能及呢？我历年来积些经验，把这本书越读越有味，觉得：学不难，不及却难；诲人不难，不倦却难。孔子特别过人之处和他一生受用处，的确就在这两句话。(梁启超)

适当地引用名言开头，可以收到好的效果。引用名言要让听众有回味、咀嚼的余地。哲理性要强，但不要太深奥莫测，甚至晦涩难懂，应当注意语言的通俗性。

除上述方式外，演讲稿的开头还有其他的方式，例如赞扬式、幽默式、解题式等。

(四)主体的写作技巧

主体是演讲的主干部分，既要紧承开场白，又要内容充实、主旨鲜明，并符合逻辑地展开论述，而且还要设置好演讲高潮，以使听众产生心灵共鸣，所以主体部分的安排要从突出主体、巧布详略、分明层次与衔接段落等方面考虑。常见的演讲稿布局方法有以下几种。

(1)直叙式：即以时间先后为序，或以事情的发生、发展及变化过程为序。这种结构层次比较单一，事情的来龙去脉很清楚，常用于介绍个人成长和他人先进事迹的演讲。这种方法要注意突出重点、兼顾一般，切忌平均用力、平铺直叙。

(2)比较式：在演讲中，人们常用正反比较的方法来完成结构布局，即在分论点与分论点之间、段落与段落之间形成一正一反的对照，使听众从两种事物的不同之中去认识演讲的主题。

(3)递进深入式：阐释若干个问题，这几个问题之间的关系是递进的、步步深入的，甚至是一环套一环的。

(五)结尾的写作技巧

演讲者要善于设计出既符合内容要求，又符合现场情境的结尾来。常见的结尾方式有以下几种。

(1)总结式结尾

卡耐基在《演讲训练教程》中谈到这样一个例子，芝加哥铁路公司的一名交通经理在演讲结束时讲到：

总之，根据我们自己操作这套设备的经验，以及根据我们在东部、西部、北部使用这套机器的经验——它操作简单，效果精确；再加上它在一年之内预防撞车事故发生而节省下的金钱，促使我以最急切的心情建议：请立即采用这套机器。

对此，卡耐基给予高度评价。

你们看出了这篇演讲成功的地方吗？你们不必听到演讲的其余部分，就可以感受到那些内容。他只用了几个句子，就把整个演讲重点全部概括进去了。

(2)号召式结尾

例如，毛泽东的演讲《论联合政府》是这样结尾的：

成千上万的先烈，为着人民的利益，在我们的前头英勇地牺牲了，让我们高举起他们的旗帜，踏着他们的血迹前进吧！

一个新民主主义的中国不久就要诞生了，让我们迎接这个伟大的日子吧！

(3)点题式结尾

用扼要的话点明演讲的中心意思的结尾方式。在演讲结束时，如果明确地揭示主题，就能加深听众对演讲的印象，使听众产生强烈的共鸣，例如演讲稿《我爱长城，我爱中华》的结尾：

雄伟啊长城，伟大啊中华！我登上崇山峻岭的高峰之巅，我站在万里长城耸入云端的城楼之上，我昂首挺立在世界的东方，在祖国的山川大地，向世界的大洲、大洋，向天外的星球宇宙，纵声呼喊：“我爱长城！我爱中华！”

这种结尾方式，既表达了主题的需要，同时又对听众产生振聋发聩的冲击力。

(4)抒情式结尾

以抒情怀、发感慨的方式结尾。演讲本身是一种思想和激情的绽放，用抒情怀、发感慨的诗情画意的语言结尾，最易激起听众心中感情的浪花。如演讲稿《奉献之歌》的结尾：

啊！奉献，这支朴实的歌，这支壮烈的歌，这支深远的歌，这支永远属于母亲——我们的祖国的歌，让我们每一个中华儿女都来唱这支歌吧！

这个结尾，感慨万千，诗意浓浓，情真意切，情理俱在，给听众以极大的鼓舞和力量。

(5)幽默式结尾

一个演讲者在演讲结束时能赢得笑声，不仅能创造融洽和谐的氛围，还会给听众留下愉快美好的回忆。

我国著名作家老舍先生在某市的一次演讲中，开头即说：“我今天给大家谈六个问题”，接着，他第一、第二、第三、第四、第五，井井有条地谈下去。谈完第五个问题，他发现离散会的时间不多了，于是他提高嗓门，一本正经地说：“第六，散会。”听众起初一愣，不久就欢快地鼓起掌来。

老舍在这里运用的就是一种“平地起波澜”的演讲艺术，打破了正常的演讲程序，从而出乎听众的意料，收到了幽默的效果。

其他结尾方式还有很多，如议论式结尾、象征式结尾、名言式结尾、警语式结尾等，需要演讲者视具体情况灵活运用。有些人在结尾时要么草草收兵，要么画蛇添足，要么套用陈词滥调，更有些人在讲完后，又故弄玄虚地唠叨几句“我讲得不好，请大家批评指正”之类的话，让人倒胃口。这都是不可取的。

(六)演讲稿的写作要注意反复推敲修改

任何文体的写作都要重视修改，写作演讲更不例外。如恩格斯的《在马克思墓前的讲话》，演讲的草稿是这样开头的：

“就在十五个月以前，我们中间大部分人曾聚集在这座坟墓周围，当时，这里将是一位高贵的崇高的妇女最后安息的地方。今天，我们又要掘开这座坟墓，把她丈夫的遗体放在里边。”

作者考虑后进行了修改，改写成：

“三月十四日下午两点三刻，当代最伟大的思想家停止了思想。让他一个人留在房里总共不到两分钟，等我们再进去的时候，便发现他在安乐椅上安静地睡着了——但已经是永远地睡着了。”

两相比较，修改稿一开始就抒发了对逝者的无限敬爱和万分惋惜的心情，使现场的人们也沉浸在对马克思的缅怀与崇敬之中。正是这种认真的态度和精心的修改，才使这篇演讲稿成了近代演讲的经典之作。

四、演讲稿的语言特点

演讲稿对语言的使用有很高的要求，一般来说，写作演讲稿在语言运用上应注意以下几点：

(一)口语化

演讲的语言必须生动、有趣的口头语言。但演讲稿的“口语”，不是日常的口头语言的复制，而是经过技工提炼的口头语言，要逻辑性严密，语句通顺，生动活泼。如毛泽东《改造我们的学习》中的一段：

这两种人都凭主观，忽略客观实际事物的存在。或作讲演，则甲乙丙丁、一二三四的一大串；或做文章，则夸夸其谈的一大篇。无实事求是之意，有哗众取宠之心。华而不实，脆而不坚。

毛主席使用了生动有趣的口头语言，并且运用比喻、比拟、对偶等手法增强语言的形象色彩，把抽象化为具体，深奥变得浅显，枯燥变成有趣。这段文字读起来朗朗上口，听起来铿锵悦耳，很有吸引力。

另外，口语中要多用短句，少用复杂的长句。

(二)通俗易懂

演讲稿的语言要贴近听众，力求做到通俗易懂，亲切自然。正如伟人列宁所说："应当善于用简单明了、群众易懂的语言，应当坚决摒弃晦涩难懂的术语和外来的字眼，抛弃记得烂熟的、现成的，但是群众还不懂的、还不熟悉的口号、决定和结论。"对于演讲中的术语或抽象的概念，为了让听众听懂，就需要用具体形象的诠释代替抽象的定义，把抽象、深奥的道理形象化、浅显化，使听众容易接受并得到启示。

(三)生动感人

演讲主要是运用语言影响和感召听众的，这就需要在演讲中使用那些带有浓厚感情色彩、充满激情的语言。运用色彩浓烈的词语，运用比喻、排比、对偶等修辞手法和灵活多变的语音、语调、语速，使演讲生动感人。

五、演讲的态势语言技巧

态势语能够塑造良好的个人形象，能够补充、强化口语信息，能够沟通交流情感，能够调控交际过程。演讲中用到的态势语的类型主要包括手势语言、动作语言、仪表语言。

(一)手势语言

包括指示性手势、情意性手势、象形性手势、比拟性手势、象征性手势等。演讲中运用手势语言要注意以下几点：

1. 准确

人们在长期的语言交际中，用什么手势表示什么意思，大多已是约定俗成的。我们在使用手势时，只有准确地按照这种成规去做，才能充分而有效地表情达意，并使听众顺利地理解和接受。反之，若随意乱用，听众看了就会觉得茫然，这样就达不到交流目的了。

2. 适度

手势的使用，虽然是以表情达意的需要为根据的，但使用频率和动作的大小，也要有一个限度。

手势可以表现许许多多的意思，我们讲话时，大都可以做出相应的手势来配合。但是在演讲中，千万不能每说一句话都要做一个手势。假如那样的话，不仅使我们演讲者自己感到疲乏，听者也会感到眼花缭乱，甚至失去手势某些应有的作用，反而影响演讲的效果。

手势的动作有大有小，使用时要注意掌握分寸。在演讲中，情绪比较平稳、思想内容一般时，手势应小些为宜。而在情绪激动，言辞激烈时，手势也该相应地要大些。当然，小时不能太小，大时也不能太大。太小难见，并显得小气；太大惊人，并显得虚张声势，这两种情况都会使听众感到不悦。

(二)眼神语言

1. 注视

说话者注视对方，或转移视线。这种注视表现为有时凝视，有时扫视，有时环视；或表达深情，或照应每个听众，或观察现场。这种眼神有利于信息反馈，有利于控制现场，但需要有实践经验，有临场不乱的驾驭语言的能力，否则，很难从容不迫地侃侃而谈。

2. 虚视

这种眼神看似注意了对方，但实际效果是不和听众视线碰撞，通过环视、扫视体现出在大庭广众之中的冷静。这种眼神的好处就是可以冷静地组织语言，可以按自己的讲稿顺序讲下去，其不足是忽略听众的信息反馈，不能和听众进行深层的沟通，有时显得像在背稿。

(三)肢体语言

1. 优美

优美是对姿态最基本的要求。头、躯干与足的姿态，以及三者的相互配合，都应以优美为标准，令观众看上去感到舒适、愉悦。一般说来，头正、挺胸、腰直、腿轻轻弯曲，足间保持正常距离的姿态，就具有优美的特性。

2. 自然

自然就是不做作，演讲者无论采取什么姿态，都应是自然的，不是强行做出的。即使姿态表面看来较为优美，但如果是有意装出来的，那也让人感到别扭，感到不快，引不起美感。自然的姿态应该是身体各个部位自然协调，肌肉既不能绷得很紧，又不过于松弛，而是适中，这样的姿态不仅让听众看上去感到舒适，而且也使演讲者自己不容易产生疲劳。

3. 变化

无论姿态多么优美，多么自然，但是如果在较长的时间里，总是摆出一二种姿态，那就显得单调、呆板，同时也使演讲者自己感到疲劳。因此，姿态应是变化的，特别是演讲时间较长时，更是有多样性的变化。怎样变化，当以演讲内容为根据，变化次数也不是没有限制，一般以 2～3 分钟变化一次为宜。

六、演讲时唤起听众共鸣的技巧

(一)演讲的主题内容要引起共鸣

演讲应该有正确鲜明的主题，演讲的主题最能体现演讲的思想价值和审美品位，使得演讲具有深刻且感人的艺术魅力。演讲主题不能止于空洞的说教、现象的罗列以及人云亦云的老生常谈。

演讲的内容要能吸引听众，选材贴切，结构清晰，正确的做法是在运用典型充分的材料表达演讲主题时，及时对材料的本质内涵加以分析、概括、提炼、延伸，并通过富于理性色彩的语言点拨、渲染，激起听众的心理共鸣，将听众的思维引向一个更深邃、更崇高的境界，使演讲的主题得以升华。

(二)演讲的口头语言表达要自然

除了发音标准、吐字清晰，还要注意语音、语调、语速、重音、停连等技巧。特别是要注意以下几方面。

1. 强调重点。对重要的字词句加重语气，其他的字词句轻轻跳过去，这种处理方式可以突出一些重要的字词。

2. 改变声调。让学生把选择出来的任何句子或字、词突出地表现出来，在讲到这些词句时突然提高或降低声调，就可以达到这个目标。

2. 变化语速。可以起到突出强调某一要点的作用。

3. 在说到要点时，前后要有停顿。

七、演讲过程中应变技巧

在演讲过程中有时可能会发生一些意想不到的事，如演讲中忘词，演讲中说错话，听众精神不集中，以及突然发生意外情况。如果不能较好地处理，精心准备的演说可能因为出现意外情况而失败。

有的人演讲时会突然忘词，这里包括两种情况：忘记一个词或一句话，或者忘记接下来要讲什么。这时候，必须集中精神，争取在几秒之内想起这个词语或接下来要讲什么。如果实在想不出来，可以考虑用另一个词或另一句话代替，或者干脆自由发挥，但一定要注意紧扣主题，千万不能卡在那儿让听众等太久。

演讲中有时会发生口误。如果你发现自己说错了某个词或者表达错了某个观点，而你自己马上发现了。有几种方式可选择，例如：

立刻纠正。当只是一个词说错了，马上重复一次，第二次说的是正确的。

假装反问。一位演讲家在发生一个口误之后，马上大声地说道："朋友们，难道你们认为是这样吗?"听众往往还没发现演讲者发生口误了。

假装检验。当发生口误后，继续往下说，装作什么都没有发生，但在你快要结束的时候，问问听众是否注意到你犯了一个错误。这就是说告诉听众，这是你在检验他们注意力是否集中。

演讲中偶尔会出现意外事件。例如正当你在演讲的时候，一位听众匆匆推门进来，手忙脚乱地寻找座位，或者当听众都在聚精会神地听你的演讲时，某人发出了奇怪的声音。这时候，听众的注意力都被这种意外事件吸引住了意外事件指的是自己不曾预料到的、并非直接由自己导致的事件。它的处理更加需要应变能力。

案例欣赏

有一次，一个名人正在发表演讲，听众们则在聚精会神地侧耳倾听。突然，其中一个听众的椅子断了，那人也跌倒在地。这种情况的出现是这位名人始料未及的，它非常容易分散听众的注意力，从而直接影响到演讲的效果。名人急中生智，提高音量对听众说："各位现在应该相信，我刚才所说的理由足以压倒一切了吧?"这句话十分精彩，立即赢得了听众热烈的掌声。

总之，演讲中意外情况发生时，处理得当的关键是不要因此影响了演讲的连贯性、完美性与和谐气氛。

情景训练3

竞聘演讲

你已经在校学生会宣传部工作半年了，一直积极努力工作，深受大家好评。现在，宣传部部长又开始换届选举了，你想参加竞聘，请根据此项活动的要求写一篇竞聘演讲稿。

近年来，随着我国人事制度的改革，竞聘演讲作为一种选拔人才的方式出现在人们的生活中，并且逐渐为人们所理解和接受。无论是企事业单位招聘人才，还是公开竞选领导职位，其目的都是通过口头表达的方式，综合考察竞聘者的思想素质、业务水平和管理能力，使听众对竞聘者有充分的了解和认识，鉴别其是否能够胜任该职位，从而发掘出一批优秀的人才。

基础知识

一、竞聘演讲的特点

竞聘演讲(也称竞职演讲)是演讲的一种，是竞聘者为谋取某一职务时在特定的会议上，面对特定的听众所发表的用以阐述竞聘的优势及被聘用后的工作设想和打算的演讲活动。

竞聘演讲的目的，就是要使听众对演讲者有充分的了解和认识，从而鉴别其是否能胜任该职位。因此，它除了具有口语性、群众性、时限性、临场性、交流性等演讲的一般特点，还具有以下特点。

(一)目标的明确性

目标的明确性，是竞聘演讲区别于其他演讲的主要特征。这一方面表现在演讲者一上台就要鲜明地亮出自己所要竞聘的目标(或厂长、或校长、或秘书、或经理)，另一方面，其所选用的一切材料和运用的一切手法也都是为了一个目标——使自己竞聘成功(使听众能投自己一票)。而其他类型的演讲则不同，不管是命题演讲还是即兴演讲，虽然都有一定的目的，但其目标却有一定的模糊性、概括性和不具体性。打个比方说，如果演讲“大海行船”，那么一般演讲是要告诉人们如何战胜困难，驶向遥远的彼岸，而竞聘演讲则是竞争看谁有条件来当船长。

（二）内容的竞争性

在其他的演讲中，内容尽管可以海阔天空地谈古论今，说长道短，但一般都不是来“显示”自己的长处。即使在事迹演讲中，也忌讳毫不客气地为自己“评功摆好”。但竞聘演讲则不同，它的全过程都是听众在候选人之间进行比较、“筛选”的过程，竞聘者如果“谦虚”或“不好意思”说自己的长处，表示自己也是“一般般”，就不能战胜对手。因此演讲者必须“八仙过海，各显其能”，而“竞争性”说白了，也就是演讲者无论是讲自身所具备的条件，还是讲自己的施政的构想，都要尽最大可能显出“人无我有”“人有我强”“人强我新”的胜他人一筹的“优势”来，有时，甚至还要把本来是“劣势”的东西换一个角度讲成“优势”。

比如，在一次竞聘厂长的演讲中，一个年轻工人在介绍自己时这样说：“我一没有党票，二没有金灿灿的大学文凭，三没有丰富的阅历，我只是一个初涉人世的二十五岁的小伙子。你们有百分之百的理由怀疑我是否能担得起化肥厂厂长的重任。然而，同志们，朋友们，请你们仔细地想想，我们化肥厂长期处于瘫痪的状态，难道是因为历届的厂长没有党票、没有文凭、没有阅历吗?”（掌声）接下来他又讲了受到听众认同的改革措施，最后竟以大多数得票获胜。

（三）主题的集中性

所谓主题的集中，是指所表达的意思单一，不枝不蔓，重点突出。这就是说，在表达意思时，必须突出一个重点，围绕一个中心，而不要搞多重点，多中心，不能企图在一篇演讲中解决和说明很多问题。

比如，在一次小学校长竞聘演讲会上，一位很有“希望”的老校长就由于谈得太面面俱到而让人产生了反感。他在介绍自己时，不仅详细介绍了自己大半生的经历，而且在说获奖情况时，把在某晚报征文比赛获纪念奖这样的与竞聘条件无关的奖励都说上，罗列了不下二十个，说得听众直笑。在说措施时，又从如何抓学生学习、体育、德育到如何开办校办工厂，从如何管理教学，到如何关心教工生活，其措施几乎是“全方位”的。结果造成了立意分散，让人听了好像什么都说了，而又摸不清他到底说了些什么。对比之下，另一位年轻的女教师，就围绕“如何把学校教学水平搞上去”这一中心问题讲，讲得有情有理，头头是道，给人们留下了深刻印象，使自己竞聘成功。因此，在做竞聘演讲时，一定要“立主脑”“减头绪”“镜头高度聚焦”，这样才能在听众心中燃起共鸣之火。

（四）材料的实用性

实用性，是指所选材料既是符合实际的，又是对自己竞争“有利”的，也就是无论讲自己所具备的条件还是谈任职后的“构想”，都要从“自我”出发、从实际情况出发。竞聘演讲是“竞争”，但并非是比赛谁能“吹”，谁能用嘴皮子“甜”人。听众边听你的演讲，边在“掂量”你的“话”是否能在现实中发挥作用。比如在讲措施时，那种凭空喊“我上台后如何给大家涨工资，如何给大家建楼房”的演讲者，听众一般是不买账的。而那种发自肺腑讲实际的措施才是听众最欢迎的。

有个工人在竞聘演讲中就做到了这一点。他说：

恕我直言，我无力为你们迅速带来财富，提高你们的工资，增加你们的奖金，我能做到的只能是：第一，诚恳地倾听你们的呼声，热忱地采纳和奖励你们的合理建议，我准备成立一个由新老工人和技术人员一起参加的“智囊团”，让大家提出优良的改革方案和科学的管理措施。第二，现在咱厂瘫痪的原因是因收不上来几百万的外欠款，我要是当了厂长，我一方面要用法律解决问题，一方面设立奖励制度，谁要是能完成任务，就奖励20%。当面点清，说话算数。第三，当务之急是把积压产品销出去。这就要调动全厂工人的积极性，要把专业推销员和业余的结合起来。按效益提成。第四，在扩大销路的同时，还要扩大生产，在资金短缺的情况下，我们要先拿出点资金让工厂的机器转起来，我先拿出准备给儿子娶媳妇的两万元进行集资入股。第五条，在工厂扭亏为盈之前，我先不拿工资。盈利之后，我的工资和奖金也拿全厂平均数。我当厂长只有一个心愿，那就是和全厂工人们一起，让咱们厂起死回生，扭亏为盈！如果，两年之内，不能实现这个目标，我就立即自动下台。最后，我还要说，我平生最恨的就是贪污腐败，我要是当厂长，我保证捧着一颗心来，不带半根草去，如果发现我有一分钱不干净，大家可以把我家的全部东西都拿走(掌声)。

因为他所讲的都是真诚的、切实可行的，所以工人们都投了他的票。

(五)思路的程序性

思路，就是演讲者的思维脉络：“程序”是指演讲中先讲什么后讲什么的顺序。竞聘演讲不像一般演讲那么“自由”，它除了题目和称呼外，一般分为五步：

第一步，开门见山讲自己所竞聘的职务和竞聘的缘由。

第二步，简洁地介绍自己的情况：年龄、政治面貌、学历、现任职务等一些自然情况。

第三步，摆出自己优于他人的竞聘条件，如政治素质、业务水平、工作能力等。(既要有概括的论述，又要有“降人”的论据。比如，讲自己的业务能力时，可用一些获得的成果和业绩来证明。)

第四步，提出假设自己任职后的施政措施。(这一步是重点，应该讲得具体翔实，切实可行。)

第五步，用最简洁的话语表明自己的决心和请求。

当然，以上几步也只是简单的模式。实践中，演讲者还可根据实际需要稍有变化，而并非填表式。

(六)措施的条理性

演讲者在讲措施时一定要注意条理清楚，主次分明。不要像慢坡放羊那样，讲到哪儿算哪儿，让人听了如一团乱麻。为了把措施讲得有条理，可用列条的方法，如“第一点”“第二点”或“其一”“其二”等表示。除此，在每一“步”之间要用“过渡语”来承上启下。如，当自我介绍之后，可以说：“我之所以敢于来竞聘，是因为我具备以下条件”来引起下文；讲完条件后，可以再搭一个“桥”：“以上我说了应聘的条件，那么，假如我真当了校长(或乡长、厂长)，会采取什么措施呢？下面就谈谈我的初步设想。”这样不仅条理清楚，而且使演讲上下贯通，浑然一体。

(七)语言的准确性

准确，一般是指要恰如其分地表情达意。但竞聘演讲中的准确除此以外还有另外两层意思：一是所谈事实和所用材料、数字都要“求真求实”，准确无误，比如，介绍经历时，是大专毕业生，就不能说是大学毕业；在谈业绩时，三次获奖，就不能说“曾多次获奖”。(最好把在什么时间、什么范围、什么奖项说得清楚明白)；如涉及数字也要尽量具体。二是要注意分寸，因为竞聘演讲的角度基本上是以“我”为核心，如掌握不好分寸，夸大其词，就会让人产生逆反心理，从而使自己的演讲失败。

五、竞聘演讲词的写作方法

在公开招聘人才的过程中，竞聘演讲稿具有重要的作用。竞聘演讲稿既是竞聘者对自身素质的评价，也是人事部门和群众了解竞聘者情况的渠道，它既为择优选聘提供依据，也有利于竞聘者自身素质的提高。竞聘演讲稿具有针对性，竞争性、自述性的特点，其作用是针对某一岗位，以竞聘成功为目的，本着对个人、对单位负责的态度，面对听众介绍自己，展示自己，推荐自己。如何在竞聘中脱颖而出，关键是重视、把握竞聘演讲稿的写作要求。

(一)标题

竞聘词的标题有三种写法。一种是文种标题法，即只标“竞职演讲词”，也可简写为《我的竞聘演讲》《竞聘演讲稿》等；一种是公文标题法，由竞聘者和文种构成或竞聘职务和文种构成，如《关于竞聘××公司经理的演讲》；还有一种是文章标题法，可用单行标题拟制，也可采用副标题形式，如《让联想电脑集团腾飞起来——关于竞聘联想电脑集团分公司经理的演讲》。

(二)称呼

称呼顶格写在第一行，是对招聘单位或招聘人员的称呼，如“各位领导，各位同志”“各位评委”“各位听众”等。

(三)开篇

竞聘演讲的时间一般都有限制，报告的开头必须简洁而又精彩，引起听众的注意。常见的开头方式有以下几种：

1. 感谢式

用诚挚的心情表达谢意。如“非常感谢贵公司给我这次宝贵的竞聘机会”。

2. 概述式

概括叙述自己应聘的岗位以及竞聘演讲的主要内容。如“今天我充满自信到贵公司竞聘文秘岗位，凭之立足的基石是我十几年不懈努力所掌握的知识和技能。现在我向各位考官简述我的基本情况以及对竞聘岗位的认识。”又如“今天我将坦诚地向各位领导、同志们陈述我应聘银行办公室主任所具备的优势，并提出我拟聘后的工作设想，请各位提出宝贵意见。”

3. 简介式

简要介绍自己的经历、性格特征，让听众对自己有个初步的了解。如“我叫张××，1989年毕业于复旦大学新闻系，出身于农家、成长于复旦的我，既有农民的朴实，又有诗人的气质，自信能胜任新闻工作。”

（四）主体

主体部分是竞聘演讲稿的重点、核心，也是写作的难点所在，一般包括以下几方面的内容：

1. 陈述竞聘的主要优势

针对竞聘的岗位介绍自己的德、能、勤、绩，不是叙述自己工作时间的长短，而是突出和竞聘岗位相关的经历和业务能力。以积极的态度去描述，让听众认可你确实适合这份工作并具备不断发展的潜力。力求精要，切忌面面俱到。

2. 对应聘岗位职责的认识

竞聘前，要充分了解招聘单位和应聘岗位的情况，只有明确岗位职责，才能有的放矢地提出该岗位的工作目标、施政设想和打算。如一篇竞聘编辑部主任的演讲词是这样写的：

策划选题、组织稿件、编辑书稿是出版工作的关键环节，也是出版社工作的重中之重。编辑室是承担这一重任的基层组织，应起好以下三个方面的作用：桥梁作用——室主任要成为领导的助手，群众的知音；领导作用——组织本室成员积极开展工作，落实社里的计划；协调作用——既要协调本室工作，又要和其他部门相互协调，合理安排人力、时间，妥善安排好各项工作。

3. 表明自己任职后的打算

竞聘者要紧紧围绕听众关心的热点、难点问题，切忌华而不实和故作卖弄之语，那绝对不会引起听众的好感。只有提出切实可行的措施，才能有效地提高竞聘的成功率。如一位竞聘某单位综合秘书岗位的竞争者是这样陈述对竞聘岗位的打算和思路的：

各位评委，如果我能竞聘成功，我会认真做好以下几方面的工作，真正当好局领导和办公室主任的助手。一是本着认真负责的办事作风做好日常事务工作，提高服务质量；二是凭借深厚扎实的理论功底当好参谋助手，服务领导决策；三是依靠良好的沟通能力和强烈的团队精神做好协调工作，确保政令畅通；四是发挥自己的计算机特长，规划我局的信息化建设工作，提高我局的形象和声誉。

（五）结尾

结束语要求画龙点睛，加深评选者对竞聘者的良好印象，从而有利于竞聘成功。这部分是主体内容的自然延伸，常见的结尾方式有以下几种。

1. 表达愿望式

表示加盟对方组织的热切愿望，展望单位的美好前景，期望得到认可和接纳。例如：“如能蒙贵公司不弃，有幸成为贵公司的一员，我将竭尽所学，为贵单位的发展贡献自己的一分力量”。

2. 表明态度式

坦诚地表达自己参与这次竞聘的感受。例如：“参加这次竞聘，对我来说也是一个学习和提高的过程，是对自我的一种挑战，无论竞聘成功与否，我都将一如既往，堂堂正正做人，踏踏实实做事”。

3. 祈请支持式

表达自己对竞聘上岗的信心，恳请得到大家的支持和帮助。例如：“各位评委，请大家投我一票，我将交上一份让你们满意的答卷”。

(六)尾部

在正文右下方写上竞聘者姓名与日期，日期要求年月日俱全。

六、竞聘演讲词的写作要求

竞聘演讲稿不仅要把握好写作的结构，还必须注意适合演讲的场合，它必须符合竞聘者的身份，具体要求有以下几方面：

1. 态度诚恳

竞聘演讲虽是向听众毛遂自荐，展示才华，展示德行，但又不能说得过头，以免让听众反感。要在写作过程中仔细揣摩，把握好尺度，态度诚恳，实事求是。

2. 充满自信

自信主要是在平时的学习、工作和生活中培养出来的，所谓胸有成竹，竞聘时要充分展示出来。

注视评委和听众的时间应占竞聘时间的50%，适时进行面部信息的交流和沟通。竞聘过程中表情要自然，学会微笑，微笑能给听众愉悦、快乐、轻松、友好和平易近人的亲切感。上下讲台要注意身体语言。身体的动作是心灵活动的结果，抬头挺胸，步伐矫健，会使人感到你充满自信。

3. 语言质朴

竞聘演讲不宜刻意追求气氛的烘托和渲染，应避免使用抒情的表达方式，多用符合口语表达习惯和听觉习惯的句子。在展示自己优势部分内容时，不能报流水账，要善于归纳并用简洁的语言加入段首提要，再以事实和数据佐证。如某竞聘者参与秘书综合岗位竞聘时的表述："我认为我参加该岗位竞争的优势主要体现在以下五个方面：一是具有广泛多样的知识背景(具体介绍自己的知识和技能)；二是具有谦虚谨慎的做人态度(具体介绍自己的获奖情况)；三是具有清晰顺畅的沟通能力(介绍自己的工作方法和业绩)；四是具有与时俱进、敢于争先的时代意识(介绍自己继续学习和培训的经历)；五是具备坚韧不拔、百折不挠的心理素质(介绍自己的成长经历和经受的考验)"。

4. 篇幅适宜

竞聘演讲有时间的限制，一般在5～10分钟。撰写竞聘演讲稿要把握好字数，以千字左右为宜，字数过少，不足以充分展示你的竞聘优势，字数过多，易使听众产生厌倦情绪，会削弱演讲效果。

竞聘演讲的内容各不相同，在组织材料时既要考虑听众，又要记住自己的竞聘目的。一份优秀的竞聘演讲稿要做到自信而不妄自尊大，自谦而不妄自菲薄，以诚恳热情的语言感染听众，充分展示自身的才能。

七、竞聘演讲的技巧

竞聘演讲关系到我们升职的成与败，成功的竞聘演讲能够大大提升竞职者在评委当中的竞聘印象，成功的竞职演讲还能全面展现竞职者的实力与能力，所以，竞聘演讲做好充分的准备，掌握好几点竞聘演讲技巧，会有助于大大提升我们竞职成功的可能性。下面介绍几种需要注意的方法供大家参考：

(一)演讲准备期间

1. 对讲稿要反复修改

如果对这个工作有较好准备的选手，最好是反复修改讲稿，做到烂熟于胸，先是在自己的家里，熟人面前，先试讲一番，看哪些语言需要修改，哪些段落需要调整，直到任何人都能听懂抓住你的主要观点。小范围试讲成功后，对自己的信心是个极大的提高，对自己的讲稿也会由不熟到熟练。

2. 熟悉演讲场景做到临而不乱

如果有条件，先到演讲的地方，做一个实地的考察，场景是怎样设置的，主席台与演讲者的位置是怎样安排的，争取做到熟悉。从哪里进，哪里出，演讲的手势，演讲时话筒的位置摆放，以及临场道具的使用，都应做到心中有数。

(二)演讲临场发挥方面

1. 找准熟悉的面孔给自己以信心

第一，一般来说，紧张是由于生面孔和生的环境给自己造成的心理压力，演讲者只要在观众中找到友善的面孔，慌乱时把他想象成你周围的一个同事，或是一个要好的朋友，你的紧张感就会减轻；

第二，利用盲视，既可达到与观众交流的效果，也会对紧张感的消除有相当的帮助。所谓盲视，就是固定一个熟悉的面孔，然后用余光像盲人一样看到整个会场，达到与观众交流的境地，而事实上，只有你自己知道这是一种方法，是一种减轻压力的方法。

第三，上场前做深呼吸也会有助于压力的减轻。

2. 调整心态做到成败自然

凡是参加面试的，都是有备而来的，要想在众多的高手中成为胜利者，必是天时地利人和的结果。以积极的态度迎接挑战，以自然的态度迎接结果，你的心态就会放松，就只当是人生中的一次普通考试而已。

3. 与观众互动更添自信

演讲位置靠后的选手，评委会感到疲倦，对演讲者的评分也会有一定的影响。如果你这时仍然是老生常谈，大话套话连篇，自然不会引起评委的注意，得不到更好的分数。

4. 善用空间

所谓空间就是指进行演说的场所范围，演讲者所在之处以及与听众间的距离等等。演说者所在之处以位居听众注意力容易汇集的地方最为理想，这样不但能够提升听众对于演讲的关注，而且也会增强演说者的信赖度和权威感。

5. 演讲时的站姿

演说时的站姿诀窍一是张开双脚与肩同宽，挺稳整个身躯；另一个诀窍是想办法扩散并减轻施加在身体上的紧张情绪。如将一只手稍微插入口袋中，或手触桌边抑或手握麦克风等。

6. 演讲时的视线

在大众面前说话，并非每位听众都会对你报以善意的眼光。尽管如此，你还是不可以避开听众的视线来说话。尤其当你走到麦克风旁边，站立在大众面前的那一瞬间，来自听众的视线有时甚至会让你觉得刺痛。克服这股视线压力的秘诀，就是一面进行演讲，一面在听众当中找寻对自己投以善意眼光的人，对巩固信心进行演说具有很好的效果。

7. 演讲时的脸部表情

控制脸部的方法，首先“不可垂头”。人一旦“垂头”就会予人“丧气”之感，而且若视线不能与听众接触，就难以吸引听众的注意。另一个方法是“缓慢说话”。说话速度一旦缓慢，情绪即可稳定，脸部表情也得以放松，再者，全身上下也能够为之泰然自若起来。

8. 有关服饰和发型

首先，服装也会带给观众各种印象。尤其是东方男性总是喜欢穿着灰色或者蓝色系列的服装，难免给人过于刻板无趣印象。轻松的场合不妨穿着稍微花哨一点的服装来参加。不过如果是正式的场合，一般来说仍以正规西服套装为主；其次，发型也可塑造出各种形象来。长发和光头各自蕴含其强烈的形象，而鬓角的长短也被认为是个人喜好的表征。

9. 声音和腔调

声音和腔调乃是与生俱来的，不可能一朝一夕之中就会有所改善。不过音质与措辞对于整个演说影响较大，这倒是事实。根据某项研究报告指出，声音低沉的男性比声音高亢的男性，其信赖度较高。因为声音低沉会让人有种威严沉着的感觉。尽管如此，各位还是不可能马上就改变自己的声音。总之，重要的是让自己的声音清楚地传达给听众。即使是音质不好的人，如果能够秉持自己的主张与信念的话，依旧可以吸引听众的热切关注。

例文赏析

尊敬的领导、评委，亲爱的同事们：

首先，很高兴能站上这个竞聘演讲台，非常感谢领导给了我这次宝贵的机会，非常感谢同志们对我的支持与鼓励，能站在台上展现自我，我感到非常的自豪。今天我要参与竞聘的是团委委员，主要分为三个方面来展现自己：一、我的工作经历。二、我参加竞聘的理由。三、我的工作设想。

首先我要介绍的是我的工作经历。

我叫××，来自××部门，是一名××，××学历(……其他的相关情况)我的性格是活泼开朗的，有较强的上进心，对生活充满了自信热情、有创新精神，喜欢面对挑战。我从高中起一直从事共青团的工作，并在后来光荣地加入中国共产党。

细细算来，我已经有几年团委工作的经验了，几年来，在组织的锻炼下，在从事团的工作中，提高了自己的组织管理协调能力，成功组织策划了多种文化活动与大型活动，提高了自身素质，最难忘的是大学期间参加学生会竞选，虽然我只是一个平凡的女孩子，但我却以我的信心与能力，当选了历届以来第一位女学生会主席。新的时代需要的是复合型人才，因此我不断自我增值，参加工作后，我更严格要求自己。我曾经进修过形象设计学、心理学、成功潜能学和营销学。我已有三年社会工作经验。我一直以高度的责任心与使命感对待我的工作。在工作中学到许多的经验同时也受到不少的教训，更激励我在以后奋进努力工作。

其次，我要说说我的竞聘理由。

多年来，我坚持思想政治理论学习，努力提高自己运用党的基本理论、基本路线、基本方略分析问题、解决问题的能力，养成了以身作则、勇于开拓的工作作风和组织纪律观念。

我有×年的团工作经验，在团工作过程中，结合青年人的特点，开展形式多样的活动，加强了团组织的凝聚力，鼓动起广大团员青年的工作干劲。

我曾先后获得市优秀团员，市宣传报道先进个人奖，“优秀党员”“优秀团干部”“优秀学生干部”称号，多次获得三好学生、奖学金的奖励。

我有饱满的工作热情，良好的心理素质，有并肩作战的团队精神。

我爱公司这个大家庭，我爱公司的兄弟姐妹，我愿用我的心去为伙伴们做更有意义的事。

再次，我的工作设想。

假若我能竞聘成功，我将以四心，“责任心、热心、信心、耐心”，认真做好团的工作，全心全意为大家服务。认清形势，把握大局，切实加强团员青年的思想教育工作。围绕公司的中心任务开展工作，充分发挥团组织的助手作用。鼓励青年进行技术和业务创新，为团员青年的成才提供“舞台”；组织创建共青团营业窗口活动、创建青年文明号活动、争当青年岗位能手活动和青年突击队活动；组织广大团员青年积极开展公益活动，树立联通青年的社会形象；组织电信业务应用推广活动，照顾青年特点，开展各种文体活动，并注重解决青年实际问题。通过活动吸引和团结广大青年，并通过活动增添团的自身活力。团委也将与其他部门合作，定期组织团员青年开展各项文体、娱乐活动，寓教于乐，陶冶情操，帮助青年树立正确的世界观、人生观和价值观，并增强青年的集体凝聚力和集体荣誉感。积极开展社会公益活动，树立联通青年的社会形象。动员广大青年以志愿服务方式为社会多做好事，多办实事，奉献爱心。并组织青年，通过及时满足社会的所急所需，开展各种便民、利民的义务性服务。

最后，我想向各位表个态，这次的竞聘是一次很难得的机会，我也很爱团委委员的工作，希望大家能给我机会，也希望大家继续支持我。但是，如果这次竞争没有成功，我也会正确对待结果，接受组织的考验，一如既往地认真工作，决不气馁。

我的演讲完毕，谢谢大家！

拓展训练

病文修改：竞聘词“病文”实例分析。

竞聘词

各位领导：

你们好！

我的竞聘目标是部门经理，实不相瞒，对这一职位我是垂涎已久，因此，我今天走上讲台不是凑热闹，而是有备而来。我自信，我的竞争优势是无与伦比的。

我为什么来竞争这一职位呢？理由有三点：第一，我认为这有利于提高自己的综合素质，全面发展自己。第二，我认为自己具备担当该职务所必需的政治素养和个人品质。第三，我认为自己具备担当此任所必需的知识和能力。

假如我有幸成为你们的经理，你们一定会问：“你能为我们做些什么？对企业有些什么样的改革措施?”恕我直言，我无力为你们迅速带来财富，提高你们的工资，增加你们的奖金。至于改革的具体方案和措施，我也无可奉告。

今天天气这么冷，大家还来捧场，使我非常感动。无论我竞聘是否成功，我都要向各位领导、评委和在座的朋友们表示深深的谢意！

×××
××××年××月××日

拓展阅读

校园辩论赛

辩论赛也叫论辩赛，还叫作辩论会。它在形式上是参赛双方就某一问题进行辩论的一种竞赛活动，实际上是围绕辩论的问题而展开的一种相关知识的竞赛，思维反应能力的竞赛，语言表达能力的竞赛，也是综合能力的竞赛。

辩论的类型包括学术辩论、决策辩论、法庭辩论、专题辩论（论文答辩、外交答辩）、模拟辩论（辩论赛）和日常辩论等。

一、辩论赛的目的

一人之辩，重于九鼎之宝；三寸之舌，强于百万之师。——刘勰

人们常说，“真理不辩不明”，论辩的目的就是为了明辨是非、批驳谬误和坚持真理。“论”和“辩”都与语言有关，“论”强调的是“用语言述说”，而“辩”强调“用语言争论”。辩论赛的核心词汇就为一个“辩”字，也正如这个辩，中间一个“言”，两边各自一个“辛”，双方的辩手都是势均力敌，每一方都有自己的论点和论据，双方的观点都不能完全主观地评判谁对谁错，二者都有道理，双方的辩手就凭借自己的能言善辩，凭借自己的思维能力和相关知识，争取这场辩论赛的胜利。赛后评委依据辩论赛的评分标准进行打分，决定胜负。

辩论演讲同其他演讲相比，它更是一种较高层次的语言行为，是在语言对攻的形式下思想的交锋。一场成功的论辩，可以全方位地检验论辩者的思想品德、文化底蕴、语言表达、仪表仪态等方面素质，同时也是论辩双方综合素质的较量。

二、论辩思维的规律

同一律：辩论双方的思维必须具有确定性和连贯性的特征。体现辩题的确定性和辩题的共同性。

矛盾律：在同一思维过程中，两个互相反对或互相矛盾的判断不能同时都是真的，其中至少有一个是假的。

排中律：在同一思维过程中，两个互相矛盾的判断，必须有一个是真的，即两者必居其一，排斥中间的可能性。如正方命题“男性比女性更需要关怀”，反方命题是“女性比男性更需要关怀”，而不应是“男性比女性不一定更需要关怀”。

三、辩论赛的组织、程序和评判

（一）比赛辩题

由主办方拟定，辩题公布后参赛队伍不得随意要求删改。采用题目分组对决方式，

即由抽出的题目决定分组进行对决。各队将在比赛前指定时间进行抽签，决定辩题和场次。抽到同一题目的正、反两方参赛单位为一组进行对决。在组合确定之后，辩题同时公布。

(二)比赛选手

正方反方的分配，一般于辩论赛前若干天由双方抽签决定。正方、反方一般每组各4人，在辩论中分工协作。

一辩(立论者)：破题，即阐明本方观点。

二辩、三辩(论证者)：既要维护本方观点，又要集中力量批驳对方观点。

四辩(总结者)：承担总结本方观点的重任。

(三)比赛流程

1. 宣布辩题。
2. 介绍参赛代表队及所持立场。
3. 介绍参赛队员。
4. 介绍规则、评委及点评嘉宾。
5. 正式比赛。

在辩论结束后，评判团将推选一名代表，综合所有评委的意见，发表对该场辩论的评语。分析两队的表现及优缺点，提出双方需要改进的地方。由于时间限制，评语应言简意赅。

6. 评委及点评嘉宾退席评议。
7. 辩论结束，现场互动，观众自由发问。
8. 宣布比赛结果。

(四)辩论流程

辩论赛流程

序号	辩论阶段	辩论赛程序	时间规定
1	第一阶段：陈词阶段	立论陈词：正方一辩发言	2′30″
2		立论陈词：反方一辩发言	2′30″
		立证陈词：正方二辩发言	2′30″
		立证陈词：反方二辩发言	2′30″
3	第二阶段：攻辩阶段	正方二辩选择反方二辩或三辩进行一对一攻辩	1′30″
4		反方二辩选择正方二辩与三辩进行一对一攻辩	1′30″
5		正方三辩选择反方二辩与三辩进行一对一攻辩	1′30″
6		反方三辩选择正方二辩与三辩进行一对一攻辩	1′30″
7		正方一辩进行攻辩小结	1′30″
8		反方一辩进行攻辩小结	1′30″

续表

序号	辩论阶段	辩论赛程序	时间规定
9	第三阶段：自由辩论	由正方首先发言，然后反方发言，正反方轮流发言。每方用时5分钟。	8′
10	第四阶段：总结陈词	反方四辩总结陈词	3′
11		正方四辩总结陈词	3′

(五)辩论规则

1. 时间提示

当辩手发言时间剩余30秒时，计时员以一次短促的琴声提示，用时满时，以两响琴声终止发言。否则作违规处理。

2. 盘问规则

(1)每个队员回答应简洁，提问应明了(每次提问只限一个问题)。

(2)对方选手提出问题时，被问一方必须回答，不得回避，也不得反问。

3. 自由辩论规则

(1)自由辩论发言必须在两队之间交替进行，首先由正方一名队员发言，发言队员坐下后，由反方一名队员发言，双方轮流，直到时间用完为止。

(2)各队耗时累计，当一方发言结束即发言队员坐下后，即开始计算另一方用时。

(3)在总时间内，各队队员的发言次序、次数和用时不限。

(4)如果一队的时间已经用完，另一队可以继续发言，直到时间用完为止。也可以放弃发言。放弃发言不影响打分。

4. 辩手不可以宣读预先准备好的书本，或展示准备好的图表或大字报，但可以带小卡片，出示或引述书本、报刊的摘要，以加强论据。

5. 比赛中，辩手不得离开座位，不得打扰对方或本方辩手发言，辩论时不得人身攻击。

(六)比赛评分

一般由5～7位评委组成评审组进行全程评议，评委数量最好是单数。另设两名点评嘉宾，不参与比赛评分。

比赛采取打分方法，团体和个人分别记分。比赛的胜方由评委所打分数总和决定，得分高的一队取胜。每场优秀辩手由得分最高者获得，该总分为各评委所打分数之和。辩手个人得分只作为个人奖项的评审依据。

有的辩论赛评判标准依据按项目。

1. 团体得分部分

序号	评分项目	评分依据	分值	得分
1	审题	对所持立场能否从逻辑、理论、事实等多层次、多角度理解，论据是否充足，推理关系是否明晰，对对方的难点是否有较好的处理方法。	20	
2	论证	论证是否有说服力，论证是否充足，推理过程是否合乎逻辑，事实引用是否恰当。	25	
3	辩驳	提问是否抓住对方的要害，问题明了。在规定时间内没有提出问题或提问不清，应适当扣分。是否正面回答对方问题，是否给人有理有据的感觉。不回答或不正面回答问题应适当扣分。	25	
4	配合	是否有团队精神，能否相互支持，论辩衔接是否流畅，自由辩论时发言是否错落有致，回答是否形成一个有机整体，给对方有力打击。	20	
5	辩风	语言流畅、用词得当、语调抑扬顿挫、语速适中；尊重对方辩手，尊重评委，尊重观众；表演得体、错落大方，有幽默感。	10	
合计			100	

2. 个人得分部分

序号	评分项目	评分依据	分值	得分
1	辩论技巧	辩手是否语言流畅、立意明确、能否从多角度、多层次分析、理解、认识辩题，叙述是否有层次性、条理性，论证是否有说服力。	40	
2	内容资料	论证是否充分、合理、恰当有力，引述资料是否翔实。	20	
3	表情风度	辩手表情、手势是否恰当、自然、大方，不强词夺理，尊重对方，尊重评委和观众，富有幽默感。	20	
4	自由辩论	是否始终坚持自己的立场，主动、准确、机智地反驳对方的观点，思路清晰，立场坚定、逻辑正确、应对灵活。	20	
合计			100	

还有的辩论赛按每个程序打分。

团体分评分标准

序号	评分项目	分值	得分
1	攻辩	30	
2	攻辩小结	40	

续表

序号	评分项目	分值	得分
3	自由辩论	70	
4	总结陈词	40	
5	语言风度	50	
6	团体配合	50	
7	综合印象	20	

辩手个人分标准

序号	评分项目	正/反方			
		一辩	二辩	三辩	四辩
1	整体配合				
2	语言表达				
3	辩驳能力				
4	风度仪态				
5	综合印象				
6	本场总分				

观众可分别向正反方提问1～2个问题。观众提问不影响得分。

四、辩论技巧

参加辩论赛时，团队成员要合理分工，团结合作；透彻解题，知己知彼；战略战术，攻防兼备。

(一)立论技巧

立论要严密周全，分析辩题的逻辑关系。在界定自己的立场和概念的时候，要为自己留有余地，避免一些模糊词语的出现，避免被对方抓住“把柄”予以痛击。

还要学会避实就虚，碰到对自己不是十分有利的辩题时，试着从另外一个角度切入话题，引向对自己有利的方面。

(二)攻防技巧

一是合理引申。高明的辩手，总会把论题引申到有利于自己的范围来，把论题界定到与自己有利的领域，这叫作合理引申。

二是以谬对谬。姑且假设对方的论点正确，然后从中推出非常明显的荒谬结果，从而达到让人信服的目的。

三是先发制人。

四是后发守势。

五是诡辩如流。采取一些诸如偷梁换柱(偷换辩题)、模糊论题法(混淆辩题的真正指向)等技巧。

六是反客为主。论辩中的反客为主，通俗他说，就是在论辩中变被动为主动。在论辩赛中，被动是赛场上常见的劣势，也往往是败北的先兆。常见以下几种反客为主的技巧。

1. 借力打力

武侠小说中有一招数叫“借力打力”，是说内力深厚的人，可以借对方攻击之力反击对方。这种方法也可以运用到论辩中来。

2. 移花接木

剔除对方论据中存在缺陷的部分，换上于我方有利的观点或材料，往往可以收到“四两拨千斤”的奇效，我们把这一技法喻名为“移花接木”。移花接木的技法在论辩理论中属于强攻，它要求辩手勇于接招，勇于反击，因而它也是一种难度较大、对抗性很高，是说服力极强的论辩技巧。

3. 顺水推舟

表面上认同对方观点，顺应对方的逻辑进行推导，并在推导中根据我方需要，设置某些符合情理的障碍，使对方观点在所增设的条件下不能成立，或得出与对方观点截然相反的结论。

4. 正本清源

指出对方论据与论题的关联不紧或者背道而驰，从根本上矫正对方论据的立足点，把它拉入我方“势力范围”，使其恰好为我方观点服务。

5. 釜底抽薪

刁钻的选择性提问，是许多辩手惯用的进攻招式之一。通常这种提问是有预谋的，它能置人于“二难”境地，无论对方作哪种选择都于己不利。对付这种提问的一个具体技法是，从对方的选择性提问中，抽出一个预设选项进行强有力的反诘，从根本上挫败对方的锐气，这种技法就是釜底抽薪。

6. 攻其要害

在辩论中常常会出现这样的情况：双方纠缠在一些细枝末节的问题、例子或表达上争论不休，结果，看上去辩得很热闹，实际上已离题万里。这是辩论的大忌。一个重要的技巧就是要在对方一辩、二辩陈词后，迅速地判明对方立论中的要害问题，从而抓住这一问题，一攻到底，以便从理论上彻底地击败对方。

7. 利用矛盾

由于辩论双方各由四位队员组成，四位队员在辩论过程中常常会出现矛盾，即使是同一位队员，在自由辩论中，由于出语很快，也有可能出现矛盾。一旦出现这样的情况，就应当马上抓住，竭力扩大对方的矛盾，使之自顾不暇，无力进攻我方。“以子之矛，攻子之盾”，使对方于急切之中，理屈词穷，无言以对。

8. 引蛇出洞

在辩论中，常常会出现胶着状态：当对方死死守住其立论，不管我方如何进攻，对方只用几句话来应付时，如果仍采用正面进攻的方法，必然收效甚微。在这种情况下，要尽快调整进攻手段，采取迂回的方法，从看来并不重要的问题入手，诱使对方离开阵地，从而打击对方，在评委和听众的心目中造成轰动效应。

9. 李代桃僵

就是引入一个新概念与对方周旋，从而确保我方立论中的某些关键概念隐在后面，不直接受到对方的攻击。

10. 缓兵之计

在日常生活中，我们可以见到如下情况：当消防队接到求救电话时，常会用慢条斯理的口气来回答，这种和缓的语气，是为了稳定说话者的情绪，以便对方能正确地说明情况。在辩论中可以借鉴这种方法。正确使用“以慢制胜”法，至少要注意以下三点：

其一，以慢待机，后发制人

俗话说：“欲速则不达。”在时机不成熟时仓促行事，往往达不到目的。论辩也是如此，“慢”在一定条件下也是必需的。“以慢制胜”法实际上是论辩中的缓兵之计，缓兵之计是延缓对方进兵的谋略。当论辩局势不宜速战速决，或时机尚不成熟时，应避免针尖对麦芒式的直接交锋，而应拖延时间等待战机的到来。一旦时机成熟，就可后发制人，战胜论敌。

其二，以慢施谋，以弱克强

“以慢制胜”法适用于以劣势对优势、以弱小对强大的论辩局势。它是弱小的一方为了战胜貌似强大的一方而采取的一种谋略手段。“慢”中有计谋，缓动要巧妙。这里的“慢”并非反应迟钝，不善言辞的同义语，而是大智若愚、大辩若讷的雄辩家定计施谋的法宝之一。如第一例中，丘吉尔面对张伯伦的追问，装聋作哑，拖延时间，实际上是假痴不癫的缓兵之计。在这一种韧性的相持中，张伯伦一方终于沉不住气了，丘吉尔以慢施谋终于取得了胜利。

其三，以慢制怒，以冷对热

“慢”在论辩中还是一种很好的“制怒”之术。论辩中唇枪舌剑，自控力较差的人很容易激动。在这种情况下，要说服过分激动的人，宜用慢动作、慢语调来应付。以慢制怒，以冷对热，才能使其“降温减压”。只有对方心平气和了，你讲的道理他才能顺利接受。如第二例中的营业员，就是以冷静的态度、和缓的语气，平息了对方的怒气，化解了矛盾。

总之，论辩中的“快”与“慢”也是一种对立统一的辩证关系。兵贵神速，“快”当然好。可是，有时“慢”也有“慢”的妙处。“慢”可待机，“慢”可施谋，“慢”可制怒。“慢”是一种韧性的战术，“慢”是一场持久战，“慢”是舌战中的缓兵之计。缓动慢进花的时间虽长，绕的弯子虽大，然而在许多时候，它却往往是取得胜利的捷径。

参考文献

1. 程时用，陈杰东主编：《口才与写作》，南京大学出版社，2015年8月版.
2. 吴婕主编：《有效沟通与实用写作教程》，中国人民大学出版社，2011年9月版.
3. 文平，王馨主编：《演讲与口才》，电子科技大学出版社，2011年3月版.
4. 傅春丹主编：《演讲与口才》，广东高等教育出版社，2005年8月版.

模块二 职业口才

项目五

解说口才训练

任务七 产品解说

教学目标

1. 素质目标

(1)培养学生的言之有序的表达习惯；

(2)培养学生的合作意识。

2. 知识目标

(1)掌握解说词写作方法；

(2)掌握解说方法、解说顺序。

3. 能力目标

(1)能够按照解说词写作方法写作解说词；

(2)能运用口语表达技巧，结合解说词讲解事物。

情景训练

任务：产品(景点)“微解说”视频制作

请结合解说词写作方法和口语表达技巧，选择一款产品、作品或一个景点，写作解说词，制作产品(作品、景点)“微解说”视频。

现代社会，各种政治、经济、文化活动空前繁荣，解说词有着极为广泛的用武之地，像新闻图片、产品展销、书画展览、文物展示、标本说明、影视解说、园林介绍、景点导游等都要用到这一文体。解说词是一种实用性说明文，它通过对事物的准确描述来感染观众或听众，使其了解事物的来龙去脉和意义，收到宣传的效果。由于解说词常常与图像、实物相结合，它在语言上又与一般的说明文有所不同。

案例导入

九寨沟位于四川省，是白水沟上游白河的支沟，因有九个藏族村寨(又称何药九寨)而得名。九寨沟海拔在2000米以上，遍布原始森林，沟内分布108个湖泊，有"童话世界"之誉；九寨沟为国家级风景名胜区，并被列入世界遗产名录。九寨沟景区长约6千米，面积6万多公顷，有树正、剑岩、诺日朗、扎如、黑海六大景观，其中以水景最为奇丽，"人间仙境""童话世界"是表达九寨美景最恰当的词语。现代诗人肖草《九寨沟》诗："放眼层林彩池涟，鱼游云头鸟语欢；飞瀑洒落拂面来，九寨山水扬海天"便是对九寨沟真实的诠释……

思考与讨论：这则景点导游词使用了哪些说明方法？多样化的说明方法对表现说明对象起到什么作用？

电视画面	解说词
(歌声从上一个画面延伸过来) 夜色笼罩着措纳家的羊群。 两个人在夜幕下悠闲地行走。 月光中，措纳家的帐篷清晰可见。 羊群环绕在帐篷周围。 羊群缓缓移动。牧人们在夜幕下悠闲地行走。	歌声流动在这荒凉寂寞的草原上，大自然在黑暗中显示出沉默的力量。牧人们崇拜大自然，他们要在这里生存，唯一的选择是同大自然建立和谐一致的关系，这也许就是藏北牧区文明的实质。

——电视专题片《藏北人家》解说词片段

思考与讨论：这则电视专题片解说词有什么特点？画面和解说词之间有着怎样的联系？

基础知识

一、解说词的概念

解说词是对人物、画面、展品或旅游景观进行讲解、说明、介绍的一种应用性文体，采用口头或书面解释的形式，或介绍人物的经历、身份、所做出的贡献(成绩)、社会对他(她)的评价等，或就事物的性质、特征、形状、成因、关系、功用等进行说明。

解说词是一种"宣讲文体"，在现实生活中运用非常广泛。如产品展销、文物陈列、园林胜迹介绍、先进事迹介绍、电视专题片、运动会运动员进场等，都要配写解说词，具有很大的实用价值。

二、解说词的分类

按照解说内容，可以分为导游解说词、实物图片展览解说词、专题影视解说词。

根据解说的方式，大致可以将解说词分为口头解说和文字解说。口头解说一般由解说员现场讲解，写作时要特别注意口语表达的特点，要让讲解员说来上口，让观众听来入耳。电视专题片的配音，实际上也是一种口头解说，它除了要注意口语的特点，通常还要注意影视拍摄的特点，讲究镜头感，讲究蒙太奇结构，讲究一些艺术性。文字解说是由读者自己看的，一般说来，也要做到简洁、通俗，如果定位于文化层次比较高的读者，则可以写得文雅一些。

三、解说词的特点

(一)说明性

解说词是配合实物或图画的文字说明，便于观众一目了然。它要通过简洁、生动、通俗、易懂的语言，使读者、观众对解说的事物留下鲜明、深刻的印象。解说词是按照实物陈列的顺序或画面推移的顺序、时间顺序编写的。陈列的各实物或各画面有相对的独立性，反映在解说词里，应该节段分明，每一件实物或一个画面有一节或一段文字说明。

(二)实用性

解说的目的是让观众对解说对象加深认识，增进了解，获得更多的信息，所带来的商业价值是不可估量的。解说词要有真实性，切忌夸大其词，内容失实。如果随意渲染夸张，就不能达到解说、宣传的目的。

(三)文艺性

解说词虽名曰“解释说明”，但不是干巴巴的说明和说教，而是通过富于感染力的、形象的语言对实物和形象进行描绘，使一些表面上看起来普普通通的实物、平淡无奇的画面变得生机勃勃，甚至震撼人心，感人肺腑。解说词的写作技巧包含了扎实的文字功底和浓厚的文学艺术修养，是把语言的实用性和艺术性结合起来的一种文体。一篇好的解说词应该节奏鲜明、感情饱满、文辞优美，这样才能增强自身的内蕴和张力，把握住全篇的精、气、神。所以，人们又常常认为一篇好的解说词就是一首感人的诗词。

(四)指要性

解说词要具有指要性，它要根据宣传的主题，事物的特点，抓住重点、要点来解说，不能巨细无遗。

四、解说词的写作方法

(一)解说词的写作格式

解说词的结构分标题、开头、主体及结尾四个部分，其结构原则与一般文章的结构原则大致一样。

1. 标题

标题可以是概括文意的文章式标题，如《好山好水出奇石》，也可以是“解说内容＋文种名称”的文件式标题，如《某奇石艺术展解说词》《古龙山风景解说词》等。

2. 开头

开头部分介绍事物的名称、价值、意义等。开头是面，犹如人见面的第一印象，决定着受众是否继续接收你的信息，比较优秀的解说词一般都比较注重开头的设计。

3. 主体

主体部分做具体解说。抓住事物的本质特征，运用多种表达方式，将知识性与趣味性相结合。

4. 结语

结语表达总的感受，归纳主题。常有表示祝福、感谢的内容。

(二)解说词的结构形式

1. 短文式

短文式适合于解说词带有故事情节的电影、戏剧以及需要描述的人物、名胜古迹等。被解说的对象是一个独立的个体，或者为一组联系紧密的实物或画面。其特点是前后连贯、主旨单一。

2. 章节式

章节式多用于连续发展的不同画面或互相联系不紧密的一组事物的解说，如产品展销、图片展览等。它们的章节是根据不同画面、场面和实物的组合划分的，每个或每组画面与实物写一段文字，中间用空行隔开，或用一、二、三等序号分布。

3. 表格式

表格式就是按影视的镜头或广播的段落划分，把画面的内容和解说词语逐个填在相应的表格中，使解说词与解说对象一一对照，以便于解说员、播音员按表讲解。

(三)解说词的表述方式

1. 新闻式

新闻式表述方法多用于电视新闻、新闻照片、新闻电影等的解说。这类解说词具有新闻的要素、有明确的时间、地点、人物和事件的经过、结果等。

2. 文艺式

文艺式表现手法常见于用文学语言进行形象描写的解说词。这类解说词生动形象，感情热烈，富有文采，引人入胜。

3. 阐释式

阐释式表达方式适用于知识性较强或较为复杂而需从各个方面进行阐述的事物的解说。这类解说词多用说明的表达方式，要求阐释的知识准确、科学、简明扼要。

（四）不同类型解说词的写法

1. 人物事迹展览解说词

人物事迹展览解说词的结构一般采用总分式，前言部分包括人物的基本信息，如姓名、籍贯、身份、地位、主要贡献等，主体部分包括人物在各个时期或各个方面的具体事迹。

2. 导游解说词

导游解说词的结构一般采用总分式，以空间转换为顺序，写法以说明和描写为主。

3. 影视新闻纪录片解说词

影视新闻纪录片解说词要紧扣画面内容，按画面转换顺序编写，内容之间体现内在逻辑联系。

五、解说词的写作技巧

（一）了解解说对象

收集有关素材这是解说词写作的准备阶段，大量地收集有关材料，深入了解解说对象的有关知识，对其做全方位的研究，是对解说对象精确介绍、生动描述的前提。

（二）抓住观众和读者需要了解的内容

解说是为了帮助观众或读者了解被解说的事物，观众读者所想了解的内容，往往就成了解说的关键。如对博物馆或文物陈列室里的展品，参观者总是比较关心它们是哪个朝代的？何处何时出土？有什么与众不同的地方？这是认识、估量展品价值的重要依据，自然也是解说词应显示的要点、重点。如果解说词能考虑到游客的需要，择其最主要的风景点加以介绍，既满足了游客的要求，也避免了浪费笔墨。

（三）抓住被解说对象的特征和本质

对被解说的事物，应认真地进行分析研究，准确地抓住它的特征、本质和意义。在解说中应恰当地运用对比联想、点面结合、由此及彼、由表及里等多种方法，来突出事物的特征、揭示事物的本质、说明事物的意义。这是保证解说质量的一个关键。如果解说内容流于一般，缺乏特色，则失去解说的意义。比如，在进行人物解说时，要抓住感人至深的一面；在对一些实物进行解说时，则突出其最有价值、最受人称道之处；在进行旅游解说时，则注意景物的生态意义、观赏意义以及旅游价值，让旅游者感到不虚此行。在篇幅短小的解说词中把它们介绍给读者或观众，就不能面面俱到，一定要选择事物的精华与关键，提纲挈领，要言不烦。如何准确地把握被说明事物之“要”呢？

1. 要服从特定的主题

为一个陈列室配写解说词，它有一个总的主题；为某一产品配写解说词，它也有着特定的宣传目的。写解说词，首先要从特定的主题出发，不要随意枝蔓。

2. 要抓住事物的主要特点

比如，对园林胜迹的介绍，应着重介绍它的旅游价值与历史意义；对新产品的介绍，则应着重介绍它的性能与优点，只有抓住解说对象的主要特点，才能使参观者或使用者看了感到有收获。

(四)合理安排顺序

解说词是解说客观事物的，而客观事物是复杂的，只有仔细地观察，深刻地研究，才能把它如实地反映出来，介绍给观众或读者。因此，要写好解说词，就要认真观察、研究被解说的事物，准确地把握它们之间的关系。在物与物之间，有并列关系，有先后关系，有总分关系，有主次关系等。这些关系，有分有合，分则相对独立，合则相互联系，在一定的范围组成一个有机的统一体。

写解说词，分清它们之间并列、先后、总分、主次、轻重、大小等关系，并按照一定的关系来安排层次结构，按一定的顺序来解说，才能使解说清晰而有条理。比如，解说有并列关系的事物，须注意它们的方位，或从上到下，或从前到后，或从左到右，或从外到内，或从近到远地进行解说；解说有先后关系的事物，须按它们之间的时间顺序解说；解说有主次关系的事物，应先说主要的，再说次要的，不要主次不分，轻重倒置；解说有总分关系的事物，一般要按先总后分的原则，先写总体概貌，再分类说明各个具体组成部分。

事物大多有一定的复杂性，必须从多方面去介绍才能讲清楚它的特征。只有依据事物本身固有的条理，才能将说明文写得条理清楚。事物本身固有的条理顺序，一般说来有以下几种：

1. 时间顺序

时间顺序是指按照事情发展的先后时间进行说明。说明事物发展变化的过程，往往采用这种顺序。如《长白山四季》是一部以时间为主线的电视片。该片共分“春赞、夏赏、秋颂、冬吟”四个部分，分别表现了长白山四季的美丽景色，而春夏秋冬四季的转换和连接都是通过解说词来完成的。

第一部分“春赞”的结尾是：“春天的旋律，在人们心中激荡着。我踏着春光铺成的绚丽多彩的路，心中装着一个温暖的春天，告别了长白山。长白山，夏天再见。”

第二部分“夏赏”的结尾是：“一种美的力量继续在吸引着我，在金色的秋天，长白山——我将再一次访问你！”

第三部分“秋颂”的结尾是：“长白山的秋天，色彩这样丰富，那么冬天将是一种什么景色呢？”

解说词在这里起着承上启下的作用，紧密地将春夏秋冬四个季节连接成一个完整的整体。这就是典型的按时间顺序写的。

2. 空间顺序

空间顺序是指按照物品的空间方位进行说明。或由远及近，由近及远；或由内到外，由外到内；或由上到下，由下到上；或由前到后，由后到前等。说明物品的形状、构造，一般采用这种顺序。

案例欣赏

我国领土辽阔广大，最北端在漠河以北黑龙江主航道的中心线，最南端在北纬4度附近的曾母暗沙(属南沙群岛)，最东端在黑龙江和乌苏里江的主航道汇合处，最西端在帕米尔高原上，总面积约960万平方公里。当北方的黑龙江省还是冰天雪地的季节，南海诸岛已是一片盛夏景象；当乌苏里江上早晨洒满阳光的时刻，帕米尔高原还是星斗满天的深夜。我们伟大的祖国是世界上面积最大的国家之一。

(选自《中国地理》)

这段关于我国领土疆域的文字，分别从北、南、东、西四个方位介绍说明，用的就是空间顺序的解说方法。

3. 逻辑顺序

逻辑顺序是指按照事物内部的联系和人们认识事物的规律来安排说明的顺序。由整体到部分，由主要到次要，由浅入深，由简到繁，由具体到抽象，由现象到本质等，这是人们认识事物的一般规律。因此，说明文作者在考虑文章思路时也必须符合这些认识规律，以使自己的文章正确地反映人们对客观世界的认识过程，同时又能适应读者的接受能力和欣赏习惯。

案例欣赏

物候现象的来临决定于哪些因素呢？

首先是纬度。越往北桃花开得越迟，候鸟也来得越晚。值得指出的是物候现象南北差异的日数因季节的差别而不同。中国大陆性气候显著，冬冷夏热。冬季南北温度悬殊，夏季却相差不大。在春天，早春跟晚春也不相同。如在早春三四月间，南京桃花要比北京早开20天，但是到晚春五月初，南京刺槐开花只比北京早10天。所以在华北常感觉到春季短促，冬天结束，夏天就到了。

经度的差异是影响物候的第二个因素。凡是近海的地方，比同纬度的内陆，冬天温和，春天反而寒冷。所以沿海地区的春天的来临比内陆要迟若干天。如大连纬度在北京以南约1°，但是在大连，连翘和榆叶梅的盛开都比北京要迟一个星期。又如济南苹果开花在四月中或谷雨节，烟台要到立夏。两地纬度相差无几，但烟台靠海，春天便来得迟了。

影响物候的第三个因素是高下的差异。植物的抽青、开花等物候现象在春夏两季越往高处越迟，而到秋天乔木的落叶则越往高处越早。不过研究这个因素要考虑到特殊的情况。例如秋冬之交，天气晴朗的空中，在一定高度上气温反比低处高。这叫逆温层。由于冷空气比较重，在无风的夜晚，冷空气便向低处流。这种现象在山地秋冬两季，特别是这两季的早晨，极为显著，常会发现山脚有霜而山腰反无霜。在华南丘陵区把热带作物引种在山腰很成功，在山脚反不适宜，就是这个道理。

此外，物候现象来临的迟早还有古今的差异。根据英国南部物候的一种长期记录，拿1741—1750年十年平均的春初七种乔木油青和开花日期同1921—1930年十年的平均值相比较，可以看出后者比前者早九天。就是说，春天提前九天。

（选自竺可桢《大自然的语言》）

《大自然的语言》在说明物候现象来临的因素时共写了三段：第一段说“首先是纬度”，第二段指出“经度的差异是影响物候的第二个因素”，第三段指出“影响物候的第三个因素是高下的差异”。这个层次顺序的安排，就是由主次决定的。

以上说的是三种较为常见的说明顺序。应当指出的是，不要把这三种安排顺序的方法看成固定的格式。事物是千变万化的，人们的认识是多角度的，说明的顺序经常随着说明对象的改变而改变。总之，说明事物只有做到“言之有序”，文章才能脉络分明、层次清楚，使读者一目了然。

（五）恰当运用说明方法

解说词还要求生动性、形象性，恰当地运用说明方法，能提高说明语言的科学性和准确性，使说明对象更具体、更生动，让读者更明白，更清楚作者的意思，也更能增强说服力，有时也能增强读者的阅读兴趣，更突出主题。

案例欣赏

“我现在离白水寨瀑布非常远，用手这么一比量，才一寸多长，但是在这么远的距离，我已经感受到这个瀑布非常有气势，挂满了整座山！没错，这就是咱们中国内陆落差最大的瀑布。它长四百二十八点五米，你想，一百多层楼那么高啊！”

来到增城，当地人说，你们一定要到我们的白水寨看看，那可是增城标志性的景点。来到白水寨，果真是很震撼像这么长的瀑布景观，绝对堪称中国第一。

“这里水声好大呀！站在这个瀑布脚下，它的壮观就不必多说了，显而易见。它有一个最大的特点，就是全广东所有景区里面负氧离子含量最高的地方，每立方厘米就有十一万两千多个负氧离子，其实一般人每立方厘米有一千多个就够了，赶紧使劲儿深呼吸吧，说她是天然大氧吧，绝对名副其实！”

像这么长的瀑布奇观，绝对堪称中国第一。这里之所以能成为广东所有景区里负离子含量最高的地方，那都得归功于这个落差最大的瀑布，正是因为水在垂直降落的过程当中，因为受到猛烈冲击，水分子裂解，从而产生了大量的负离子。根据研究，这种又被称为“空气维生素”的负离子，会让你头脑清醒，呼吸顺畅，甚至有杀菌和提高人体免疫力的功效。怪不得每一个来到这里的人都能变得情绪亢奋，心情愉悦。

（选自电视旅游节目《清新洗肺白水寨》）

这段解说词运用了列数字、作比较、打比方、作诠释等说明方法，使白水寨瀑布的外观、气势、特点、成因等特征形象生动地展示在观众面前，深化了电视画面的表达效果。

说明方法有举例子、分类别、列数字、作比较、画图表、下定义、作诠释、打比方、摹状貌、作引用等，写解说词要根据说明对象的特点及写作目的，选用最佳方法。下面分别加以说明：

1. 举例子

举出实际事例来说明事物，使所要说明的事物具体化，以便读者理解，这种说明方法叫举例子。运用举事例的说明方法说明事物或事理，一要注意例子的代表性，二要注意例子的适量性。举例子可以使文章表达的意思更明确，读者更能理解，具体地说明了说明对象的特点。如《苏州园林》中对园林图画美的介绍：

就是苏州园林在每一个角落都注意图画美。阶砌旁边栽几丛书带草。墙上蔓延着爬山虎或者蔷薇木香。如果开窗正对着白色墙壁，太单调了，给补上几竿竹子或几棵芭蕉。诸如此类，无非要游览者即使就极小范围的局部看，也能得到美的享受。

（选自叶圣陶《苏州园林》）

文章运用了举例子的说明方法，以阶砌旁的书带草等为例，具体形象地说明了苏州园林角落的图画美，便于读者理解。

2. 作引用

为了使说明的内容更充实具体，更具说服力，可以引用一些文献资料、诗词、俗语、名人名言等，可以使文章更具说服力，体现说明文语言的准确性。引用资料的范围很广，可以是经典著作，名家名言，公式定律，典故谚语等，引用诗歌使文章具有诗意美，引用故事使文章具有趣味性。如《中国石拱桥》中对石拱桥的描写：

石拱桥的桥洞成弧形，就像虹。古代神话里说，雨后彩虹是“人间天上的桥”，通过彩虹就能上天。我国的诗人爱把拱桥比作虹，说拱桥是“卧虹”“飞虹”，把水上拱桥形容为“长虹卧波”。

（选自茅以升《中国石拱桥》）

文中运用了“泛引”，引用我国诗人比喻石拱桥的种种用语“卧虹”“飞虹”等，这样反复比喻，既给人有关知识，又使人仿佛置身于神话之中，置身于诗情画意之中，加深人们对石拱桥形态优美的印象。文中还多处运用了“特引”，如引用唐朝张嘉贞的赞语“制造奇特，人不知其所以为”，说明赵州桥构造的奇特；引用唐朝张鹜的赞语“初月出云，长虹饮涧”，说明赵州桥形态形式优美；还引用意大利人马可·波罗的赞语“是世界上独一无二的”“共同构成美丽的奇观”，说明卢沟桥的特点。

3. 作比较

作比较是将两种类别相同或不同的事物、现象加以比较来说明事物特征的说明方法。说明某些抽象的或者是人们比较陌生的事物，可以用具体的或者大家已经熟悉的事物和它比较，使读者通过比较得到具体而鲜明的印象。事物的特征也往往在比较中显现出来。在作比较的时候，可以是同类相比，也可以是异类相比，可以对事物进行“横比”，也可以对事物进行“纵比”。说明某些抽象的或者是人们比较陌生的事物，可以用具体的或者大家已经熟悉的事物和它比较，使读者通过比较得到具体而鲜明的印象。事物的特征往往在比较中显现出来。在作比较的时候，可以是同类相比，也可以是异类相比，可以对事物进行“横比”，也可以对事物进行“纵比”。如《苏州园林》就对苏州园林与北京园林做了比较：

苏州园林与北京的园林不同，极少使用彩绘。梁和柱子以及门窗栏杆大多漆广漆，那是不刺眼的颜色。墙壁白色。有些室内墙壁下半截铺水磨方砖，淡灰色和白色对衬。屋瓦和檐漏一律淡灰色。这些颜色与草木的绿色配合，引起人们安静闲适的感觉。花开时节，更显得各种花明艳照眼。

（选自叶圣陶《苏州园林》）

例文运用了作比较的说明方法，通过苏州园林与北京园林的比较，突出强调了苏州园林极少使用彩绘的特点。苏州园林里淡雅的建筑与绿色的草木、鲜艳的花卉的相互映衬形成一幅完美的图画，使人在幽静闲适的环境中依然有丰富多彩的感觉，增强了说明效果。

4. 列数字

为了使所要说明的事物具体化，还可以采用列数字的方法，以便读者理解。需要注意的是，引用较多的数字，一定要准确无误，不准确的数字绝对不能用，即使是估计的数字也要有可靠的根据，并力求近似。如《故宫博物院》文中所写：

在北京的中心，有一座城中之城，这就是紫禁城。现在人们叫它故宫，也叫故宫博物院。这是明清两代的皇宫，是我国现存的最大最完整的古代宫殿建筑群，有五百多年历史了。

紫禁城的城墙十米多高，有四座城门：南面午门，北面神武门，东西面东华门、西华门。宫城呈长方形，占地72万平方米，有大小宫殿七十多座、房屋九千多间。城墙外是五十多米宽的护城河。城墙的四角上，各有一座玲珑奇巧的角楼。故宫建筑群规模宏大壮丽，建筑精美，布局统一，集中体现了我国古代建筑艺术的独特风格。

（选自黄传惕《故宫博物院》）

文章用列数字的方法清晰地说明了故宫博物院的面积、宫殿的座数、房屋的间数。用列数字的方法进行说明，既能准确客观地反映事实情况、说明对象的特点，又有较强的说服力。

5. 分类别

说明事物的特征，往往从单方面不易说清楚，可以根据形状、性质、成因、功用等属性的异同，把事物分成若干类，然后依照类别逐一加以说明。这种说明方法叫分类别。如《说“屏”》一文：

从前女子的房中，一般都要有屏，屏者，障也，可以缓冲一下视线。《牡丹亭》“游园”一出中有“锦屏人忒看得这韶光贱”一句，用锦屏人来代指闺中女郎。按屏的建造材料及其装饰的华丽程度，分为金屏、银屏、锦屏、画屏、石屏、木屏、竹屏等，因而在艺术上有雅俗之别，同时也显露了使用人不同的经济与文化水平。

（选自《陈从周散文》（花城出版社1999年版）《说“屏”》）

分类别的说明方法，使文章条理清晰、层次分明。运用分类别方法要注意分类的标准，一次分类只能用同一个标准，以免产生重叠交叉的现象。例如：“图书馆的藏书有中国的、古典的、外国的、科技的、文学的、现代的以及政治经济方面的等。”这里用了不止一个标准，所以表达不清。正确的说法应该是：“图书馆的藏书，按国别分，有中国的、外国的；按时代分，有古典的、现代的；按性质分，有科技的、文学的以及政治经济方面的等”。这样，每次分类只用一个标准，就眉目清楚了。

6. 打比方

利用两种不同事物之间的相似之处作比较，以突出事物的形状特点，增强说明的形象性和生动性的说明方法，叫作打比方。如《清新洗肺白水寨》解说词中，就将白水寨比喻为“天然大氧吧”，将负氧离子比喻为“空气维生素”，形象地说明了白水寨富含负氧离子的特征以及负氧离子的作用。

打比方的说明方法，同修辞格上的比喻还有联想是一致的。不同的是，比喻修辞有明喻、暗喻和借喻，而说明多用明喻和暗喻，借喻则不宜使用。

7. 摹状貌

摹状貌是指对事物形状相貌的特征进行描摹，使读者容易认识所要说明的事物。如《中国石拱桥》一文，采用摹状貌这种说明方法，摹写卢沟桥柱头上雕刻的石狮子，展现了卢沟桥形态的优美：“这些石刻狮子，有的母子相抱，有的交头接耳，有的像倾听水声，千态万状，惟妙惟肖。”摹状貌使说明语言富有形象性、直观性。

8. 下定义

用简明的语言、科学的术语对某一概念的本质特征作规定性的说明叫下定义。下定义能准确揭示事物的本质。如《统筹方法》一文中，开头就给“统筹方法”这个概念下了定义：“统筹方法，是一种安排工作进程的数学方法。”接着再具体说明统筹方法是如何应用的，深入浅出，使读者能较好地掌握有关统筹方法的基本知识。下定义这种说明方法，使说明语言科学、准确，让读者在具体了解被说明对象前，能对被说明对象有一个初步的认识。

9. 作诠释

从一个侧面，在事物的某一个特点做些一般性的解释，这种方法叫作诠释。如在《清新洗肺白水寨》解说词中写道，“这里之所以能成为广东所有景区里负离子含量最高的地方，那都得归功于这个落差最大的瀑布，正是因为水在垂直降落的过程当中，因为受到猛烈冲击，水分子裂解，从而产生了大量的负离子”，用作诠释的说明方法解说了白水寨负氧离子含量高的成因，使读者在阅读时对抽象的字词能够更加明白，更加理解。

10. 列图表

为了把十分复杂的事物说清楚，就可以采用图表法，来弥补单用文字表达的缺欠。如《万紫千红的花》一文，为了说明昆虫和花色的关系，列了一个统计表：

我国有种樱草，在普通温度下花是红色，在30℃的暗室里就变成白色了。八仙花在有些土壤中开蓝色的花，在另一些土壤中开粉红色的花。还有一些花，受精以后也会变色。比如海洞花，起初是黄色，受精后就变成白色了；红锦带花受精后也会变成白色。有人统计了4197种花的颜色，做了如下的分类：

颜色	白	黄	红	蓝	紫	绿	橙	茶	黑
种数	1193	951	923	594	307	153	50	18	8

从这个统计可以看出，白色、黄色和红色的花最多。这三种颜色的花有个好处，配着绿叶非常鲜艳，容易惹昆虫注意。

（选自仇春霖《万紫千红的花》）

画图表这种说明方法，比任何单纯的文字说明更一目了然。

（六）运用准确、生动的语言

解说的概念、判断要准确；解说的用语，力求将抽象的事理形象化、高深的知识通俗化、复杂的程序简单化、静止的事物动态化、枯燥的东西趣味化等；解说中还可以用一些修辞方法，以增强语言的生动性和感染力。

解说词不同于纯理论描述的教科书或论文，它主要是以听觉形式进行信息传播的，所以应当在解说词中多增添文学色彩。优美的文字能愉悦心情，净化心灵，说者娓娓道来，听者（观者）如痴如醉，这就要求写作者对解说对象的认识要有真知灼见，对所解说的事物，或褒或贬，爱憎分明。

（七）注意适当的扩引

写解说词，除了抓住解说的重点、要点，还可从知识、情理上作适当的扩引。有些画面与实物，在解说词中增补、扩充一些从画面或实物本身难以直接了解到的知识，观众对被解说对象的了解能超越直观感受的范围，获得更广泛更深刻的认识。如下面关于广东肇庆端砚的解说：

端溪名砚，已有三千三百五十多年的历史了，是我国著名的传统工艺产品，产于肇庆西江羚羊峡斧柯山端溪一带。据《石隐砚谈》记载："端溪石始于唐武德之世。"武德是唐高祖李渊年号。

端砚自古以来，就和宣州的纸、湖州的笔、徽州的墨，被誉为"文房四宝"，名噪国内艺林。唐诗人李贺咏赞端砚："端州石工巧如神，踏天磨刀割紫云。"著名书法家柳公权认为，端溪一紫砚可值千金。宋苏东坡的端砚，背刻砚铭："其色温润，其制古朴；何以致之，石渠秘阁；永宜宝之，书香是托。"由此可见，苏东坡对端砚是何等推崇、珍爱。

端砚石质特别纯净、优美、细腻、娇嫩、滋润，具有"秀而多姿、呵气研墨、发墨不损毫"的特点；有"龙无定形、云无定态、形态万变"的独特雕刻工艺。因此，经数千年而不衰，受到历代仕人珍重。明子晋砚铭说："得之不易，藏之为宝，继我书香，子孙永保。"端砚是文房四宝，也是藏家之宝。而今，端砚畅销日本、新加坡和东南亚各国，真正是誉满全球了。

作者在介绍端砚时，作了适当的知识扩引，如介绍生产端砚的历史和产地；告诉人们端砚与宣州的纸、湖州的笔、徽州的墨被誉为"文房四宝"；引用有关诗文说明了端砚的优点。

解说词除了对画面进行明晰的解说外，有时为了提示画面的深意，给人以某种启迪，或者为了加深观众的感受，往往在解说画面的同时插入一些精辟的议论，或者倾注某种感情。如下面关于"雁荡山"的解说：

雁荡山位于浙江省东南乐清县境内，它以"天下奇秀"闻名古今，历来是游览、避暑和休养的胜地。

雁荡山的风景点不下几百处，可划分为七个风景区。即是：灵峰、灵岩、大龙湫、雁湖、显圣门、仙桥、羊角洞。其中灵峰、灵岩和大龙湫，景色更为集中。

雁荡景色，贵在天然，它以峰、瀑、洞、石称胜。山峰，或拔地而起，高接云表，或秀丽奇幻，横看侧望，移步换形。瀑布，由百丈悬崖倾泻而下，凌空飞舞，顷刻万变，在日光映照下，五色缤纷。洞壑，或宽敞明亮如洞府，或幽深曲折如迷宫。观赏者对变幻莫测的画面叹为绝景，并给它们取了许多富于诗情画意的名称。

雁荡从唐宋至今，游者如云，多少诗人、学者、画家，对此雄奇山景，称赞不已，留下许多诗篇和画卷。

雁荡山总面积约四百五十平方公里，其主峰雁湖岗上有湖，芦苇丛生，结草为荡，秋雁南归，栖宿于此，故称雁荡。

这份解说词的前面两节和末尾两节较客观地介绍了雁荡山的地理位置、总体面积、七个风景区和雁荡名称的来历，而中间一节却用了形象性的语言把雁荡山的山峰、瀑布、洞壑及奇石作了描绘，这种感情的扩引，加深了游客对雁荡山的感受，引发他们浓厚的兴趣。

案例欣赏

普洱茶参赛解说词

迷情普洱

一、茶席设计理念

普洱茶，来自崇山峻岭，经历了马背的蹉跎，岁月的磨砺后，她变得圆融、平和，经历了沧桑，依旧那么美丽、那么自然。几千年以来，勤劳勇敢的普洱人民为茶而歌，为茶而舞，敬茶如神，使得普洱茶拥有“香飘千里外，味醇一杯中”的美誉。茶席设计：

茶席以一幅品茗下棋的画面为背景，下棋之人的悠闲与典雅的生活品位尽显其中，突出茶席设计的主题；一套精致古朴的紫砂壶茶具象征着普洱茶的历史沧桑，品茗杯排成一弯月牙形置于正前方以示对来自五湖四海青睐普洱的朋友们的欢迎，茶荷置于右上方以示对茶的尊敬，随手泡置于右下方，便于取用。胸前的茶巾，用于清洁。

二、动态演示语

各位评委老师下午好，我是×号考生×××，请欣赏茶席设计《迷情普洱》。普洱茶，从嗜茶、名士的墨香中走出来，从皇室宫闱的尊宠中走出来。昔日王谢堂前燕，如今终于飞到咱们百姓家，她那超然脱俗的茶香，会把我们诱入禅境，让我们品悟到淡然无极之美。

(一)温杯雪盏：茶性本洁，用煮沸的泉水来温润清洗泡茶所用的茶具，赋予茶具一定的温度，恰如人的心灵需要不断的反省，清除心中的尘埃，让心灵洁净与温暖起来，同时也表示对客人的尊敬。

(二)鉴赏干茶：好的普洱茶色泽褐红，条索紧结，有淡淡的槟榔香、樟香、桂圆香等，并伴有特殊的陈香。

（三）普洱入宫：将约3克普洱熟茶置于紫砂壶中，片片普洱茶缓缓进入壶中，犹如回到久违的故乡，甘愿融入其中，乐在其中，期待奉献那一缕茗香，一品高贵。

（四）游龙戏水：茶来于自然，盛开于壶中，用温的清泉润泽将其从美妙的梦境里唤起，振奋其精神。洗去铅华，返璞归真，开启一段美妙的奉献之旅，一段最有价值的时光。

（五）瓯里酝香：水为茶之母，器为茶之父，好茶、好水、好器皿，是茶艺冲泡中的必要条件，此外，还需要泡茶人用心去冲泡，心与手相通，技与艺相融。选用甘甜清的普洱泉水，加热至沸，缓缓冲入激荡出普洱茶的真香与妙义。

（六）凤凰行礼：把紫砂壶中剩余的茶汤全部沥入公道杯中，以凤凰三点头姿势向客人行礼致意。

（七）普降甘霖：将公道杯中的茶汤倒入品茗杯中，每杯倒七分满为度。

（八）敬奉佳茗：来到普洱茶乡，怎能不品饮一杯普洱茶。普洱茶代表了茶乡人民的款款深情。开汤现红宝，入口成妙诗。

（九）时光倒流（闻香）：普洱茶的香气随着冲泡的次数在不断变化，细闻茶香的变化，茶香会把你带到逝去的岁月，让你感悟到人世间沧海桑田的变幻。

（十）瞬间烟云（观色）：普洱茶茶汤艳丽亮红，表面一层淡淡的薄雾乳白朦胧，令人浮想联翩。

（十一）品茗："美酒千杯难成知己，清茶一盏也能醉人"。啜饮一口普洱茶，体会普洱茶的滋味，回味普洱茶的历史。缕缕茶香让我沉醉。普洱茶是一个历久弥新的传奇茶品，带着原野的芬芳，带着濮人的情怀，带着马背上的记忆，沿着文明的轨迹，穿越历史的尘烟，走进你我的心间。

（十二）谢礼：难忘，难忘普洱茶的醇厚回甘；恋，恋普洱茶的陈香悠远；喜观，喜观普洱茶的养生保健。直是"妙茗长自银生城，日月山川育香魂，世间第一风流事，唯有陈香荡魂魄。"各位评委老师，我们的茶艺表演到此结束，愿这缕缕茶香给你们留下一个甜蜜的回忆，同时也祝大家养生有道，福寿同存，心想事成。

解说员：×××

××××年×月×日

拓展阅读

科普讲解训练

近年来，科学知识的普及对经济社会发展、生产生活与人类思维方式的影响越来越大，在经济和社会发展中发挥着不可估量的作用。做好科普宣传，对于提高公众的科学文化素养具有非常重要的意义。

讲解，是知识和语言的高度综合艺术，它是以陈述为基础，运用科学的语言和其他辅助表达方式，将知识传递给观众的一种社会活动。科普讲解，顾名思义就是以科普知识为内容，用最简单、最准确的语言把科学原理讲清楚的讲解活动。科普讲解既搭起了语言沟通的桥梁，又承担起了科普知识传播的使命。科普讲解和演讲以及朗诵有着本质的区别，它综合了播音、演讲、话剧、表演等专业的技术手段，是专业性、知识性和艺术性的综合，但是又不同于其中的任何一项，让观众听懂是科普讲解的最高境界。

一、科普讲解的特点

(一)科学性

科学性是科普解说的重要特点之一，是科普解说词的生命。它要求选题科学，研究的方法正确，论据确凿，文字生动简洁准确。

(二)前沿性

科普讲解的选题、主要观点要有自己的新发现、独特的见解，能够让受众感兴趣，而且对人们的生产生活等有一定的指导意义。

(三)实践性

选题必须是在科学探索活动中发现的，支持主要观点的论据必须是通过观察、考察、实验等研究手段获得的，有实践依据，不能凭空捏造、猜测。

(四)创新性

创新型选题要有创新性，注意世界上一些新的科学变化和理论，并对今天的实际生活具有指导和借鉴作用。

(五)普及性

选题也要注意它的普及性、大众化，应该选择为广大的人民群众所关心、所希望了解的一些问题。

二、科普讲解词的要求

(一)选题小而有趣

讲解者应尽量选取自己熟悉、了解的讲解主题，这样有助于更好地掌握讲解内容，讲解时更加从容自信，增强讲解的信服力。同时，为保证讲解的细致性与全面性，选题应小而精，风趣而实用，这样才能引起听众的兴趣，激发他们了解讲解内容的欲望。

(二)选材新颖、有特色

科普讲解的及时性、迅速性决定选取的材料必须新颖，才能吸引听众的注意力，因此，讲解者必须对新的科普信息有极大的敏感性，善于从现实生活中发掘新颖、有特色的科普材料。

(三)结构严谨巧妙

科普讲解词的构思要从题材的实际出发，努力找到最恰当、最能发挥讲解特点和效能的结构形式。

(四)不宜过多的理论说明

科普讲解不宜进行大量的理论分析，冗长、深奥的理论会使听众觉得枯燥乏味，从而挫伤积极性，失去对讲解内容的兴趣。

三、科普讲解词的写作技巧

(一)开头

科普讲解的开头可以开门见山、单刀直入，也可用引语、典故、趣事开头。其中最常用的是设问式的，通过提出问题，引起听众的注意和思考，然后再给予解答，给听众留下深刻而鲜明的印象。

如《碱土金属六兄弟》的开头：

你还记得节日夜晚那美丽的焰火吗？你可知道产生那五颜六色火焰的都是些什么物质吗？我可以告诉你，这里就有下面要介绍的碱土金属的功劳。

采用第二人称“你”的设问，能够产生直接交流的效果，听起来更亲切。

(二)主体

在主体内容的安排上，需要层次清晰，环环相扣，抓住观众心理，同时配以风趣幽默的语言，让观众产生强烈的共鸣感。

一般来说可使用以下几种修辞手法：

1. 拟人

拟人就是把事物人格化，将本来不具备人的动作和感情的事物变成和人一样具有动作和感情的样子。

如关于“鲎”的科普片解说词：

作为幸存下来的后裔，鲎家几位兄弟姐妹可谓不辱使命，为家族赢得了不少“光荣称号”。由于体内含铜离子，鲎的血液呈蓝色，被人们称为“蓝血精灵”。科学家从鲎血中提取的一种试剂，能够检测出含量低至万亿分之一的细菌和其他污染物。目前国际空间站中使用的便携试剂就含有鲎血的成分。此外，美洲鲎早在20世纪便成了“科学之星”。1967年美国生理学家哈特兰因为对它眼睛的研究，获得了诺贝尔医学生理学奖、鲎拥有动物界最大的一对复眼，并且会产生一种奇特的侧抑制作用。

通过拟人的手法将“鲎”这种动物描写得栩栩如生，能让观众更易于了解它们。

2. 引用

引用就是在撰写解说词时，有意引用成语、诗句、格言、典故等，以表达科普解说想要表达的思想感情，说明自己对新问题、新道理的见解，在许多解说词中都会使用这一方法。

如在介绍“西红柿”的解说词中：

今天我们要来谈一谈——西红柿。关于西红柿，您了解多少呢？西红柿又叫番茄，原产于南美洲，是一种生长在森林里的野生浆果。不知为何，当地人认为这是一种有毒的果子，虽然它成熟时鲜红欲滴，十分美丽诱人，但人们还是对它敬而远之。一直到17世纪后，一位法国画家实在抵挡不住番茄的诱惑。因此，他冒着生命危险吃了一个，觉得酸酸甜甜的。然后，便躺在床上等着死神的光临。然而，他竟清醒地活着，这才让大家相信西红柿是没有毒的。

介绍类似于西红柿这种每天都可以接触到的身边事物的时候，如果单单从科学的角度来介绍效果不一定理想，而通过引用故事的方式就更容易让受众记住。

撰写解说词的修辞手法还有很多，如对偶、排比、反复等，但是要根据事物的实际情况而定，要使用得当。

(三)结尾

结尾是作品的有机组成部分，好的结尾会让人意犹未尽，产生强烈的艺术感染力，结尾应文字简洁，与开头呼应。按照作用，可分为三种：一是总结性的，进一步点明作品主题；二是启发性的含蓄结尾，促使读者进一步深思；还有一种是指出方向，根据作品主题，写几句或一段富有哲理、发人深省或振奋人心的话，号召人们为某个特定的目标奋斗。

拓展训练

一、下图是孔子学院标识，请运用解说词写作方法和技巧，写出标识构图要素，并说明图形寓意。

二、年画是我国非物质文化遗产，是中国“年”文化的重要标志。贴年画是中国百姓庆祝农历新年的重要方式。如今这种民间艺术濒临失传，引起国家的高度重视。下面是一幅传统年画，请运用解说词写作方法和技巧，写出下图年画构图要素，并说明图形寓意。

三、下图是一个“能量场”与幸福感的关系图，请你运用解说词写作方法和技巧讲解下图含义。

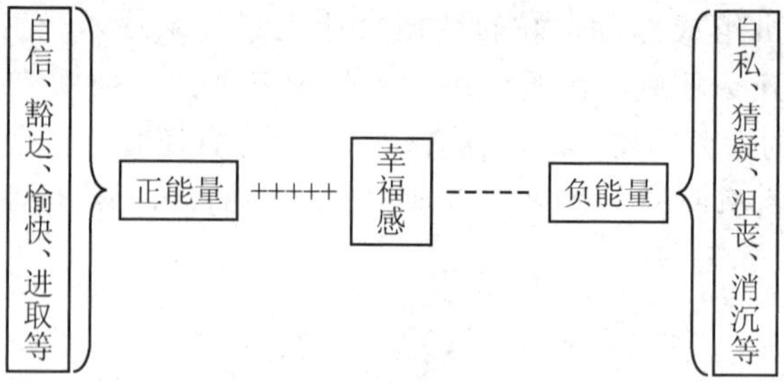

项目六

管理口才训练

任务八 职场沟通

教学目标

1. 素质目标

(1)培养学生言之有度的沟通意识；

(2)培养学生相互尊重的职业习惯。

2. 知识目标

(1)理解管理口才的概念和特征；

(2)掌握管理口才的技巧。

3. 能力目标

能够运用管理口才技巧进行上下级沟通。

情景训练

任务：谈心技巧训练

假如你是一位部门经理，你的手下有一位员工经常上班迟到，既耽误了工作，也给其他员工带来了负面的影响，你该怎样与他沟通，制止这种不良现象再度发生？

管理无处不在。管理口才，是管理者自身素质、修养、学识的重要体现。良好的管理口才不仅能有效地协调人与人之间的关系，处理好种种相关的实际问题，而且能极大地提高管理者的形象与修养。一位美国著名的企业家说“成功在于沟通”。“沟通是协调和协助的基础。口才表达能力是一个管理者前提性的能力修养”。美国前总统克林顿也提出

“口才就是领导力”的口号。因此，口才、风度与魅力已成为现代优秀管理者及领导的成功因素。

案例导入

一位公司的老总准备周五开会，说说公司最近的销售问题。他对秘书说：“你通知大家周五开个会，讨论一下销售问题。”秘书小李非常为难，因为周五什么时候开会？在哪里开会？都有谁参加？几点开会？要准备什么资料？谁发言……这些具体的工作都没有交代清楚，怎么去安排啊！

思考与讨论：你觉得他的问题出现在哪里？为什么会让秘书非常为难呢？

案例导入

某单位接受一个科研新项目，可有些人员觉得这是领导给单位惹麻烦，谁也不愿意接手这项工作。面对这种状况，领导不动声色地在例会上讲：“我昨天碰到一位老同志，苦恼地对我讲，他一生虽算一条老黄牛苦苦干过来，可遗憾没有科研成果，结果职称很低，到老也没什么可骄傲的。同志们，这位老同志的话给了我很大的启发，我们在工作的同时不能不创造条件搞科研项目。大家都知道，咱单位都是年轻人，谁也不会不想进步。所以，我向上级领导申请了一项科研任务……”说到这里，他把大家的成功欲望激发起来，“惹麻烦”的念头烟消云散，于是领导的科研方案得以顺利落实。

思考与讨论：这位领导的管理口才体现在哪些方面？他的具体办法有几种？

基础知识

一、管理口才概述

良好的口才是管理人员应当具备的基本素质之一。现如今，管理口才课程已成为工商管理硕士(MBA)学习科目中不可缺少的重要内容。从管理学的发展看，管理口才也越来越受到学者的重视。

(一)管理的含义与实质

管理是指管理者在一定的环境条件下，对组织所拥有的资源进行计划、组织、领导、控制和协调，以有效地实现组织目标的过程。

管理学界有一句名言：“管理即管人”，或者说“管理就是通过他人把事情办妥”。从管理学的发生、发展至今日，已经形成一种共识：管理者的首要任务是协调人与人之间的关系。而这种关系主要靠口头和书面的沟通。

著名管理学家德鲁克说过“人是我们最大的财产”。在现代信息社会，管理的本质和核心就是沟通，管理的难度和问题也就是沟通的难度和问题。某大学曾对10000份人事档案进行分析，结果显示：智能、专业技术、经验只占成功因素的25%，其余75%取决于良好的人际沟通，可见，有效沟通对于职业人的重要性。

当今时代的每一项成就都不是靠某个人的单打独斗，而是基于良好的合作。现代企业，人与人之间、部门与部门之间、上下级之间，特别需要彼此进行沟通，互相理解、互通信息。比如，有的管理人员主观武断，一个人说了算，听不得下级的意见，更听不得批评意见。他们不懂得上下级之间要经常进行沟通，不懂得如果下级的意见和建议受到忽视、冷漠，就会挫败他们的积极性和对企业的责任感，下级就会消极、沉闷下去。这样，一旦企业发生什么紧急情况，需要全体员工出主意、想办法、共渡难关时，员工就会无动于衷，而没有任何的热情和积极性。

所谓管理能力(或领导能力)就是激发他人跟随领导者一起工作，以实现共同目标的能力。这种能力通常是由生活经验积累获得，并借助于语言的感召力来吸引他人共同奋斗。有这样一个公式可以清晰地显示，那就是：管理绩效＝决策正确度×下属认同度。

因此，管理者的任务不只是去发现人才，而且需要建立一个人才的机制，赋予每个人参与竞争、合作的可能，而这样做的关键是看管理者的能力如何。在管理的实际操作中，计划、组织、指挥、决策、协调、激励、控制，无不要求管理人员具有良好的语言沟通技能。

案例欣赏

一家公司的总经理非常重视员工之间的相互沟通与交流，他曾有过一项“创举”，即把公司餐厅里四人用的小圆桌全部换成长方形的大长桌。因为用小圆桌时，总是那四个互相熟悉的人坐在一起用餐，而改用大长桌情形就不同了，一些彼此陌生的人有机会坐在一起闲谈了。如此一来，研究部的职员就能遇上来自其他部门的行销人员或者是生产制造工程师，他们在相互接触中，可以互相交换意见，获取各自所需的信息。这是一项重大的变革，公司经营因此得到了大幅度的改善。

去掉四人桌而变成多人可坐的长方桌，使大家沟通起来更加方便，获得信息的机会更大，空间的距离缩小，人与人之间的距离缩小；从形式上，由分散到集中，工作效率大大提高，人与人之间的关系也变得更加和谐美好。

(二)语言沟通在现代管理中的作用

管理的过程，也是与人沟通的行为过程，语言的沟通是管理的主要核心工作。具体地说，语言沟通在管理中的重要作用体现在以下两个方面。

1. 良好的语言沟通，是提高工作效率的保证

随着社会的发展进步，人们已从一味追求的高薪、高福利等物质待遇的“经济人”进而转到能够参与企业的创造性实践，满足自我实现需求的“社会人”“文化人”方面。良好的语言沟通，可以鼓舞士气，提高工作效率。鼓励员工自由发表见解，使员工能自由地和其他人，尤其是管理者谈论自己的看法、主张，使他们的参与感得到满足，从而激发了他们的工作积极性和创造性；沟通者相互讨论、思考，往往能迸发出创意的火花。如惠普公司要求工程师们将手中的工作显示在台式机上，供别人品评，以便大家一起出谋划策，共同解决困难。有效的沟通机制使企业各阶层能分享他们的想法，并考虑付诸实施的可能性。沟通能够创新，沟通能够解决问题。

2. 及时的语言沟通，是获得重要信息的关键

在激烈的市场竞争中，我们都希望自己能够锻造出一支上下齐心、精诚团结的企业团队；我们都希望自己的企业能够生活在良好的外部环境中；能与顾客、政府等各种岗位交往中塑造出良好的形象。顾客需求信息，制造工艺信息、财务信息等都需要准确而有效地传达给相关部门和人员。各部门、人员间必须进行有效沟通，以获得其需要的信息。很难想象，这些部门和人员如果不及时进行语言沟通，会造成什么样的后果。任何一个组织只有通过信息，才能成为一个与其外部环境发生作用的开放系统。及时的语言沟通可以使信息通畅，与外界保持密切联系，及时捕捉商机，避免和化解危机。尤其是在环境日趋复杂、瞬息万变的情况下，与外界保持良好的沟通状态，及时捕捉商机、避免危机是企业管理人员的一项关键职能，也是关系到企业兴衰的重要工作。

二、管理口才的特征

社会学家和传播学家拉斯韦尔认为，沟通就是“什么人说什么，由什么路线传至什么人，达到什么结果”。口头语言沟通形式是人们最常用的一种沟通形式。按照发生的不同方式，组织管理中的口头语言沟通形式又可分为大型会议、演说、小组会议、讨论、正式交谈、私人交谈、访谈、闲聊等。管理岗位上的干部，具有特定的身份权威，承担相应的责任。长期以来，管理工作中存在这样的误区：习惯于以直接下命令的方式来实现其领导作用。实际上，这是对领导能力的一种误解。要想使自己向下沟通的渠道畅通有效，这其中蕴含着管理沟通的基本原理和语言特征，需要管理者领悟与把握。

(一)权力性与非权力性相结合

管理者通过向下沟通的方式传送各种指令及政策给组织的下层，其中的信息一般包括以下方面内容：有关工作的指示，工作内容的描述，员工应该遵循的政策、程序、规章等，有关员工绩效的反馈，希望员工自愿参加的各种活动。通过形式多样的语言沟通，可以使下级部门和团队成员及时了解组织的目标和领导的意图，增加员工对所在团队的向心力与归属感；也可以协调内部各个层次的活动，加强组织原则和纪律性，使组织机器正常运转下去。当管理者作为组织机构的代表传达这些指令及政策时，语言应当具有权威性，不可信口开河，措辞要有分寸，表达要谨慎，自觉规范和约束自己的话语，抓住主要问题，阐明问题实质，表达严密，出语准确。权力性讲话适用于上传下达、宣布奖惩、执行裁决、新闻发布等。

同时，管理者也是人，如果一天到晚板着一张脸，他的管理工作恐怕开展不下去。作为领导一定要克服专制、蛮横的作风，代之以坦率、诚恳，求实的态度，利用一切谈话机会，尤其不应该放弃正式的谈话机会，在彼此毫无戒备的心理状态下，哪怕是只言片语，有时也会有意外的信息。随意性的谈话(非权力性讲话)适用于上下沟通、需要交流思想感情的场合。诸如征求意见、协调对话、个别谈心、调查访问、学习讨论等。

(二)原则性与灵活性相结合

现代企事业单位的管理，强调组织结构中管理权利与义务的划分、权力划分与责任

划分，并使二者匹配。各部门与层次的人员则需要事先或事中达成一致共识，沟通的过程也必须引导和支撑着共识达成的过程，鲜明地显示语言沟通的重要性。

原则与灵活是一对矛盾的统一。原则性是指领导者不能用自己的话语否定上级或集体的决定与意见；不能随便表态答复或做出许诺；不能想当然地评价某人、某事；不能随意传播小道消息或泄露机密。灵活性是指管理制度的基本原则做指导，联系本地区、本单位的实际，执行政策、传达指示要抓住实质，融会贯通，用自己的话、个性的语言加以宣传，而不是照本宣科；答复问题灵活委婉，而非人云亦云，表扬批评要举一反三，不能过分机械呆板。

领导者的工作并不是人们所想象的那样总是提供答案。好的领导者往往并不急于解决问题，而是表现出非凡的提问能力，不停地提问，“如果……会出现什么情况呢?”“为什么我们不……呢?”以及“怎么样才能……?”看似不经意，却对在场的人形成很好的启发。

很多人都抱怨制度限制了他们的行为，而康柏电脑公司总裁谢克却说：“大公司的条条框框不会束缚一个管理者的手脚。规章制度只规定了一些基本的东西而已，还留有很多空间供个人发挥、个人创意。很多人没有创意，没有把东西做出来，就归咎为规章制度对自己的束缚。实际情况不是这样的。”例如：

某公司一员工小张每天骑自行车上班。这天因路上发生交通事故，道路被看热闹的人围得水泄不通，他只好绕道而行，到公司已经迟到半小时。按照公司规定，迟到一次，要扣除50元，并且这个月的300元“全勤奖”也要扣除。小张家境非常困难，为了避免“损失”，小张找到赵主管，说明特殊情况，请求免除处罚。赵主管说：“你看，规矩是公司定的，按照规章制度办事，对事不对人，我也只是一个执行者，还希望你能理解。违反了公司规章制度，肯定要照章办事。这样吧，你家庭有困难，罚款就从我的工资里扣除。否则咱破了这个例，后面该怎么说服别的员工呢？你说呢?”小张急忙说：“别，别，赵主管，哪能让您出呢，我明白了，我服从公司的制度。”

赵主管先从“理”出发，说明按照规章制度办事是必须的，后从“情”上告诉小张：从私人情感上来讲，我愿意帮助你。这个理，就是原则性，而情，则是灵活性，两者常常是可以兼顾的。

(三)理论性与通俗性相结合

领导者的风度、话语的果断、遇到问题从容自如地分析以及对某些关键事情的决策，都是领导头衔的丰富内涵。富有理论性乃至哲理性的语言也往往由于不同的表达而每次都能引起人们的兴趣。尤其是管理者，在谈话中运用哲理性语言，可以起到精辟、深邃和简练的效果，可以使自己的言辞更有力量。一个人的话语是否有哲理，能否形成出色的个人魅力，反映出说话者思想的成熟程度。所以富于理论性和哲理性的话语常常可以产生一些统摄效应，将听众的敬佩保持下去。

在沟通中，领导者不能一厢情愿地认为所有人都和自己的认识、看法、高度是一致的；或者居高临下地自视为“阳春白雪”。对待不同的人，要采取不同的方式，要用大家听得懂的“语言”来沟通。形象性的语言听众容易理解接受。例如：爱因斯坦在初创相对论时，很少有人能读懂他的相对论著作。一次，有人要求他用最简单的话来解释他的相对论。爱因斯坦这样说："如果你同最亲密的人坐在火炉边，一个钟头过去了，你一定会觉得好像只过了五分钟；反过来，如果你一个人孤孤单单地坐在热气逼人的火炉边，虽然只过了五分钟，但你一定觉得像坐了一个小时那样长。这就是相对论。"相对论是抽象的科学理论，一般人很难理解。爱因斯坦通过具体例子解释了自己的高深理论。理论是抽象的，而例子是通俗具体的，其形象性的语言确实寓意明晰浅显，就自然能够让听众很容易接受。如何让文化水平不高的干部群众都能领会党的政策或理论知识，就要求我们的领导者有将理论通俗化的本事。

（四）果敢性与兼容性相结合

果敢是指讲话交流过程中，遇到需要当机立断做出决定、明辨是非的问题，需毫不犹豫地以言辞勇敢地予以宣布。这种心理必须果断、坚决，也不可能允许说话人作全面、反复、认真的思考。果敢不是妄断。妄断是情况不明，毫无把握，乱碰乱撞。而果敢是对情况有所了解，并有一定的心理反应的自信。比如某织布车间有一工人由于违规操作，出现重大事故，该工人的手指被机器绞断。作为车间主任，立马派工友将受伤者送进医院，抓紧时间挽救受伤者，然后才向上级主管汇报情况。该车间主任的果敢做法体现了以人为本的指导思想，无疑是正确的。

管理者在进行管理的过程中，千万不要存在任何的优越感。用一种优越于员工的态度与员工交谈会让管理者很快地陷入不利的地位，进而失去交往的机会。有些管理者认为自己的能力非常强，员工的能力简直可以忽略，于是在管理的过程中，滔滔不绝地发表意见，不断地和员工争辩甚至反驳员工的意见等，这些都是认为自己有优越感的表现。殊不知真正决定管理是否有效的不是管理者的优越感，而是员工的配合。优越感太强的管理者是很难得到员工认同的。管理者的想法是说给员工听的，是要在员工身上起作用的，因此，管理者的语言一方面应该体现高屋建瓴的水平，另一方面又应该有较强的兼容性，也就是要有虚怀若谷的精神，能听得进上级的批评，也能吸取群众的不同意见和建议。善于激发员工讲话的愿望，可以在感情交流的过程中完成信息交流的任务。

三、管理口才技巧

管理者要想获得较大的成就，就必须从多方面努力。知识丰富、逻辑性强、幽默机智；诚信守时、豁达大度、心态开放；发音清晰、语调平和、仪态风度好等都是有效沟通的特质，并形成领导特有的影响力、魅力。所以，管理者需要提高自己的沟通能力，那么这种能力无非是两个方面的体现：一是提高理解别人的能力，二是增加别人理解自己的可能性。

通常人们将管理者称为"上司"或"领导"。领导才能不是表现在告诉别人如何完成工作，而是使得别人发挥能力完成它。只有这样，部门成员会更忠诚、更有凝聚力、更有活力。在实际管理工作中，不能只重视管理者自身的带头示范作用，却忽略了跟员工的语言沟通。尤其是上、下级之间坦诚的内心的感受、想法，包括痛苦和期望；但不能一味地抱怨、责备，乃至批评。下面介绍两种常见的方法。

(一)下行沟通口才技巧

1. 谈心的语言技巧

谈心是人们传递信息和情感、增进彼此了解和友谊的一种方式。管理者应有计划地与员工谈心。

首先，真诚沟通，积极倾听，尽量贴近下属。沉默的员工就是一扇关闭的门，如果管理者在交往中缺少真诚，自然就让对方无法对其产生认同感。管理者沟通成功的关键就在于在谈话中注入真诚，并将自己的心意传递给对方。只有当员工感受到管理者的诚意时，他才会打开心门，接受管理者的说话内容，实现和管理者的沟通，进而和管理者形成良好的关系。为了表达自己的真诚，管理者要尽量贴近下属，平等相待。大家都知道，员工面对上司，有各式各样的心态：试探、戒备、恐惧、对立、轻视、佩服、懊恼、激动、喜悦，等等。因此，作为上级讲话，应该避免自鸣得意或采取命令、训斥的口吻说话，而要放下架子，以平易近人的态势寻求沟通。此时如果管理者自爆“弱点”，说自己在人际交往中很笨拙，因此在交往的过程中有什么得罪的地方或者言语有什么不妥的地方，还希望员工能够提出批评意见。诸如此类真诚的表现，往往能够赢得员工的认同。谈话是双边活动，只有感情上的贯通，才谈得上信息的交流。同时，沟通中注意关心员工，倾听员工的声音，并认真分析，适当地给予帮助。

其次，平等和谐，给予信任，多作换位思考。管理者如果能够换位思考，站在他人的立场上分析问题，就能给人一种为他人着想的感觉，这种以心换心的技巧常常具有极强的说服力。例如，某市一位市长在与大学生座谈改善伙食问题时说：“看到大家，就想起了我的大学时代，年轻了许多，那时我也很关心伙食的好坏，我想你们也和我那时一样吧？今天，我就是来和大家一起商谈伙食问题的。”市长此时并没有标榜自己的权利、地位，而在学历、经历、态度、价值观乃至年龄等方面努力拉近和学生们的关系，尽量缩小彼此之间的差异，以便平等地进行交谈。由于差距缩小了，说话的影响力也就加大了。这次座谈会开得气氛热烈，大家畅所欲言，提出了许多问题，也当场解决了不少问题。

最后，保持理性，适当暗示，恰当使用肢体语言。肢体语言是一种无声的语言，“一个拥抱，温暖你我”，管理者与下属沟通时，如果恰当运用肢体语言，如点头、握手、拍拍肩、摸摸头等，有时会有意想不到的效果。

2. 激励的语言技巧

激励是一个心理学的术语。它是指心理上的驱动力，含有激发动机、鼓励行为、形成动力的意思，也就是说，通过某些内部或外部刺激，使人奋发起来，去实现特定的目标。管理过程中的激励，就是通过设计一定的中间因素，从外部施加推动力和吸引力，增加员工实现自己目标的愿望。激励体现在对员工进行管理的每个细节之中，不管是人员的招聘录用，还是绩效考核、职业生涯管理，在这些具体的管理过程中都融入了一些共同的东西，这些都是管理者在日常的管理中需要时刻注意的。

(1)认可激励员工法

大量数据调查结果表明，不同工作环境下的员工心目中最有力的激励因素就是认可激励法。认可的方式可以是多种多样的，它包括奖金、晋升、度假、表扬，也包括提高个人威信、得到同事的信任、看到自己的工作成效等。在对员工进行认可时，应注意以下几个方面：

①讲明褒奖的原因。可以进一步体现管理员工对下属的关心和表扬的诚意。比如："老张，你今天上午的事处理得很恰当。我之所以认为你处理得很恰当，是因为你极其耐心地接纳顾客的投诉、委婉地解释、调查顾客意见并及时采取补救措施。"这要比只说前一句话的效果更佳。

②褒奖要具体。管理人员如能进一步说明下属为工作所花费的精力和心血，更能打动下属的心。例如："小王，你这份策划书写得很好，所包含的内容全面，而且角度很新，看得出你花费了不少心血。据说你昨晚加班到凌晨两点，真是辛苦你了。"

③恰当运用对比。运用对比可使表扬更有说服力。例如："小李，你的画比以前进步很多。"

④褒奖要诚恳。避免空洞、刻板的公式化的夸奖，或不带感情的机械性的话语，"放职员工而皆准"，令人有言不由衷之感。

⑤褒奖要及时。员工工作做得好，要及时表扬，不能拖延，如果拖延数周，时过境迁，迟到的褒奖就会失去原有的味道和激情，再也不会令人兴奋和激动，而且时间长了，员工的积极性就会消退。

总之，要奖员工之所需，投员工之所好。对同一种奖励，不同的人体验到的价值感是不同的，它所具有的吸引力也不同。将报酬个别化以适应不同的员工的需要是十分重要的。

(2)批评激励员工法

俗话说："人非圣贤，孰能无过？"但如何指出这个"过"是具有一定学问的。批评的目的是使过错不再发生，是对行为的否定性反馈或负面强化。有效地批评并不是一件很容易的语言行为，它是有一定规则技巧和禁忌的。比如，哪些话能说，哪些话不能说，哪些事能提，哪些事不能提。这都需要每个领导者在实践中细细体会。

一般来说，应该避免如下几种批评方式。

①骂人式批评。有些领导，面对下属工作上的失误，常常会暴跳如雷、口不择言，与其说是批评下属，倒不如说是由于领导忍不住、控制不了自己的愤怒，是一种发泄。领导在批评员工时必须以事实为根据，只评论目前的事情，指出其错误所在，不要说"真没见过你这样的糊涂虫""你以为以后你会有多大出息""你是个骗子"之类的话，对对方人格的侮辱、前途的否定，是最伤人心的。哪怕是以理服人，首先必须奠定感情基础。感情融洽了，正确的思想就易于被对方接受。否则，容易因冲动而失去理智。因为这种情绪有极强的感染力，一旦对方感觉到这一点，会立刻激起同样的情绪，抛开领导的批评内容，计较其态度来。这种互为影响的情绪会把批评带入僵局。

②不择时机和场合批评。沟通要选择有利的时机，采取适宜的方式。首先需要一个沟通前的心理准备，也是一种情绪管理。原则上讲，批评时，最好一对一，避开耳目；而且不宜当着他人的面训斥下属。因为这样做，对方会感觉当众出丑而特有羞辱感，从而为维持自尊心而产生强烈的抵触情绪。常言道："人要脸，树要皮。"即使明明知道自己错了，但在众人面前也要"死扛"。这种情况下，最聪明的做法是，给他留有余地，让他不失体面地听从你。

"良药苦口，忠言逆耳。"如何才能找到一种正确的批评方法，使言忠而不逆耳，从而避免被批评者的不愉快情绪呢？从管理学的角度讲，批评既是一种方法，更是一种艺术，应掌握以下几种正确的批评方法：

①糖衣式批评。管理者在批评之前，应先给对方一些安慰，例如：鼓励、关心等。否则，动机良好而效果不佳。所以，不妨先肯定其良好的愿望，然后再分析错误的原因，这样就容易让人接受了。

②暗示式批评。暗示式批评的方法是一种很好理解的方法，即采用声东击西的办法，让别人慢慢觉察自己的过失，这与模糊式批评有异曲同工之妙。这种批评既照顾了别人的面子，没有指名；而实际又指出了问题所在，并且在表述上有较大的回旋余地。这样也可以避免直接点名批评的一些负面效应。

暗示的方式方法有很多，例如以下的方法：第一种，可以借用"第三者"的口吻来表述自己的批评意见。因为在一般人的观念里，总认为"第三者"所说的话比较具有客观性，较为公正。例如，假借上级或顾客的反应来"迂回侧击"。第二种，采用名言、俗语或楷模来作为正确做法的标榜，暗示下属的错误，则可以使其自觉并真切感受到上司的大度与关爱。

③启发式批评。忠告也好，批评也罢，都要明确目的是帮助教育人，使其按正确的方向发展进行。如果不能起到这个作用，批评的目的就没有达到。管理工作中，大多数上司在批评时，往往把重点放在指责下属"错"的地方，却不能善意地指明"对"的应该怎么做。这实际上成了废话，在下属看来，更多感受到的是个人的不满意。因此，最好的批评应该是探讨式的。站在对方的角度分析错误的原因，寻求正确的做法。如上级认为下级的汇报中有什么不妥，表达更要谨慎，尽可能采用劝告或建议性的措辞："这个问题能不能有别的看法，例如……""不过，这是我个人意见，你们可以参考"等等。这些话，起到了一种启发作用，主动权仍在下级手中，对方容易接受。这样，下级才会敞开心扉。

④选择适当的场合和时机。作为管理者，沟通之前需要有一个心理准备。如果手下员工尽了最大的努力而事情也没有办好，最好的办法就是先不要批评，而是有几句暖心的话送给他们，比如："辛苦你了！""你已经尽了最大的努力！""这事的确比较难办！"之类的安慰话，接下来再与手下员工一起分析失败的原因，手下员工就会欣然接受你的忠告了。

⑤批评的禁忌。批评的话语要力求简明，防止喋喋不休地列举对方的过错。如果批评多次都没有解决问题，那就要考虑其他的原因或方式方法了。

避免直截了当的攻击。"你怎么能这样做呢？""长没长脑子呀？""你不想干了可以到别的地方去呀!"之类的话语不属于批评语，这样的话只能伤害对方的心，激起对方的反感。而"你没必要失去信心"，"如果你认为我说得对，有道理，你就听听，好吗?""我希望你不要让我失望。"之类的话则能使被批评者感到你对他的尊重和体谅，使下属感到上司的温情。

另外，在提意见或批评别人时，用其他"优秀分子"来"相互比较"是最忌讳的。

(二)上行沟通口才技巧

管理人员往往少不了上传下达，前面主要探讨了由上而下的领导性沟通，下面着重探讨与上级有效沟通。

向上级沟通主要是指团体成员和基层管理人员通过一定的渠道与管理决策层所进行的信息交流。向上级沟通的管理意义在于员工可以直接把自己的意见向领导反映，获得一定程度的心理满足；管理者也可以利用这种方式了解企业的经营状况，与下属形成良好的关系，提高管理水平。现代管理方式强调信息反馈，增加员工参与管理的机会。

现实职场存在两种向上沟通的毛病：一是沟通频率过高。为了讨取上级领导的欣赏与信任，或让领导更多地了解自己的工作业绩，有事没事、有空没空经常往领导办公室跑，既影响了自己工作的进展，又给领导造成干扰和低效率；二是沟通频率过低。很多下属以为自己干好本职工作就行了，至于是否向领导汇报工作进展情况，则根本不重要。原因是，事实上不汇报我的工作也已经圆满做完了。由此造成了应该按照要求及时汇报时也不汇报，使领导对于基层具体工作失去了必要的信息反馈。

上司也是人，作为人，总会犯错误的。当你发现你的上司错误地制定一项方案或发出错误的指示时，作为下级，你会处于一个很尴尬的境地，按照上司的指示，最终的结果势必会出现错误的结论。那么，如果直接指出上司的错误，会得罪上司，还会使上司丢了面子，从而也会导致你与上司的关系紧张。因此，学会说"不"是非常重要的。

1. 语气委婉，措辞恰当

掌握进言的技巧，才会使你的建议或意见显得更加中肯，易于被领导接受。否则，不但不会被采纳，反而会给领导留下不好的印象，甚至遭到打击。因为说得过火或过于渲染，涉及领导的尊严与权威，尺度掌握不好，就会有嘲讽、犯上之嫌，被领导误以为心怀不满，另有所图。对于那些强力相谏的人，上司头疼的不是他提的意见，而是提意见的方式。

例如："经理，您刚才说的观点完全错了，我觉得事情应该这样处理……"或者"经理，您的办法我不敢苟同，我以为……"这些方式首先否定了经理的意见，自然后面的观点让上司脸上挂不住，故一开始就产生了对下属意见的抵制思想。所以下属一定要注意使自己的口气和缓，显示出自己诚恳和尊敬。特别是要使领导明确地认识到，你的所作所为都是出于对工作的负责，是为领导设身处地地着想，而不是针对领导本人有不恭的看法。

2. 把握时机，注意场合

在你向上级提出建议之前，要把握好时机，最好向他的秘书打听一下他的心情好不好，如果上司心情不佳，就不要再提要求；上司工作繁忙时，也不要去找他，以免达不到你的目的。

同时，提建议或劝谏时，最好能在私下的场合，而不宜在公开场合或是有他人在一旁的情况下。因为在私下里，即使你对领导有所触痛，如果言之有理，领导也会采取比较宽容的态度，并会较好地接受，而在公开场合，这就涉及领导的尊严和权威问题，他会十分在意这一点，往往情绪压过理解，面子高于道理，这对于下属无疑是自找麻烦，即使一片好心，也很难有好的回报。

3. 善于征询，巧妙建议

下级对上级说话，还要注意多“引水”，少“开渠”。意思是说对上级“进谏”不要直接去点破上司的错误所在，或越俎代庖地替上司做出所谓的正确决策；而是要用引导、试探、征询意见的方式，跟上司探讨其决策、意见本身与工作实际的吻合情况，使上司在参考提供的资料信息后，水到渠成地做出正确决策。

戴尔·卡耐基曾经说过：“如果你仅仅提出建议，而让别人自己去得出结论，让他觉得这个想法是他自己的，这样不更聪明吗?”许多实践也表明，人们对于自己得出的看法，往往比别人强加给他的看法更加坚信不疑。因此作为一个聪明的下属，要想使自己的看法变成上司的想法，在许多时候仅仅做好引导工作，提出，提出建议、提供资料，其中所蕴含着的结论，最好留给上司自己去定夺。

一位美国教授曾经深刻地剖析了人性的弱点：“我们有时会毫无抗拒或被热情淹没的情形下改变自己的想法，但是如果有人说我们错了，反而会使我们迁怒对方，更固执己见。我们会毫无根据地形成自己的想法，但如果有人不同意我们的想法时，反而会全心全意维护我们的想法。显然不是那些想法对我们珍贵，而是我们的自尊心受到了威胁……‘我的’这个简单的词，是做人处世关系中最重要的，妥善运用这两个字才是智慧之源。”(詹姆士·哈维·罗宾森《下决心的过程》)教授的话告诉我们，人人都有自尊心，人人都有维护自己尊严的本能。作为下属即使在向上司“进谏”时也不要忘记维护上司的尊严。

在保持独立人格的前提下，应该采取不卑不亢的态度。在必要的场合，也不必害怕表达出自己的不同观点。只要从工作出发，摆事实、讲道理，领导一般是会予以考虑的。西方企业老板也不喜欢唯唯诺诺、一味沉默的员工，特别是对任何事情的讨论都是一个态度“我没有意见”的人。老板会认为这样的人对公司不关心，只有把公司当成自己的公司的人，才是一个优秀的员工。

4. 借助他山之石法

借助他人的观点和做法来替代自己的不同意见。有时，直接说出自己的意见比较为难，尤其面对的是老师、长辈或上级。此时，你可借助同类型的，对方也熟悉、或已经明确了的事例来替代自己的意见。同类型的，是指性质和类型相同的；对方也熟悉的，往往说服力强。比如，你可以这样说：“张三他们也有过这种事，他们就这样处理的，结果不错，我们是不是可以借鉴一下呢？”借助法，实际上就是用事实来说话。

拓展阅读

交际策略经典案例

交际策略是交际者为了保证交际能够顺利进行，达到某种交际目的而采取的一种有意识、有计划的措施或技巧。

一、幽默——再挤成相片啦

某天，在某公共汽车上人们因太过拥挤而抱怨不停。即使售票员扯破嗓子地叫着“不要挤”，仍无济于事。忽然，人群中一个小伙子嚷道：“别挤了，再挤我就变成相片啦。”听到这句话，车厢里立刻爆发出一阵欢乐的笑声，人们的烦恼无形中被抛到了九霄云外。此时，幽默起到了调解紧张的人际关系的作用。

二、委婉——优孟哭马

优孟，生卒年待考。春秋时期楚国宫廷艺人。以优伶为业，名孟，故得名。荆州人。从小善辩，擅长表演，常谈笑讽谏时事。

楚庄之时，有所爱马，衣以文绣，置之华屋之下，席以露床，啖以枣脯。马肥病死，使群臣丧之，欲以棺椁大夫礼葬之。左右争之，以为不可。王下令曰：“有敢以马谏者，罪致死。”优孟闻之，入殿门，仰天大哭。王惊而问其故。

优孟曰：“马者王之所爱也，以楚国堂堂之大，何求不得，而以大夫礼葬之，薄，请以人君礼葬之。”王曰：“何如？”对曰：“臣请以雕玉为棺，文梓为椁，楩、枫、豫章为题凑，发甲卒为穿圹，老弱负土，齐、赵陪位于前，韩、魏翼卫其后，庙食大牢，奉以万户之邑。诸侯闻之，皆知大王贱人而贵马也。”

王曰：“寡人之过一至此乎！为之奈何？”优孟曰：“请大王以六畜葬之。以垄灶为椁，铜历为棺，赍以姜枣，荐以木兰，祭以粳稻，衣以火光，葬之于人腹肠。”于是王乃使以马属太官，无令天下久闻也。

三、预伏——男孩打针不怕疼

一个小男孩由家长带着去打预防针。男孩看见针头来了，有点想躲避。护士阿姨说：“男孩子很勇敢的，流血不流泪，对吗？”男孩说：“对！”护士阿姨问：“你是男孩子吗？”男孩点点头，说“是”。护士阿姨立刻表扬他：“真棒！咱们男孩子最勇敢了，打针不怕疼，打了针不生病，对不对呀?”男孩忍住眼泪，勉强回答“对!”同时很配合地完成了打针过程。

拓展训练

一、根据下面的材料，结合激励口才(包括表扬与批评)的主要特点和技巧，对下面的案例进行分析。

(一)星期天早上，消防一连的刘某某和战友张某某在外执行工作中，因为争抢一个工具吵了起来，你认为连队领导应该如何正确对待战士的争吵？如果你是指导员，你会怎么劝解他们？

(二)临近高考，高三各门功课都抓得很紧，教语文的老师自然也把弦绷得紧紧的，可不少学生希望留点自由支配的时间，对老师管头管脚、死卡硬压颇为不满。一次，老师收作文时，一个同学不但不交，还向他发火：“现在还做啥作文？烦死了!”可老师当时只是低声提醒：“别嚷嚷，等一会儿再同你谈。”下课后，老师叫这个同学到办公室，他一进门就倔头倔脑，一副不服气的样子，老师该怎样跟他谈呢？请你针对以上事实，设计一个谈话方案出来，作为老师，你会采取何种方式与学生谈话？

思考提示：

1. 是否创造良好的交谈气氛。
2. 可以对表扬口才的主要特点和技巧进行评价。
3. 可以对批评口才的主要特点和技巧进行评价。
4. 可以对批评原则进行评价。

参考文献

1. 蒋红梅，杨毓敏主编：《演讲与口才》，清华大学出版社，2009 年 3 月版.
2. 许利平主编：《职业口才》，北京理工大学出版社，2012 年 8 月第 3 次印刷.
3. 王宏佳，徐清枝主编：《演讲与口才》，教育科学大学出版社，2011 年 8 月版.
4. 苏炳琴，曹丽娟主编：《演讲与口才》，中国商业出版社，2010 年 11 月版.

项目七

服务口才训练

任务九 服务客户

教学目标

1. 素质目标

(1)增强客户中心意识；

(2)养成谦逊有礼的职业习惯。

2. 知识目标

(1)了解服务口才的性质和特点；

(2)掌握服务语言规范和语言技巧。

3. 能力目标

(1)能利用服务语言的技巧得到客户的认同；

(2)能利用服务语言的技巧化解客户的异议；

(3)能利用服务语言的技巧正确处理客户意见。

情景训练

任务：为情景案例补充剧情，完成对白设计，有效地处理客户投诉。

一天，你的服装店来了一位顾客，他说上周在你店里购买了一件纯色毛衣，可是洗过一次后，毛衣就发生了缩水现象，客户非常生气地来投诉。

……

经过一番处理，客户满意地点着头，拿回他褪色的旧毛衣回家去了。

俗话说“良言一句三冬暖，恶语伤人六月寒”，语言是连接人与人之间的纽带，纽带质量的好坏，直接决定了人际关系的和谐与否，进而会影响到事业的发展以及人生的幸福。曾经，在一项对旅客服务满意度的调查中显示，服务语言是对服务质量评价的重要标准之一。在服务过程中，语言适当得体、清晰悦耳，服务对象就会有柔和、愉快、亲切之感，对服务工作产生良好的印象；反之，服务语言的不中听、生硬、唐突、刺耳，会让服务对象难以接受，甚至会引起服务对象的不满与投诉，给公司的信誉带来严重的影响。

案例导入

顾客李小姐新买的某品牌的手机出现了故障，可她忘记了该手机维修点的电话，于是只得拨打了销售电话。公司一位小姐接了电话后是这么说的：“怎么打到这里了？这里是销售，不管服务！”李小姐稍做解释后，那位小姐不耐烦地说：“你等着，我帮你看一下维修点的电话。”谁知李小姐这一等就是好几分钟，其间断断续续地从电话那头传来接电话小姐与同事聊天的声音，但是就是没有人再来回应李小姐。

思考与讨论：李小姐对这个品牌的手机还会有好的印象与评价吗？你觉得影响顾客对该品牌手机的印象及评价的原因是什么？如何改正顾客对于该品牌的认可度？

有一位漂亮的中年妇女去到一家皮鞋专卖店买鞋子，她左挑右选试了好长时间。这时，店里又来了两位客人，服务员看到就走过去热情地招呼新客人，这位中年妇女就不满意了，“服务员，你怎么走了，不招呼我了呀?”服务员说：“不好意思，其他客人来了我也要招呼啊!”中年妇女说：“可是，我先来的呀……”服务员说：“抱歉，我不仅要接待您，还要接待别人!”中年妇女一听，丢下试了半天的鞋子气呼呼地走了。

思考并讨论：是什么原因导致中年女客户丢下试了半天的鞋子走了？

基础知识

一、服务语言的概念

现代社会无论是哪个行业，都讲究服务质量。公务员、工作人员、经理、业务代表、营业员、服务员等，在接待顾客或上门服务的时候，除了必要的专业知识和技能之外，卓越的口才则无疑是提高服务质量的良方。服务语言，是指服务人员在接待客人过程中，通过与客人沟通、交际，以达到令客人满意的语言。

二、服务语言的特征

服务语言的总体要求是热情主动、顾客中心、机智风趣、客户满意。服务语言主要包含以下四个基本特征。

(一)真诚性

成功服务语言的魅力并不在于你说得多么流畅，滔滔不绝，而在于是否善于表达真诚。让顾客感觉亲切的人并不一定是口若悬河的人，而是感觉实在、真诚的人。用得体的话语表达真诚时，就赢得了对方的信任，无形中建立起人与人之间的信任关系，也可能由信任这个人而接受他的说法，并喜欢他的服务了。但是如果缺少诚意，那就失去了吸引力。如同一束没有生命的绢花，可以艳丽但不鲜活，难以形成魅力。因此，在服务过程中首先应该考虑到的是如何将真诚注入服务语言之中，如何将自己的心意传递给对方。只有当听者感受到诚意时，他才会感到轻松和舒适，从而接受提供的服务，乃至在彼此之间的沟通中产生共鸣。

(二)主动性

服务语言必须热情周到。在岗位上，工作人员要主动开口，主动询问客人，寻觅服务对象，而且用语需要情感化。中国有一句谚语说“人无笑脸莫开店”，这叫和气生财。服务人员应在顾客面前展露笑容，用热情的言辞为客人营造一个轻松、愉快的氛围，使顾客受到感染，心生愉悦，在精神上、心理上得到满足。

(三)尊敬性

在服务过程中务必要牢记时刻以客户为中心。强调顾客就是上帝，客户感觉好才是真好。例如，当请客户吃饭的时候，应该首先征求客户的意见，他爱吃什么，不爱吃什么，不能凭自己的喜好，主观地为客人订餐，这就叫摆正位置。

不断提高自身素质，掌握语言技巧，发自内心地给客人以充分的尊重和关怀。对客户多用尊称，多使用敬语；少用贬称，禁用鄙称。要讲得清，听得明，不用听者重复反问，注意倾听客户的意见。尊重自己尊重别人，恰到好处地表现出来，就能妥善地处理好与客户的关系。

(四)愉悦性

服务语言要讲究用词、造句和说话的语气。多用美词雅语，文质彬彬，对客人只称赞不指责，不用否定句、训诫句、命令句，避免直言“不”，服务热情周到方能使客人得到极大的满足。

三、服务语言的应用方法

(一)切合语境

服务语言在应用过程中必须符合语境。无论是时间、地点、场合，还是说话人的身份、性格以及说话的前后背景都应考虑到，尽量说好话，说让客人满意或舒服的话。

曾经有这样一个故事：从前，有一个大户人家生了个儿子很高兴，就决定宴请全村的人为其举办弥月宴。到访的人很多，主人很高兴就让把孩子抱出来给大家看看。有个人一看就说：“这孩子，眉清目秀将来肯定腰缠万贯啊!”主人很开心，请他上座。这时又来一个人说：“这孩子面相好，将来肯定能做大官!”主人听后心里乐开了花，也请其上座。这时又来了一个人，他说：“这孩子将来和我们一样免不了一死啊。”众人听后都很生气，主人也不高兴，将他轰了出去，他一脸委屈地说：“我说的都是实话呀，为什么大家都不高兴呢?”。

以上案例中，可以看到，三个客人为什么受到不同的待遇？重要的原因就是最后一位客人说话不注意场合和气氛，在喜庆时刻说出不吉利的话，虽是真话，却使主人不悦。因而，在语言交际时必须切合语言环境，无论是话题的选择、内容的安排还是语言形式的采用，都应该根据特定的场合需求来决定取舍，遵从语境，该说则说，不该说则不说。

1. 切合语境，说有效的话

服务员必须要考虑客人的身份、性格、心情等情况和当时具体的场合，契合对方的兴趣和需求，说有效的话以达到令客人满意，从而激发更好的交流。

案例分析

有一次，有一对情侣去一家餐厅用餐，因为靠窗的小餐桌都已经客满，所以服务员只能安排他们坐了一个大圆桌。过了一会又来了一群客人，服务员看小桌已经空出来，于是就对这对情侣说："你们二位请到这边来！他们人多，让他们坐大圆桌行不行?"情侣中的女士就不乐意了，"我们吃得好好的，为什么要调换呀？我们不换!"一时间，气氛较为尴尬。这时领班过来了，了解了一下情况，对这对情侣说："二位对不起了，给您添麻烦了！您看靠窗的小方桌清静，风景又好，非常适合二位谈话。这边人多嘈杂，如果你们不介意的话，我帮二位调过去，谢谢您的支持!"这对情侣态度平和了很多，最后愉快地答应了领班的安排。

从以上的案例中可以看到，领班是因为满足了顾客的心理需求，说有效的话，所以两位顾客最终同意调换位置，而第一位服务员没有站在客人的角度考虑，说话较为生硬，所以结果也不理想。因此，在与客人沟通时要尽量说有效的话，并尽量采用协商的口吻来说话。

2. 机智灵活，说明智话

(1)察言观色

所谓察言观色就是观察客人的言行举止，掌握客人的有关情况，洞察其需要、目的与心情，热情周到服务。服务人员应在服务过程中深入观察，对客人及其需求准确定位，给客人带来愉悦。同时在观察客人的需求之后还需要利用自己的服务技巧和语言能力处理妥当。

【案例】沿海某城的一家餐馆里，金碧辉煌，灯红酒绿，然而正中央的一张小方桌有三位客人正愁眉不解，似有不如意之事。这一切都被服务员小林看在眼里，她估计是客人对刚才递过去的账单有意见。小林满脸笑容，迈开轻盈的步子朝那位看上去是今晚做东的客人走去，亲切文雅地问道："先生，需要我效劳吗?"客人见状，便吐露了不快的缘由：他们三位坐下点菜时曾估算过这顿晚餐的价格在200元以下，可是账单上明明写着503元。他们弄不懂是什么原因，这家餐馆在社会上信誉还是不错的，不可能挥刀宰客……

小林听完先安慰客人，接着便到账台上去核查，她很快便搞清楚了缘由：问题出在那份酸熘黄鱼上。菜单上写明"每50克22元"而客人误以为一份才22元。那份黄鱼重

750克，应计价330元。小林在想，尽管账单上已经写明该菜价以重量计，但接受点菜的服务员少做了两件工作：首先，客人点酸熘黄鱼时，应追加一句，讲清该菜价以称重计价，这样可以避免客人的误解；其次，凡按量计价的菜肴，服务员更要把工作做到家，主动询问客人对数量的具体要求。有些酒店餐厅在客人点了海河鲜之后，员工还先用网兜把鱼拿去让客人过目后才下锅。这三位客人点菜后，服务员忽视了这两个环节，现在桌上剩余了小半条鱼，客人还要支付大大超出预算的钱，自然不满意了，餐馆也应承担一定的责任。

小林又回到餐厅，向客人检讨了服务工作的不足，随后又走进办公室，请示经理后决定给那顿晚餐以8折优惠。当小林把意见告诉客人时，客人愁云顿消，接着小林又把吃剩的鱼打包，并向三位客人致歉，原先满腹怨言的客人此时已露出感激的微笑。

在以上案例中，首先，小林具有强烈的服务意识，客人“愁眉不解”是被她看到的，而不是客人上门投诉的。她主动寻找服务对象，消除了一个可能导致“宰客”恶名的隐患，功劳极大。其次，客人没有看明菜单标示是客人的过错，但是小林把“对”留给客人，没有针锋相对指责对方，而是主动承担应负的责任，向客人赔不是，向经理汇报，为客人争取优惠，给顾客一个又一个台阶。再次，小林表现了一个经验丰富、责任心强的酒店员工的良好素质。她遇事不惊慌，镇静自若，在很短的时间里便摸清了矛盾的起因，找到了解决问题的关键，在全过程中始终和善可亲。最后，小林还把剩下的小半醋熘黄鱼为客人打包，显示了站在客人立场上维护客人利益的态度。小林的言行举止使得顾客的态度从有意见到质疑，到疑云顿消，再到满意，发生了很大的转变，最终，顾客满意而归，给餐厅留下了美好的印象。

相反，在服务中如果不能察言观色地说话，也许还会令顾客觉得尴尬。

案例分析

有一次，一位青年女客人到商场买袜子，买好以后，服务员还热情地对她说：“您还要不要看看童袜？这些童袜是新品，花色新，质量好，您买双带回去最好了。”刚一说完，同来的男客人便笑着对女客人说：“买吧，买给你的孩子穿吧！”女客人羞得满脸通红。服务员这才知道自己失言，十分难为情。这是对客人观察不够，判断不准确的结果。

在服务中，假如服务员能通过深入观察，对客人及其需求准确定位，那么就不会出现上面的情况，服务员的应变语言就会给客人带来愉快和喜悦。

(2)言之有度

“度”指说话的时机也指语言的分寸。言之有度就是要求语言适时、恰当、有礼地表达，使服务工作让客人称心如意。

案例分析

某酒店的餐厅正在营业，一位实习生服务员误将客人点的桂花鱼端上了另一桌。当这桌客人津津有味地品尝着桂花鱼时，点了桂花鱼的那桌客人正在为桂花鱼的迟迟未上而急催服务员。两桌客人都是餐厅老主顾，怎么办？餐厅的服务员标兵小李首先带着实习生到点了桂花鱼的那桌客人面前，温和地道歉："抱歉，让你们久等了！不知今天的桂花鱼为什么这么淘气，跑到隔壁桌上去了，害得你们久等不到，我们没看住，给你们带来不快，我当面给你们道歉了！请大家再耐心等一会，我们已经让厨师再做了，很快就可以上了！"客人听了这一席话，看他们满脸真诚，都笑了，很风趣地说："不就是一条鱼吗？下次看紧了！"小李说"谢谢各位了！"然后他们马上又到另外一桌的客人面前以恭喜的口吻告诉客人："你们成了我们店的幸运之星，这条桂花鱼将给你们带来大吉大利！让你们心想事成，恭喜各位了！"客人听后大喜，连连称好。

本案例中上错菜不只是服务员的问题，说明传菜员也没有把好关，导致上错菜。虽然上错了菜，顾客不仅没有发火，大家还都挺尽兴，主要是因为服务标兵小李的随机应变服务做得好。所以在服务过程中，餐厅管理人员应特别强调员工的随机应变能力，平时就应该训练员工营造轻松、幽默、和谐氛围的能力，力求遇到突发事件能够迅速处理，避免顾客产生不满情绪。

(二)认真倾听

有人曾问：听与说哪个更重要？据说有人是这样回答的："在交谈中，听比说更重要，不然为什么人只有一张嘴，却有两只耳朵呢?"这里，姑且不去评论这个答案是否有道理，但在服务中，乃至任何交谈中，倾听的确是非常重要的。听，不仅是接收信息的主要手段，而且是反馈信息的必经渠道。有关语言交际资料表明：在人们日常的语言活动中，"听"占45%，"说"占30%，"读"占16%，"写"占9%。也就是说，人们有近一半的时间在听，可见"听"在日常交际活动中的重要地位。

在服务用语中，倾听尤为重要。只有在听取客人的意见之后才能对客人的不满进行更好的化解或者改进。在面临客户投诉时，耐心地倾听是最基本的要求。当你认真听取客人的反馈时，客人才会觉得被尊重，此时对他的重视远远要比事件本身更重要。相反，恶语相向或者反唇相讥只会激化矛盾，甚至会激怒客人，带来更为严重的后果。因此在服务语言中学会认真倾听是极为必要的。

案例分析

一位客人对饭店主管说："贵店的卫生工作搞得真不错……"客人的话未完，就被主管打断了，主管十分得意地说："非常感谢您的称赞！"殊不知客人接着先前的话说："贵店的每一件餐具都沾着肥皂泡沫呢。"主管听了，这时才感到十分难堪，懊悔自己的性子急，倾听缺乏耐心，导致表错情了。

一位妇女走进超级商场，对服务员说："小姐，今天早上我买了一幅油画，您在找钱时算错了30元……""那你当时为什么不向我说明?"服务员微带愠怒地说，"可惜现在为时已晚，钱款当面点清，离开本店后概不负责。""那好"，妇女平静地说，"那我只好收下这多找的30块钱了！"服务员的倾听显然很没有耐心，不详细了解情况，就先入为主地断语，结果有负客人一片好心，给客人留下了不好的印象。

由以上案例，我们可看出，倾听是表示关怀的一种方式，也是友好的举动，它会使服务员打造融洽的人际关系，为事业的成功创造条件。出色的倾听有助于一个人与他人和睦相处，因为倾听可使对方感受到被尊重，促进双方在友好的氛围中交流。倾听可以增进对他人的了解，特别是服务员与客人初次见面时，彼此不熟悉，服务员要了解对方，主要途径在于倾听。通过倾听可以了解对方的需求、目的和心情等，便于自己采取恰当的谈话方式。如果服务员不重视倾听或倾听的方式不对，就无法了解客人所需。所以，服务员要掌握倾听的要领，克服不良习惯，做到善听善说，更好地为客人服务。

四、服务语言使用技巧

(一)服务语言慎用否定语或负面语言

什么是负面语言？比如说，我不能、我不会、我不愿意、我不可以等，这些都叫负面语言。那么，当你向客户说出一些负面语言的时候，客户就感到你不能帮助他。客户不喜欢听到这些话，他只对解决问题感兴趣。客户服务人员应该告诉客户，能够做什么，而不是不能做什么，这样就可以创造积极的、正面的谈话氛围。

例如，客户说："我要退货!"你的回答有两种：第一种，"对不起，您不能退货"；第二种，"对不起，您不能退。但我可以帮您反映一下，和我们领导说一下"。相信第二种会比第一种回答的效果好很多。再例如，当客人准备抽烟时，服务人员明知道客人此时抽烟不合适，但是不能直接说："先生，这里不能抽烟，这里是禁烟区。"这样客人就会觉得有损面子。可以换成温馨提醒："先生您好！我们公司提供了专门的吸烟区，如果您需要吸烟，请随我来!"这样，不仅显示了为客人服务，对客人的尊重，同时又提醒了客人此时不能在此处吸烟。因此，在与客人交谈时，注意慎用否定语或负面语言，可以将否定语换成肯定语或温和缓解的语言，比如，"不好意思""抱歉""打扰了"等，这样客人就比较容易接受。

(二)多用谦恭词而少用命令词

大家可能有留心到不少快餐行业在服务中经常使用到的七大服务用语："欢迎光临!""非常感谢!""请您稍等""很抱歉，让您久等!""请您慢用""对不起""感谢您的光临"等。这些谦恭词会让客户觉得舒服、满意，认为服务员文质彬彬，非常有礼貌，能为公司加分不少。在接待或服务过程中要尽量避免使用命令词。例如：有位客人等不及，去厨房催菜，如果采用"先生，请您出去，厨房是不能进去的"这样的命令式口吻，就会让客人觉得尴尬，很不高兴，甚至会与服务人员吵起来。但如果你这样说："先生，您有什么需要？或者您有什么事让我来帮您，请您在座位上稍等，我马上就来好吗?"可能效果就会好很多。因此，经常将"这样可不可以?""您还满意吗?"之类的征询语加在句末，显得更加谦恭，服务工作也就更容易得到客人的支持。

(三)服务语言中总有一个"因为"

在与顾客沟通或交流时，总有一个"因为"，不能等顾客来问"为什么"。例如，顾客来退货，你不能直接回答"对不起，不能退货"，那客人会疑惑"为什么不能退?"然后大吵起来，激化矛盾。但是你可以告诉顾客："对不起，这位女士，我不能给您退货。因为我们给您开具的发票上有写：产品超过7天以上非质量问题不予退货。"这样，顾客就会明确你的要求及目标，也不会纠缠半天才被告知不能退的原因。矛盾一旦激化，所面临的影响或后果将难以挽回，所以不如明确告知顾客原因。

(四)服务语言的正反话语

有时候在为顾客服务时，既不能违心地夸大商品，又不能不给顾客明言商品的缺陷，这就需要对服务用语进行艺术化的处理，保证既完成厂家的要求，又给顾客以选择的机会。在谈正负面因素时，需要注意的是，宜将正面因素放在后面，因为最后说出的话会给对方留下更深的印象。例如“和尚抽烟念经”这句话，初听大家会觉得有点别扭，可是细想也无不妥：和尚抽烟，但是他还是很虔诚的，依然念经。只能说明他是一个会抽烟的和尚。可是如果换一种说法：和尚念经抽烟，仅交换语序带来的感受却是完全不同的，大家也许会认为和尚在念经的时候还抽烟，这是一个典型的烟民。所以在服务中有正负因素时，一定要将正面因素放在后面讲。例如：

这块蛋糕热量低，但价格稍微有点高。(强调价格)

这块蛋糕价格稍高些，不过热量低。(强调热量低)

如果要这个菜，虽然会等一段时间，但是味道很不错。(强调味道)

如果要这个菜，虽然味道很不错，但是会等一段时间。(强调时间)

(五)服务语言尽量带有附加语

人和人之间友好的交流可能是从一个眼神或者一个微笑开始，但是在服务语言中，和客人进行更加友好的交流有时或许就是从添加附加语开始的。对客人多使用礼貌用语会让客人感到被尊重，而偶尔一句关心的附加语则会让宾客有更加贴心或温暖的感受。例如，在客人临走时，一句：“明天是周末了，看您这么辛苦，好好休息一下吧！”“谢谢光临，请检查下，不要落下什么东西哦！”或者客人光临时说一句“欢迎光临！啊！小宝贝真是太可爱了！”等，看似简单的附加语却在无形中拉近了服务人员与客人的关系。客人会觉得，所得到的不只是一句简单的礼节性的问候，而是感受到友人般的关心与关怀，从而对你产生好感，更加认可你的服务。

(六)学会运用幽默

幽默的人无论走到哪里都会给别人带来无尽的乐趣，所以在服务用语中我们也应该学会运用幽默来化解尴尬或者是矛盾，带给客户更多愉悦的体验，同时也能使你赢得更多的肯定。

案例分析

在一家高级餐馆里，一位顾客坐在餐桌旁，很不得体地把餐巾系在脖子上。餐馆的经理见状十分反感，叫来一个服务生说：“你去让这位绅士懂得，在我们餐馆里，那样做是不允许的，但话要尽量说得和气委婉些。”服务生接受了这项任务，来到那位顾客的桌旁，有礼貌地问：“先生，您是想刮胡子，还是理发？”那位顾客愣了一下，马上明白了。

一位年轻人去商店买完烟后，便点燃大抽起来。营业员说，按店规，这里不能抽烟。年轻人反问，不准抽你们为什么要卖呢？营业员无话可说，结果和年轻人吵了起来。这时，经理来了，听了年轻人的话后，笑着拍了拍年轻人的肩膀说：我们商店还卖手纸呢，你总不至于要……年轻人一听，连忙掐灭烟头，红着脸走了。

经理的话是幽默的，也是对年轻人的反驳，潜台词是，按你的逻辑我们商店卖烟你就可以在这里抽烟，那我们商店还卖手纸呢，你总不至于要在我们商店大小便吧！经理在这里用了归谬法，把年轻人的谬论一下子暴露出来，所以年轻人自觉没趣，只好溜了。

由以上案例可以看出，幽默在服务语言中，甚至是人际交往中都可以起到良好的沟通效果，所以不妨让我们多给自己增添一点幽默的魅力吧！

拓展知识

处理客户投诉的技巧

1. 有效倾听顾客抱怨

为了能让顾客心平气和，在倾听时应该注意：当客户说出他们心中的抱怨时，只要认真倾听，并对他们的感受表示同情，就可以赢得他们的心。要知道，即使是这种喜欢挑剔的客户，或者甚至是那种脾气最火爆的客户，也常常会在一个具有忍耐心和同情心的倾听者面前，让态度变得缓和起来。当客户正火冒三丈地倾吐自己的抱怨与不满的时候，倾听者应当保持足够的耐心去听，而且只是认真地倾听客户的谈话，不要做任何的反驳，否则只会让客户更加坚持自己的观点，使事情更加难以处理。

2. 让顾客先发泄情绪

如果顾客还没有将事情全部述说完毕，就中途打断顾客，做一些辩解，只会更大地刺激顾客的不满情绪。应该让顾客把要说的话以及要表达的情绪都充分地发泄出来，这样可以让顾客尽情地发泄了不满情绪后有一种较为放松的感觉，心情上也能逐渐地平静下来。

3. 确认问题所在

倾听不仅是一种动作，还必须认真了解事情的每一个细节，确认问题的症结所在，并用纸笔将问题记录下来。如果对于抱怨的内容不是十分了解，可以在顾客将事情说完之后再请问对方。不过不能让顾客产生被质问的感觉，而应以婉转的方式请对方提供情况，例如："很抱歉，有一个地方我还不是很了解，是不是可以再向您请问有关……的问题。"在对方说明时，随时以"我懂了"之类的回应来表示对问题的了解状况。

4. 诚心诚意地道歉

不论责任在谁，想要很好地化解矛盾，都应该诚心诚意地向顾客道歉，并对顾客提出的问题表示感谢，这样可以让顾客感觉受到重视。表达歉意时态度要真诚，而且必须是建立在凝神倾听了解的基础上。如果道歉与顾客的投诉根本就不是一回事，那么这样的道歉不但无助于平息顾客的愤怒情绪，反而会使顾客认为是你是在敷衍而变得更加不满。

5. 实实在在解决问题

解决问题是最关键的一步，只有有效、妥善地解决了顾客的问题，才算完成了对这次投诉的处理。问题解决得好，顾客感到满意，下次自然还愿意来这里购物；如果敷衍了事，顾客更加不满，或闹得更大，或以后永远都不再光顾了。一般来说，如何平息消费者投诉呢？这就需要我们讲究方法：除了马上作出一定的补偿之外，还要当着消费者的面把投诉意见记录下来，并对消费者表示深深歉意，告诉消费者其意见对我们的企业很重要，并留下消费者的联系方式，由市场或公司的售后服务人员再邮寄感谢信过去，或者再寄上一两件产品请他免费使用，这样的成本付出最多不过几十元，却能够在一定的范围内获得良好的口碑宣传。

案例欣赏

布猴风波

一位顾客来到商场生鲜部购买商品。当时顾客带的小孩又哭又闹，一位员工看到后，就顺手拿了一个布猴递给小孩(卖场里装饰有许多布猴，但也是商品)，并说："送给你玩吧。"小孩拿到布猴后就不再哭了，顾客挑好商品后就去收银台进行结算。顾客出收银台时，防损员发现小孩手中的布猴未买单，就对顾客进行提示，要求顾客补单。顾客很恼火："是你们里面的员工把布猴送给我小孩玩，怎么现在又要求买单?"防损员说："我们的员工没有权力把商品送给您。""哦，那你是说员工没送，是我偷了你们的东西?"顾客认为防损员的语气态度不好，反过来要求防损员向他道歉。防损员认为自己的做法没有错，未当面道歉。顾客就亮出了她的警察证，对防损员说："你说我小孩偷了你们的东西，你侮辱了我，侵犯了我的权利，你必须向我道歉。"防损员认为自己没有做错，依旧没有当众向顾客道歉。顾客就去前台进行投诉，并扬言要将此事投诉到报社。前台接待处给顾客留下了防损部的电话。顾客回去后又给防损部打电话，防损部主管给顾客解释道："不管当时事情是怎样的，我们的员工都没有权力赠送商品，但不管错误是怎样出现的，只要您在我们商场有不愉快的消费体验，都是我们的服务没有做到位。我在此向您表示道歉，并欢迎您能再次光临我们商场。"顾客表示她本来已经对这家店商场失去信心，这样一来，她还是相信这家店商场的。

案后语：1. 作为营业员，拿一只布猴安慰小孩的服务意识是对的，但是，应向顾客讲明此布猴是商品而非赠品，更不应随便承诺，让顾客产生误解。

2. 收银员的防损意识有待加强，在顾客买单时未发现小孩手中的布猴，若每位收银员都这样粗心大意，商品的流失量可想而知。

3. 防损员的防损意识较强，但与顾客沟通时不注重方式，最终导致了顾客投诉。

4. 在竞争激烈的零售商业行业，如果不加强从业人员的服务意识和技巧，那么，企业在竞争中将处于劣势。无论是零售业，还是任何服务业，身为其中的意愿，都有让顾客"乘兴而来，满意而归"的责任，同时也肩负着保护公司财产的责任和义务。

拓展训练

一、小组收集客户投诉的处理案例，以情景剧的形式登台展示。

二、情景任务训练：请补充案例情节，完成服务过程，使顾客满意。

曾经在一个商场中有个贵妇看中了一款紫黑色的裘皮大衣，在她试穿后更为满意，正准备要购买的时候，售货员说了一句话："这位女士，您真有眼光。这是我们本季推出的最新款。很多人都特别喜欢呢！"没想到听到这句话后，贵妇的神情稍微变了一下，迟疑了一下说："不好意思，这件衣服我暂时不想要了。谢谢！"

售货员特别纳闷，眼看着客人准备要购买了，怎么又决定不买了呢？

于是售货员说……

听后，贵妇转嗔为喜，后来便购买了此件衣服。

模块三　应用文书写作

项目八

事务文书写作

任务十 写作计划

教学目标

1. 素质目标

形成做事“计划先行”的意识和习惯。

2. 知识目标

(1)了解应用文书写作及其一般特点；

(2)掌握计划的概念与种类；

(3)掌握计划的内容要素；了解专题活动策划书内容要素；

(4)掌握计划的结构及写法；掌握专题活动策划书的结构及写作方法。

3. 能力目标

(1)能够根据计划写作的基本要求拟写工作计划；

(2)能够撰写专题活动策划书。

情景训练1

某高校文学社团拟于五四期间，组织优秀成员进行一次集培训、学习、娱乐于一体的活动，以加强联系，增强凝聚力，更好地调动大家的工作积极性。活动时间为2024年5月4日下午到5日中午，活动地点为×××公园，活动内容主要有：请知名专家做题为“大学生如何做好规划 如何走向社会”的讲座，随后举行联欢、抽奖等娱乐活动。

请编制一份此社团五四活动计划书。

案例导入

古人云："深计远虑，所以不穷。"有了计划，工作就有了明确的方向和目标，就能统一思想，协调行动，掌握进程。《礼记·中庸》曰："凡事预则立，不预则废。"世界著名投资公司"软银"的创始人孙正义，在年轻的时候曾经花了一年多的时间来考虑，自己究竟要做什么，十年后他在计算机软件批发业做到全日本第一。他将自己想做的事情一一列举出来，并进行详细的市场调查，另外，他还对十年后将会出现的情况做了详细的预想，于是，他在计算机软件批发行业中脱颖而出。正是这样详细的计划，才为孙正义日后的成功奠定了基础。

思考与讨论：孙正义为什么要用一年的时间来思考未来要做的事情？这样做对他日后的创业有哪些帮助？

基础知识

应用文写作基础知识

一、认识应用文

写作，是将思维和语言文字联结在一起的精神劳动，其成果就是文章，其目的在于传播——传递信息，交流思想。写作可分为两大类：一是文学创作，二是实用写作，又称应用文写作。应用写作，就是关于实际应用的写作，是以实用性为明确目的的写作。

(一)什么是应用文？

应用文是各级机关、社会团体、企事业单位和公民个人处理日常事务、传递信息时经常使用的、具有相对固定格式的实用性文体。

应用文在我国已有3000多年的历史，我国最早的文字甲骨文，就其内容和形式来看，是原始应用文的雏形。随着社会经济的发展和国家的产生，除了民间的应用文日益丰富外，国家机关等适应公务需要的应用文发展更快。例如，周代的《尚书》文告，秦代的制诏谕奏，汉代的表疏律令，魏晋的简牍署书，唐宋的图籍表册，明清的史册文翰都是应用文。此外，书信、书契、碑碣志铭、法律条例等也是应用文。在我国应用文发展的历史上，在长期的写作实践中，曾经产生了不少优秀作品，如李斯的《谏逐客书》、司马迁的《报任少卿书》、贾谊的《论积贮疏》、诸葛亮的《出师表》、魏徵的《谏太宗十思疏》、王安石的《答司马谏议书》等，都是千古名篇。

(二)应用文体的特点

应用文的写作目的是传递和交流，注重的是实用性。主要具有以下特点：

1. 应用性：其写作与阅读都以解决实际问题为目的。
2. 针对性：内容针对性强，受众对象明确。
3. 真实性：生活中的真人真事，准确无误。
4. 规范性：有固定的格式应用文书多数有惯用格式，其中国家行政机关公文具有规范格式。

5. 时效性：写作要及时，传递要迅速。

6. 平实性：语言浅易、准确，表述的角度及方式必须平实。

一篇好的应用文，具有格式规范、语言畅达、主题突出和事理和谐统一等特点。

(三)应用文的分类

依据使用性质的不同，分为以下几大类

1. 公务文书：包括决议、决定、命令(令)、公报、公告、通告、意见、通知、通报、报告、请示、批复、议案、函、纪要这 15 种公文。

2. 事务文书：包括计划、总结、调查报告、书信、记录、述职报告等。

3. 财经文书：包括经济信息文书、经济合同文书、经济报告文书、市场预测报告等。

4. 法规文书：包括规章制度、起诉书、答辩状、上诉状、申诉状、公证书、判决书等。

5. 礼仪文书：包括邀请函、贺信、感谢信等。

6. 科技文书：包括项目申请书、专利申请书、实验报告、科技论文、毕业论文等。

(四)应用文写作的意义与作用

应用文的写作目的是为处理实际事务、解决具体问题。应用文写作的意义是维系各方面的关系，保证公务活动与人们之间的日常交往活动的正常开展。应用文的作用主要有以下几个方面：

1. 沟通交流作用：沟通情况，加强联系。

2. 凭证作用：是联系工作事项和开展公务活动的书面凭证，起着立此存照的作用。

3. 规范和指导作用：(形式上)固定的格式、(内容上)规范人们的行为；上级机关传达意图、下级机关贯彻执行。

4. 晓谕和知照作用：启示、教育和动员；告知。

(五)应用文的内容要素与写作要求

一切文章的内容要素包括：叙事、论理和抒情(事、理、情)。应用文写作中的"理"，就是晓之以理，以理服人；应用文写作中的"情"，就是动之以情，鲜明地体现立场观点、思想感情。

应用文写作与文学创作不同，具有自己的特点。

应用文写作与文学创作的区别

序号	文学创作	应用文写作
1	可写可不写，依灵感与心情，作者处主动地位(随意)	需要即写，作者处被动地位(奉命)
2	受众(读者)不确定	受众(读者)明确，写前就明确
3	内容和形式作者可有自己的主观选择	内容和形式不可选择
4	运用个性化语言	运用规范化语言

总的来说，文学创作格式自由，极富创造性；应用文格式规范，内容限定。应用文写作要做到：观点鲜明，例证精当，条理清晰，格式精当，角度得体。

(六)应用文的主题

主题，是作者在说明问题、发表主张或反映生活现象时，通过文章的全部内容表达出的基本观点。人们习惯把文章的主旨称之为主题。主题是文章的灵魂，它决定着文章的质量高低、价值大小、作用强弱。

应用文写作属于奉命性的，应用文的主题只能在所指定要解决的具体问题中产生和确定。作者如何认识问题、解决问题的思想观点就是应用文写作的主题。

应用文主题具有以下特点：

1. 主题先行性。写作目的明确，主题即明确。

2. 主题单一性。读者对主题的理解不允许多元。

3. 主题显露性。主题突出，一般讲究就事论事。

(七)应用文的材料

俗话说，“巧妇难为无米之炊”，材料是构成文章的基础。文章的主旨从材料中提炼，又要依靠材料来确立。应用文的材料是指作者为表现应用文的主旨所搜集或写进文章中的事实、数据或论据。

应用文处理材料最重要的三个环节是：搜集材料、分析材料和选择材料。

材料使用时要注意：

1. 围绕主题，挖掘材料的意义；

2. 根据主题的需要，进行详略处理(分清主次)；

3. 合理安排材料，注重条理(按主次、时间先后、逻辑顺序、人们认识事物的规律、事物发展过程等)；

4. 正确运用数字材料。

(八)写好应用文的前提

首先，应用文是工作思路的体现，没有工作思路就写不好应用文；

其次，应用文是语言表达能力的体现；

最后，应用文要符合应用文的写作规范。

因此，应用文要注意：

1. 理清工作思路才下笔，注意层次逻辑关系。

2. 文字通顺，表达流畅，没有错别字。

3. 格式规范，结构完整，内容要素齐全。

(九)应用文写作常用思路

语言是思维的载体，文章思路就是作者的思维路线。按照思路写成文章，就是所谓组织结构。应用文书的结构，通常就是作者思路的直接呈现。应用文书写作构思主要是运用逻辑思维进行。

应用文书写作构思常用逻辑思维：因果、递进、比较、归纳和演绎、综合与分析。

1. 因果思路

因果思路是运用探因和寻果的思维方法形成的文章思路。在应用文书写作中，根据写作意图和受众接受心理，较多采用由果溯因的思路。

(1)全面分析导致结果或现状的原因。首先抓住主要的、根本的原因，同时也不忽视次要原因。

(2)深刻地分析产生结果的原因。不能只满足于表面的、浅层面的原因。要深入分析，从原因中去探究产生原因的原因，即所谓“因因分析”。

2. 递进思路

递进思路是认识事物或事理由浅入深、由表到里、由低到高、由小到大、由轻到重，层层递进、循序渐进的一种思维方法。

递进思路可以深入地、清晰地阐释某些比较复杂的事理，说明某些比较复杂的关系，有助于深刻认识事物的本质属性，使文章达到一定的深度。因而一些说理性较强的公文常循此法形成文章思路。

递进思路的顺序不能随意调换。递进思路的写作顺序一般或者是认识问题的由浅入深层层推进，或者由提出问题——分析问题——解决问题。因此，运用递进思路时，文章至少不得少于 3 个层次，否则就无所谓层递了。

3. 比较思路

比较思路是运用比较和鉴别的思维方法形成的一种写作思路。有比较才有鉴别，比较和鉴别是在事物的相互关系中认识事物本质属性的一种极为重要的思维方法。大体分两类：

(1)时间比较(纵向比较、历史比较)：通过比较发现同一事项或不同事物在不同时期呈现出的差异。

(2)空间比较(横向比较、现实比较)：通过比较鉴别出不同事物在同一时期呈现出的异同。

时间比较有利于追本溯源，思路清晰，易于看到事物的发展变化；但可能导致思路狭窄，拓展不开。空间比较思路宽阔，易于看到相关事物的差距；但可能浮于表面，看不到事物的发展和实质。二者各有长短，要综合运用。

运用比较思路时，要注意：

(1)比较的标准要一致；

(2)要抓住事物的本质特征进行比较；

(3)注意比较的灵活性。

4. 归纳和演绎思路

归纳是从两个以上个别的、特殊的事物或道理的共同属性中，推出同一类事物或道理的普遍性结论的推理方法。它是从个别到全体、从特殊到一般的思维方法。这种思维方法运用在应用文写作中就是归纳思路。常有以下几种方法：完全归纳法(不允许遗漏任何一个性质相同的个别事物)、不完全归纳法(简单枚举法)。演绎是从普遍性的前提推出特殊个别性结论的思维方法。说理性较强的应用文书较多运用演绎思路。运用演绎法时，作为根据、前提的一般性结论必须正确无误，才能进行演绎。

归纳与演绎既是两种方向完全不同的对立的思维方法，又是互相依存的辩证统一体。

5. 分析与综合思路

分析是把事物分成若干部分，分别加以研究，由总到分，化整为零。综合是把事物的各个部分联合起来，从整体上加以考察，也就是由分到总，集散为整。综合的过程，就是对实体事物组合、对抽象事物概括的过程。

构思时要善于分析客观对象，在分析的基础上善于综合。

应用文书写作常常会综合运用几种思路成文。

(十)应用文语言的特征

1. 平实：朴素自然、雅俗共赏、实事求是。

2. 得体：符合写作目的、读者对象、使用场合，正确使用应用文的习惯语。

3. 准确：词句要准确；所列数字、事例、话语要准确；适当使用模糊性语言；注意语言的逻辑性。

4. 简洁：文字简练；坚决杜绝套话、空话、废话。

二、“计划”文种

计划属于事务文书。事务文书是党政机关、社会团体、企事业单位或个人处理日常事务时，用来传递信息、沟通情况、交流经验、研究问题、指导工作、规范行为的实用性文体，主要包括计划、总结、调查报告、简报等，是日常工作中使用频率较高的文体。

(一)计划的概念

计划是单位或个人为完成某项任务和实现某项目标预先对目标、措施、步骤做出设计安排的事务性文书。

计划是前进方向上的“路标”，是一切行动的先导，也是实施目标的手段。有了计划，工作就有了明确的目标，就能统一思想，协调行动，掌握进程，便于督促检查、评定优劣和总结经验教训。科学的、切实可行的计划，对我们的工作、学习、生产、科研等都有着重要的指导、推动与保障作用。凡事“预则立，不预则废。”无论做什么事情，都一定要有计划，如果脚踩西瓜皮，滑到哪里算哪里，后果将不堪设想。

(二)计划的种类

“计划”是计划类文书的统称，也是各种计划最常用的名称。写计划时，往往根据内容的差别、期限的长短、成熟度等，还有不同的叫法。例如：

规划：是一种时间跨越较长，范围广，带有全局性，内容较为概括的计划。

纲要：是一种提纲挈领式的计划，是为实现总体目标做出的长远部署，时间跨度较长，比“规划”更为原则，有较强的政策性、思想性和指导性。

设想：是一种粗线条的、预备性的非正式计划，属于工作的初步构想，一般具有远景性、理想性、可变性。

方案：是对未来某一重要专门事项，从总体上所做的最佳选择与安排。适用于专业性强、部署周密的工作。

要点：通常在一个时期的工作计划尚未正式出台之前，先拿出一个“工作要点”发给各部门，待正式的计划出台后，其使命即告完结。有人称之为“准计划”。

打算：是一种近期要做、内容不多、范围不大的非正式计划。

安排：是针对较短时期内（周、月、季度等）所提出的工作计划。这类计划范围小、时间短、内容单一、布置具体。

计划的种类有多种划分方法，常见的有以下五种。

1. 按性质划分，有综合性计划、专项计划。

①专项计划。专题性计划是指单位和个人，对一定的时期内所要完成的某一项任务的打算和安排，如《××市义务服务养老院××××年夏季工作计划》《英语学习计划》等。

②综合计划。综合计划是指单位和个人，对一定的时期内所要完成的各项任务的打算和安排。如《××大学××××年工作计划》，其应该对这一年该校的人事、教学、科研等各方面工作做出全面的安排。

2. 按内容划分，有工作计划、教学计划、学习计划、科研计划等。

3. 按时限划分，有长期计划、短期计划、年度计划、季度计划、月度计划等。

4. 按范围划分，有国家计划、地区计划、部门计划、单位计划、个人计划等。

5. 按形式划分，有条文计划、表格计划、条文与表格结合式计划。

（三）计划的特点

1. 预见性

科学的预见性是计划的突出特点。计划的制订先于即将展开的实践活动，必须尽可能准确地预测事物的发展趋势，并对可能出现的问题进行分析，提出切实可行的方案，因此，计划具有预见性。

2. 指导性

为了保证目标的顺利实现，任务的顺利完成，计划一经制订，就要对实践活动起到指导作用和约束作用。工作的开展、时间的安排，都必须按计划严格执行，因此，计划具有指导性。

3. 可行性

一个合理的计划是任务目标顺利进行的保障。在制订计划时必须十分重视其可行性，其方法和措施、时间的安排必须切实可行，符合实际情况，因此，计划具有可行性。

（四）计划的作用

1. 指导性。计划是行动的指南。便于合理安排人力、物力、财力，确保按时按质按量完成任务。

2. 启发性。制订计划考虑党和国家的路线、方针、政策，对前一段工作再总结，对当前形势的全面认识，对未来工作必要的预测。

3. 约束性。能否完成计划的任务，是检查、督促单位和部门工作的依据，也是评估、考核单位、部门或个人工作的重要标准。

另外，在现实生活中，一些效益高、切实可行的项目计划，往往能引起上级部门和领导的重视，可以争取到上级的指导和支持。

（五）计划的结构与写法

计划常见的形式有三种：条文式、表格式、表格条文结合式。

条文式计划的结构形式：标题＋正文＋署名和日期。

1. 标题

(1)完整式标题：单位名称＋计划期限＋计划内容＋计划种类

如：××学院2024年上半学期开展国学知识大赛的安排

(单位名称)(计划期限)(计划内容)(计划种类)

(2)省略式标题类型：

一是省略单位名称，如“2024年新教师岗位培训计划”

二是省略计划期限，如“××公司关于提高职工福利方案”

三是省略单位名称和计划期限，如“关于提升学历计划的设想”

如所订计划尚未经过讨论或核定，则可以在标题后面加“草案”或“初稿”字样。

(3)正副式标题：由正标题和副标题组成

(4)标题字体与排版。标题建议用2号小标宋体，与行政公文标题字号字体相同，显得比较规范。标题应居中排版。

2. 正文

正文由前言、主体和结尾构成

(1)前言

前言是计划的总纲，主要点明制订计划的指导思想或背景情况，也可对基本情况进行分析说明，说明为什么制订该计划。本部分应点到为止，不宜过多阐述。

(2)主体

主体主要回答“做什么”“怎么做”“何时做”等问题，即计划的三要素：目标任务、措施方法、步骤和时限。

①目标任务。首先要明确总目标和基本任务，随后应根据实际内容进一步写出具体任务和目标。

②措施方法。用什么措施方法确保任务的完成和目标的实现，这是计划可操作性的关键一环。

③步骤和时限。由于工作有先有后，有主有次，有急有缓，工作的进程又具有一定的阶段性，所以，应针对具体情况，事先规划好操作步骤、各项工作完成的时限及责任人。

(3)结尾

结尾可写明执行计划时应该注意的事项或需要说明的问题，或提出要求、希望、号召等。

3. 落款

落款要写明计划制订者的名称和成文的日期，写在正文右下方。有的计划标题已包含制订者的名称，这部分可略去不写。

(六)计划的写作要求

1. 注重依据。一是政策依据，即党和国家在一定时期内的方针政策、法令法规，上级部门的指示、意见、要求。二是客观依据，即本地区、本部门、本单位或个人的实际情况。

2. 量力而行。制订计划要坚持实事求是的原则，量力而行。计划中所确定的目标，应该是通过努力能够达到的最高目标。

3. 留有余地。计划是对未来的规划，难免有遗漏，因此，计划制订时一定要留有余地，在遇到新情况、新问题时可及时调整。

4. 具体明确。对每一项工作要有完整的具体措施，要根据每一个时期任务的主次、缓急来安排工作，把中心工作和重要工作凸显出来。

[例文评析]

××市××××年春季全民义务植树造林工作计划

根据全国五届人大第四次会议通过的《关于开展全民植树活动的决议》，希望我市广大人民群众积极响应党和政府的号召，人人争当义务植树的突击手，个个为绿化祖国贡献力量。为此，我市在今年春季做好以下几项工作。

一、任务与要求

(一)我市今年计划造林面积××亩，植树××株。要求每人平均完成3～5株；栽下后要有人管理，保证成活。春季植树造林要在植树节前基本完成。

(二)为保证以市政府为领导，以各区为单位，以全民义务植树造林指挥部为指导的群众性植树造林活动的顺利开展，市政府要求：

1. 各机关、团体的领导要带头，并指定专人负责此项工作。
2. 充分发动群众组织力量，采取分片包干的方法。
3. 要因地制宜，根据气候、土壤等不同条件，栽植不同品种的树。
4. 各苗圃要及时做好挖苗备运工作。
5. 加强各项工作的检查，2月中旬由植树造林指挥部做一次全面检查验收。

二、措施

(一)2月下旬召开一次全市植树造林工作会议，参加人员为本市各机关、团体、学校、工厂的有关负责人及政府机关的主要负责人等。重点研究植树造林的各项准备工作，采取必要措施予以落实。

(二)各单位部门要加强对今年春季植树造林的领导工作，认真解决存在的问题并拿出具体的实施方案。

(三)抽调××名干部到植树造林第一线做具体技术指导工作。

××省××市人民政府

××××年××月××日

(摘自北京交通大学出版社出版《应用文实训教程》)

[简要评析]①标题采用完全式。②正文开头交代计划的依据和目的。③主体部分包括任务与要求、措施两大部分。④落款。

这份计划结构完整，条理清晰；计划中任务提得适当，措施有力，方法和步骤也具体明确，让人看后觉得符合实际，切实可行；用语精练，明白易懂。

[例文评析]

第一学期学习计划

这个学期要做到：

上课用心听讲，不迟到，不早退。

英语口语练习要达到流利且标准的程度。

每天要记20个单词。

提高交际能力，改变自己内向的性格。

要课前预习，课后复习。

要多了解就业形势。

[简要评析]该文缺少前言部分，这六点内容显得“从天而降”没有来由。目标与措施混淆。要做到什么程度和怎样做的问题不明确。有的目标没有相应措施。如“要多了解就业形势”，通过哪些途径了解呢？目标太高，笼统。如“英语口语练习要达到流利且标准的程度”这不是一个学期能够达到的目标。“提高交际能力”，具体要提高到什么程度？措施笼统，不具备可行性。如“课前预习，课后复习”，到底什么时候预习？什么时候复习？“每天要记20个单词”如何解决遗忘的问题，能否坚持到两个月以后？缺少落款部分。

情景训练2

公司要举办一场年会，进行年度总结、表彰暨迎新活动，请结合活动策划内容要素和技巧，编制一份公司年会活动策划书。

在市场经济条件下，竞争机制作为市场机制的重要内容在社会生活中起着越来越重要的作用。由于竞争，加剧了人们生活的危机感、紧迫感，提高了人们的策划意识。为了在竞争中获胜，并创造良好的发展环境，策划就成为必然选择。

案例导入

21金维他“红火羊年大行动”启动，在农历小年腊月23日的前一天夜里，吉祥使者3人一组，到各居民小区，将一个“健康如意结”挂到数万个家庭的门楣上，然后悄悄离去。得到神秘礼物的家庭，如果是21金维他的消费者，则可以带上一个礼盒的外包装，到指定地点领取第二份更珍贵的神秘礼物。

思考与讨论：活动策划有哪些创意？活动主题与产品宣传有关系吗？

基础知识

活动策划书

一、活动策划书的概念

活动策划书即为行动谋划方案，是指根据已经掌握的相关信息，推测事物发展的趋势，分析需要解决的问题和主客观条件，在行动之前，对指导思想、目标、对象、方针、政策、战略、策略、途径、步骤、人员安排、时空利用、经费开支、方式方法等做出构思和设计的、系统、完整的方案。

策划书不同于一般的文章，是集新颖性、严密性、可操作性于一体的书面化作品。策划书既是策划的创新表现，也是策划的行动手册，更是鼓动策划的宣传书。策划书的好坏，直接影响着策划能否被采纳，也直接影响着实施的效果。

二、活动策划的类型

媒体活动的划分角度不同，类型就有很大不同。站在策划者的角度，可将活动策划大体上划分为营销型、传播型和混合型三大类。

营销型活动策划：以盈利销售为主、品牌宣传为辅而展开的活动。如很多媒体开展的品牌车展、看房团、旅游大篷车、珠宝销售等。

传播型活动策划：以品牌宣传为主、盈利销售为辅的策划。如各类公益楷模评选、扶贫助困活动等。

混合型活动策划：兼顾了以上两个类型的特点，既做营销又搞传播，如行业诚信品牌评选活动、行业优秀人才展示活动，既兼顾传播正能量的公益内涵，也通过活动赞助等获得企业的资金支持。

三、活动策划的功能

(一)预测功能

科学的策划方案一般都是根据对事物的深刻了解，并掌握其发展规律而制定的，具有很强的超前性，能把握事物发展的基本趋势。依据这种策划方案做出的决策，不仅能适应未来，而且能创造未来，增强和提高了人们在未来事件中的主体地位。

(二)创新功能

策划的创新功能是由策划的本质特征决定的。创新是建立在对未来科学预测基础之上的，而预测既是策划的一种功能，又是策划本质的一种反映。从这个意义上讲，策划的创新功能是预测功能的一种派生功能。

(三)决策功能

决策是对诸多备选方案的选择。所谓策划的决策功能是指策划为决策提供了许多有价值的备选方案，供决定者选择。从策划的决策功能可以明白这样一个问题，即策划不是决策，策划方案不是决策方案。从理论上分析，决策是对备选方案的选择，但是，决策并不是简单地对策划方案的舍取，而是对策划方案的再加工过程。比如，有A、B、C三种策划方案，决策者选中了A方案，B方案、C方案虽然在总体上已被舍弃，但是不等于这两个方案中没有任何可取之处，肯定会有一些很有价值的东西，这样，决策者便可以吸取B、C方案中的精华，充实或补充A方案，既保证了A方案的完整性，又为A方案增加了很有价值的内容。这样的决策方案，既体现了策划的决策功能，又体现了决策者的高管理水平。

(四)管理功能

策划的管理功能表现在三个方面：一是策划本身就是现代管理的一个环节；二是策划方案的确定表明管理过程已纳入了科学化的轨道；三是策划过程就是一种具有创新精神的管理活动。策划的管理功能的实现是有条件的，它随着现代科学技术的发展和广泛应用，随着信息社会的到来，将会表现得更加充分。

(五)效益功能

策划的实质是在探索或寻找新环境条件下实现效益(社会效益和经济效益)的途径，一个比较好的策划方案可以节约时间，可以优化结构，可以节省人力、物力和财力。可见，建立在科学基础上的策划方案给社会以及实施策划方案的部门将会带来无法估量的效益。正是从这个角度来说，策划具有鲜明的效益功能。

四、活动策划书的要素

活动策划涉及要素较多，用“5W2H”法对于决策和执行性的活动措施非常有帮助，也有助于弥补考虑问题的疏漏。“5W2H”包括如下要素：

(一)Why

策划的原因是什么？为什么要这么做？理由何在？

(二)What

策划的目的、主题、方式是什么？做什么工作？需要哪些资源？

(三)Where

策划的实施场所。

(四)When

策划的实施时间。什么时间开始？什么时间完成？什么时机最适宜？

(五)Who

策划的主体、客体、相关人员。

(六)How

策划的原理、方法和系统流程。

(七)How much

策划方案实施的预算。

五、活动策划书的写作方法

(一)策划书封面

策划书的封面犹如人的脸，是直接对外的，直接面对策划需要者或决策者的，虽然应以内容取胜，但外表也不容忽视。为了让需要者或决策者一目了然，策划书的封面要写明下列四点：策划书的名称；策划的主体(策划人或策划机构)；日期；编号。

策划书标题撰写要明白易懂。标题可以直接写成“××公司××活动策划书”，或“××××年××月××大学××活动策划书”，也可以写出正标题后将此作为副标题写在下面。如：

2015 中国微商博览会展会策划方案

或

奔腾义乌　丝路起点

——中蒙国际美术交流系列活动义乌展暨首届中国(义乌)

国际文化艺术博览会展会策划方案

(二)策划书内容提要

简要说明为什么要这样策划，如此策划的可行性、必要性及其价值，主要的策划方法以及步骤，策划的阶段性、阶段性目标实现的时间表等，文字不宜过长，务求简洁、明了。

(三)策划书目录

目录是策划书的“菜谱”，它是策划书的写作结构。编写目录的目的是让人了解策划的全貌、策划人的思路和策划书的整体结构。如果封面引人注目，内容提要使人感兴趣，那么，目录则务求让人了解策划的全貌。

例文欣赏

目录

一、活动背景及目的

二、活动主题

三、活动时间

四、举办地点

五、举办单位(主办、承办、协办)

六、活动对象

七、前期筹备

(一)活动前期准备

(二)活动实施

八、责任分工

(一)顾问组

(二)协调组

(三)会务组

(四)宣传组

(五)后勤组

九、活动流程

（一）主要程序

（二）座位表

十、经费预算

十一、工作注意事项

十二、应急措施

（四）策划书主体内容

1. 活动名称

根据活动的具体内容影响及意义拟定能够全面概括活动的名称。

2. 活动背景

这部分内容应根据策划书的特点在以下项目中选取内容重点阐述；具体项目有：基本情况简介、主要执行对象、近期状况、组织部门、活动开展原因、社会影响以及相关目的动机。其次应说明问题的环境特征，主要考虑环境的内在优势、弱点、机会及威胁等因素，对其做好全面的分析，将内容重点放在环境分析的各项因素上，对过去、现在的情况进行详细的描述，并通过对情况的预测制订计划。如环境不明，则应该通过调查研究等方式进行分析加以补充。

例文欣赏

全球经济高速发展的今天，文化产业在全球的兴起标志着一个新的时代的来临，随着经济全球化趋势的加快和科技水平的提高，文化产业呈现出前所未有的发展前景。据统计，全世界文化产业每天创造的产值达220亿美元，并以5%左右的速度递增。文化产业正在成为21世纪全球最具有商业价值和文化内涵的朝阳产业。

在这样一个大背景下，中国（义乌）抓住契机、坚持以科学发展观为指导，认真贯彻落实党的十七届六中全会和省、市关于文化工作的各项精神，以深入开展“两创两提”主题活动和“商城先锋”争先创优活动为载体，坚持文化惠民，着力文化创新，深入推进公共文化服务体系建设和文化产业繁荣工程，努力保障人民群众的文化权益，加快文化产业的发展，切实提高（义乌）城市的文化软实力。先后获得了“全国文化先进县（市）”“中国现代民间绘画之乡”“中国曲艺之乡”等荣誉称号。

伴随“义新欧”的国际贸易新干线的开通，中国（义乌）再一次成为世界的焦点，积极响应习近平总书记提出建设“新丝绸之路经济带”和“21世纪海上丝绸之路”的战略方向，即“一带一路”的合作发展理念和倡议，共建“一带一路”顺应世界多极化、经济全球化、文化多样化、社会信息化的潮流，秉持开放的区域合作精神，致力于维护全球自由贸易体系和开放型世界经济。共建“一带一路”旨在促进经济要素有序自由流动、资源高效配置和市场深度融合，推动沿线各国实现经济政策协调，开展更大范围、更高水平、更深层次的区域合作，共同打造开放、包容、均衡、普惠的区域经济合作架构。共建“一带一路”符合国际社会的根本利益，彰显人类社会共同理想和美好追求，是国际合作以及全球治理新模式的积极探索，将为世界和平发展增添新的正能量。

秉承“展示艺术精品力作，构建国际交流平台，繁荣文化艺术市场，塑造义乌文化城市新名片”的核心宗旨，中国(义乌)国际文化艺术博览会应运而生。

(选自《中蒙国际美术交流系列活动义乌展暨首届中国(义乌)国际文化艺术博览会展会策划方案》)

3. 活动目的及意义

活动的目的、意义应用简洁明了的语言将目的要点表述清楚；在陈述目的要点时，该活动的核心构成或策划的独到之处及由此产生的意义(经济效益、社会利益、媒体效应等)都应该明确写出。活动目的要具体化，并具有重要性、可行性、时效性的特点。

例文欣赏

一、策划的目的

品牌营销策划的目的，是要成功地塑造和传播品牌的形象，就是要以品牌形象的塑造和传播为研究的重点，在掌握了大量的信息资料的前提下，遵循系统性、可行性、针对性、创造性的原则，为企业品牌的整体营销活动提供一个科学的活动规范方案。品牌营销策划的目的是要为企业的品牌营销活动提供一个科学的指导方案，使品牌营销活动更具有效率，以便成功地塑造和传播品牌的形象，最终产生品牌价值。品牌营销的核心策略，是必须寻找差异，创造差异，并采用差异化策略，为消费者提供新的利益点，开辟新的生存和发展空间，寻找一个竞争对手尚未涉足或涉足不深的市场空间，通过努力成为这个市场中的唯一品牌或领导品牌，并凭借唯一性迅速成长起来，直到成为权威，建立稳定的消费者品牌忠诚度，从而排除异己，瓦解对手。

(选自某品牌营销策划书)

4. 活动主题

主题是整个策划的灵魂。主题是对活动内容的高度概括，是策划所要达到的具体目的，是统领整个活动，连接各个项目、各个步骤的纽带。公关活动的主题是对公关活动内容的高度概括，它统帅、联结整个公关活动、表达主题的语句要简明扼要，有鲜明的个性，便于公众记忆和接受。专题活动要为大众接受，就必须选好主题。例如，1996 年，百年奥运在亚特兰大举行，组委会将市中心新建的奥林匹克公园的地砖以每块 25 美元的价格出售给公众以镌刻名字留念，在名字两侧各加一个红心，表示爱意。这个事件的主题贴近受众心理，吸引了很多公众参与。如：

二、大赛主题

创意设计，智造生活

(选自《××××年海峡两岸大学生创意设计大赛活动方案》)

5. 活动内容

写清楚活动形式，如活动环节、报名方法、赛程赛制、奖项设置等。

例文欣赏

××××两岸大学生汉字文化创意大会由两岸大学生汉字文化创意作品征集、两岸大学生汉字文化创意作品展、两岸大学生汉字文化创意研讨会3个部分组成。

一、征集作品类型

设计作品(包括汉字视觉设计、产品设计、空间设计、交互设计、数字多媒体设计、新媒体软件设计、动漫及网络游戏设计等)；美术、书法及篆刻作品；其他以汉字为主题的表演类作品(包括但不局限于诵读、舞蹈、音乐、器乐等各类表演形式)。

二、作品要求及提交格式

(一)初评作品提交要求。

初评作品提交均以平面方式提交作品照片、设计效果图(模型图片)、视频，具体要求如下：

1. 报送设计作品电子稿件(或实物模型照片电子稿)，电子文件不小于5M；表演类作品截取片段即可，视频输出格式为mpeg或mp4，时长60秒至180秒，大小不超过30M。

2. 作品以“学校名称＋作者姓名＋作品名称＋种类”命名，整个文件包以“学校名称＋总作品件数”命名，并附上作品报名表(电子版)发送至大会秘书处邮箱：nyysczysjc@163. com。

3. 初评作品网上报送时间为××××年9月18日—10月30日。

(二)复评作品提交要求。

第一类：实物类作品

1. 实物类设计作品或模型长、宽、高尺寸原则上不得超过3000px，作品如因需要超出尺寸，须向大会秘书处提出申请及说明。提交实物作品或模型的同时，提交作品设计说明，设计说明应以电子版的方式刻录光盘，并在光盘包装正面用楷体字以“学校名称＋作者姓名＋作品名称＋种类＋联系方式”格式注明信息。设计说明应图文并茂，有一定的版式设计(如有特殊展示要求，应以效果图形式表现，特殊展示所需及展示工作由作者本人承担)。

2. 美术作品：连外框尺寸长、宽各不超过150 cm；书法、篆刻作品：尺寸不超过四尺宣纸(约1725px×3450px)，须托裱。

3. 实物作品或模型在提交时应自行包装完好，在包装外部及实物作品或模型底部用楷体字以“学校名称＋作者姓名＋作品名称＋种类＋联系方式”格式注明信息。

4. 所有实物类作品须在底部或背面附上报名表。

第二类：非实物类作品

根据不同类别提供各类相应可供运行的源文件，并对其设计原理、呈现方式及运用效果作详细阐述。

第三类：表演类作品

以汉字为主题的表演类作品(包括但不局限于诵读、舞蹈、音乐、器乐等各类表演形式)，呈现方式应为视频，视频输出格式为 mpeg 或 mp4，时长不超过 180 秒，电子稿大小不超过 30M，可附效果图、录音剪辑样板等作为附件说明。

进入复评的所有作品若为实物作品，须以实物原作形式另附报名表一并寄送至大会秘书处；若为非实物类作品，则按复评要求统一刻录光盘另附报名表一并寄送至大会秘书处。

三、参评者资料处理与作品版权事项

1. 所有可由电子文件再行制作的作品概不退件，美术、书法、篆刻及其他不可再制的特殊作品予以退件。

2. 参评作品必须是参评者本人(或团体)的原创作品，如有抄袭他人创意、想法的行为，或作品发生知识产权、版权纠纷等，大会秘书处将取消其参评资格，追回获得奖项，并由参评者自行承担后果。

3. 评审专家委员会拥有作品评选的绝对权利，大会秘书处有权拒收对各国文化、民族尊严或道德有侵犯以及不符合参评要求的作品。

4. 主办单位(中国语文现代化学会)拥有将参评作品之版面使用于展览、平面出版物、新闻宣传的权利。

四、作品评审方案

(一)评审方式。

评审分为三轮：

第一轮：评出 500 件进入复评的作品。大会秘书处向入围作者发送入围通知，明确双方的责任、权利和义务，入围作者在此期间制作实物或模型。所有入围作者须将包装完整的入围作品实物原作或模型及作品设计说明于 2015 年 11 月 20 日前，报送至大会秘书处。

第二轮：评出 200 件入展作品。

第三轮：评出获奖作品 92 件。其中，一等奖 5 名、二等奖 12 名、三等奖 25 名、优秀奖 50 名。

(二)评审标准

1. 创意因素：作品需具有较高的设计创意。能体现主题文化和艺术性的完美统一、体现原创性和个性化的完美统一，并具有专业发展前沿性。

2. 技术因素：作品必须具备相关工艺制作技术。制作完整、严谨，主题鲜明，内容丰富，且具有文化感染穿透力。

3. 艺术性因素：参评者需要在作品中体现艺术审美。能准确表现主题，有较强的艺术感染力。

4. 实用因素：作品充分考虑到在现实生活中达到的现实效果及应用价值。具有较强的实用性，通俗易懂又具备创意。

5. 实验性因素：作品充分考虑到前瞻性，具有一定的设计探索。

6. 环保因素：作品应考虑体现绿色、简约、低碳，具有环保理念设计。

五、参评说明

大会秘书处保留本办法最终解释权，与本次活动有关的任何未尽事宜，均由大会秘书处进一步制定规则并进行解释。

（选自《××××两岸大学生汉字文化创意大会活动方案》）

6. 活动时间

注明活动开展阶段、日期、时间等。

7. 活动地点

注明活动举办地点

8. 活动对象

注明活动参与者、单位等信息。

9. 活动流程

这是策划书的主体部分，应包括活动流程安排、人员分工、设备配备、技术支持、时间设定等。表述方面要力求详尽，不仅仅局限于用文字表述，也可适当加入统计图表、数据等便于统筹。涉及奖项评定标准、活动规则的内容可选择以附录的形式出现。

活动流程考虑因素可参考如下方面：会场布置、接待室、嘉宾座次、赞助方式、合同协议、媒体支持、宣传、广告制作、主持、领导讲话、司仪、会场服务、电子背景、灯光、音响、摄像、信息联络、技术支持、秩序维持、衣着、指挥中心、现场气氛调节、接送车辆、活动后清理人员、合影、餐饮招待、后续联络等。

活动流程安排大致可以分为三个阶段：

(1)活动准备阶段：主要工作包括海报宣传、前期报名、赞助经费、主持人选定、主持稿准备、礼仪人员、场地申请、嘉宾邀请、彩排、请柬制作及发送、物品采购等

(2)活动举办阶段：主要工作包括人员的组织配置、场地安排等，须注明开展活动的阶段负责人、指导单位、参加人数等信息。

(3)活动后续阶段：主要包括现场清理、结果公示、新闻撰写、活动总结等。

活动流程可用条目式表述，也可用表格式。

例文欣赏

附表一　年会基本流程(节选)

时间	项目	内容
13:00	工作人员到达酒店	年会节目表演人员、所需物料(如 KT 板、横幅、鲜花、礼品、奖品、演出服装等)须全部到达酒店

续表

时间	项目	内容
13:00—15:30	场地布置	年会场地入口接待处布置(如签到 KT 板摆放、舞台背景、花篮摆放、迎宾人员安排、年会礼品摆放等)
		酒店工程部人员与负责场内布置的人员配合布置(如背景板放置、拉横幅、场地摆放、装饰物品等)
		抽奖奖品放置在酒店化妆间门口，食品摆放于桌面，放座位桌牌
		文艺汇演人员化妆、换装等
		音响调试，音乐、摄像机、照相机准备到位
		灯光、投影、音响、消防安全等会前准备情况检查
15:30—16:00	人员进场	参会人员在入口处签到后，在迎宾处领取每人一份新年礼品，进场，对号入座
		年会 PPT 会标、视频或音乐等播放，主持人提醒进场秩序及参会注意事项
16:00—16:05	开场舞	开场舞表演
16:05—16:10	年会开始	主持人热情开场(嘉宾介绍)
16:10—16:30		总经理致辞

10. 管理网络图和有关人员职位分配表

此项非常重要，何人担任什么职务，负责何事，一旦发生权责不清或某项环节出现差错，可马上更换。在表现形式上，图形具有简洁明了、易于理解的优点。

11. 经费预算

活动的各项费用在根据实际情况进行具体、周密的计算后详细列出，统计总预算，用清晰明了的形式列出。费用预算遵循三个原则。一是凑整原则，即不可预计花费和其他所有预算加起来尽量是整数；二是 5%～10%的原则，即不可预计花费占其他所有预算总和的 5%～10%；三是具体活动指导原则，即根据具体的活动确定此项费用。此外还要注意，费用预算尽量多一些，否则超出预算会有很多麻烦为后续报账等工作带来不便。

例文欣赏

四、活动经费预算(具体费用分配由各项目负责人自行安排)

项目	基本内容	负责人	费用预算
年会场地	租金、晚宴、机器租赁费用	×××	
会场布置	KT 板(签名板)、背景墙、鲜花、装饰品等	×××	

续表

项目	基本内容	负责人	费用预算
服装、游戏道具	文艺汇演节目服装、道具、奖品、小游戏道具、迎宾、主持人服装、妆容造型等	×××	
酒水、饮料	文艺汇演过程中所需酒水、饮料、小吃	×××	
年会礼品	参会人员每人一份的公司年会礼品		
年会奖品	抽奖奖品		
其他支出	备用	×××	
费用合计：			

12. 活动中应注意的其他问题及细节

(1)预测与评估

预测策划实施后的经济效益及对可能产生的社会效果进行评估。

(2)应急方案

内外环境的变化，不可避免地会给方案的执行带来一些不确定性因素，因此，当环境变化时是否有应变措施、损失的概率是多少、造成的损失多大等也应在策划中加以说明。

(3)附加说明和相关资料

附加说明是对策划书未尽事项的解释。而相关资料是与策划相关的参考资料，有助于人们理解策划书的意图和实施策划。

(五)策划书落款

在正文右下角写明：①策划者名。公关公司、公关部名称或策划人员名称。②策划书写作时间。××××年××月××日。

六、活动策划书写作技巧

(一)了解策划环境

无论针对哪一种主题的策划，都应该首先考虑一下策划的限制条件，也就是先进行策划分析。通过环境分析，了解策划的全貌，以便逻辑构想，防止挂一漏万。

在进行活动策划的前期，市场分析和调查是十分必要的，只有通过对整个市场局势的分析，才能够更清晰地认识企业、组织或者产品面对的问题，找到了问题才能够有针对性地寻找解决之道，主观臆断的策划者是不可能做出成功的策划的。同样，在策划书的写作过程中，也应该避免主观想法，也切忌出现主观字眼，因为策划案没有付诸实施，任何结果都可能出现，策划者的主观臆断将直接导致执行者对事件和形式产生模糊的分析。

(二)明确活动主题

主题要单一，符合活动举办目的。在策划活动的时候，首先要根据企业或组织本身的实际问题(包括活动的时间、地点、预期投入的费用等)和调研分析的情况(包括同类活动分析、受众分析、活动特点分析等)做出准确的判断，并且在进行 SWOT 分析之后，扬长避短地提取当前最重要的，也是当前最值得推广的一个主题，而且也只能是一个主题。在一次活动中，不要期望达到太多目标，只有把一个最重要的信息传达给目标群体，要"有所为，有所不为"，这样才能把最想传达的信息最充分地传达给目标体，才能引起受众群关注，并且比较容易地记住你所要表达的信息。

(三)活动环节要围绕主题进行

很多策划文案在策划活动的时候往往希望执行很多的活动，认为只有丰富多彩的活动才能够引起受众的注意，其实不然，其一，容易造成主次不分。很多市场活动搞得很活跃，也有很多人参加，似乎反响非常热烈，但是很多人经常是看完了热闹就走，其实这里的问题就在于活动的内容和主题不符合，所以很难达到预期效果。在目前的策划活动中，有一些活动既热闹，同时又能达到良好的效果，就是因为活动都是围绕主题进行的。其二，提高活动成本，执行不力。在一次策划中，如果加入了太多活动，不仅要投入更多的人力、物力和财力，直接导致活动成本的增加，而且还有一个问题就是容易导致操作人员执行不力，最终导致方案的失败。

(四)具有良好的可执行性

一个合适的主题或产品，一则良好的创意策划，再加上一支良好的执行队伍，才是成功的活动。而执行是否能成功，最直接和最根本地反映了策划案的可操作性。策划要做到具有良好的执行性，除了需要进行周密的思考外，详细的活动安排也是必不可少的。活动的时间和方式必须考虑执行地点和执行人员的情况进行仔细分析，在具体安排上应该尽量周全，另外，还应该考虑外部环境，如天气、民俗等的影响。

(五)重视策划枝节的配合

策划主干固然很重要，但是单单有主干而没有枝叶，也难以成为大树。所以，策划书的枝节配合也很重要。枝节是那些与主干相配合的但却是鲜活的小创意和细节补充，它们能使策划的精巧性大大提高。

在实际写作中，策划书第一稿形成后，还要统一策划案的体裁、语言及格式。尤其是几个人共同执笔时，必须注意主干和细节的统一，前后呼应，然后再撰写正式的策划案。最后再制作封面、编撰目录、将各章节统一起来。

例文欣赏

××有限公司 2023 年年会策划方案

为展现公司日新月异、蓬勃发展的良好风貌，增进友谊、增强凝聚力，公司决定举办 2023 年年终总结表彰大会暨 2024 年迎新年会，以此来答谢各位员工一年来辛勤的工作。

一、年会主题

"同心协力　再创辉煌"

——2023 年年终总结表彰大会暨 2024 年迎新年会

二、年会目的

通过年会活动的举办，对 2023 年公司发展成绩总结，以及制定 2024 年公司总体规划，包括新年度计划、方向、目标等；加强员工之间的交流，增强团队协作的意识，提升公司的综合竞争能力；表彰优秀，通过奖励方式，调动员工积极性，鼓励大家在新的一年，工作都有出色的表现；丰富员工生活，答谢全体员工一年以来付出的辛勤努力；让员工充分展现自我，在年会的过程中认知自我及增强对企业大家庭的认同感；加强领导与员工之间的互动，让我们在同一舞台共同交流、联欢。

三、年会时间

(一)年会策划及准备期(2023 年 12 月 22 日至 2024 年 1 月 15 日)

本阶段主要完成年会策划方案、通知发布、会场选址、节目收集。

(二)年会协调及进展期(2024 年 1 月 16 日至 1 月 30 日)

本阶段主要完成节目筛选、节目安排表、节目道具、礼品物品的确认及采买。

(三)年会倒计时期(2024 年 2 月 1 日)

本阶段主要完成主持人、节目单等全过程确定。

(四)年会正式开始时间：2024 年 2 月 6 日 13:28

四、年会概况

(一)活动地点：××酒店宴会厅，提前 30 天预订酒店并协商好年会场地等各项内容。

(二)参会人员：公司集团领导、地产公司全体员工，约 60 余人。组织形式：由公司行政人事部统一组织、执行。

五、节目参与形式

以部门为单位选送节目，也可以跨部门合作选送，各部门选送的节目以“自编自演、内容丰富、全员参与、精彩火爆”为宗旨，要求气氛活跃、有声有色。节目内容可包括：各类游艺、小合唱、各类特色节目(如小品、相声、舞蹈、独唱、诗歌朗诵、哑剧表演等)等。

六、年会筹备阶段

(一)节目编排(略)

(二)与会公司领导的安排(略)

(三)会场布置与酒店协调(略)

(四)可能出现问题及解决方案(略)

七、年会流程

年会整体分为六个部分：领导总结致辞、优秀员工表彰、节目表演、幸运抽奖、互动游戏、年会聚餐。抽奖环节与互动游戏环节会在节目表演当中穿插进行。

(一)领导致辞

1. 播放暖场音乐，员工签到入席，查看各自座次表；

2. 公司领导入席；

3. 主持人登场，开场白，简单介绍本次年会的六个部分；

4. 总经理致辞，总结 2023 年度工作并对 2024 年工作提出新的计划及要求。

(二)优秀表彰

1. 此项工作由行政人事部统筹安排，确认表彰人员名单以及具体奖金金额。

2. 公司本年度优秀员工评选活动最迟在 1 月 31 日之前确定获奖类别及人员名单；

3. 提前整理好优秀表彰人员的简单介绍，做好 PPT，在主持人宣读获奖时投影展示；

4. 工作人员提前准备好证书和奖金，颁奖领导和所有获奖员工准备上台，同时奏颁奖曲(此环节有工作人员提前将获奖员工安排到舞台一侧)，依次颁奖；

5. 颁奖结束后所有获奖人员与公司领导合影留念；

6. 获奖感言，由行政人事部提前通知。

(三)节目表演

1. 开场舞后主持人登台串词，对节目起到承上启下的作用；

2. 节目单确定后，主持人按照事先串好词的节目单顺序依次进行；

3. 参演节目人员将获得价值200元奖品一份。

(四)幸运大抽奖

1. 此环节穿插到节目表演当中，由工作人员提前将抽奖号码发放和收集到位，抽奖号码每人一个(一式两联)，按照顺序发放；

2. 共设立六个奖项，奖品为等值物品。(略)

(五)互动游戏(略)

(六)年会聚餐(略)

八、年会活动具体分工(略)

九、年会经费预算(略)

十、注意事项

(一)提前确认年会现场舞台大小，按照其尺寸制作活动横幅和背景板。

(二)提前采购年会所需的物品。

(三)会场需提前布置，包括布置公司领导入座位置和姓名台卡。

(四)时间的把控，主持人应注意好时间的把控，避免时间控制节点远远超出原计划的预定时间。

(五)现场人员的工作安排，年会的具体工作会细化分解到相关责任人，确定每一项工作的负责人，例如：现场灯光及音响的调试、舞台及场地的布置、物品的采买与运输、酒店与用餐的提前预订等，中间若出现什么问题需及时解决。

(六)严禁酒后闹事，如若发生，公司将追究事故责任人

十一、年会各环节时间流程表(略)

××有限公司行政部

××××年××月××日

拓展阅读

学生会活动策划书写作步骤与注意事项

一、了解需求

一定要事先了解同学的需求，包括是否对此有兴趣、希望以怎样的活动形式开展等，必要时还可以针对性做调研工作。

二、策划先行

策划是办活动的脉络，一份好的策划是成功的前提。策划书应该包括活动的总体规划、活动实施各阶段的具体安排、活动的收尾、总结工作的安排、活动的应急方案等各项内容，目的就是通过这份策划书，使得任何一个有一定责任心的人只要按照策划书执行就能够比较好地完成该项活动。

三、获得支持

获得领导的认可与支持，是一件非常有必要的事情，任何一个活动必须得到学院、学校、任何与该活动的审批、监管有关的老师的支持，他们的支持是活动顺利开展的保证。

四、组建团队

组织任务小组，分配人员职责。权责相应，每个人都要非常明白自己的责任。分配任务要以人为单位，而不能说某件事“你们几个做”，这样这件事情基本做不好。可以按几个方向来组织任务小组：指挥中心、外联赞助组、现场工作组、宣传媒体组、现场秩序及礼仪接待组、应急人员等。将权责清单列表打印，让每个人看得明明白白，每天碰头一次，及时汇报进展，以便处理各种信息。

五、经费来源

如果没有足够的活动经费，可以寻找赞助商，与他们进行谈判，最后取得双方能认可的协议，这个工作主要由公关部承担，但是各个部门仍应该尽量配合好公关部工作，必要时，应该由活动的主创人员向公关部详细说明活动细节甚至参与洽谈。要注意的是，谈判要掌握尺度，广告量要适度，否则商业味道过浓可能会让晚会失败。

六、整合资源

资源可以分为人力、物力和财力；所谓财力就是上面所说的经费来源，所谓人力就是指活动的策划组织团队和活动的具体执行、参与者，所谓物力包括场地、设备、道具等。整合资源的意思就是，你要将现有的所有人力物力财力恰到好处地分配给活动的各个项目，使活动能够顺利地得到运作。

七、进行宣传

吊足参与者的胃口，可以玩悬念，也可以奖励刺激，比如，讲座有讲座单、现场有抽奖、参与有礼品等。当然，这也不只是广告、海报、横幅等的职责，更应该发动学生会成员进行“面传”，这也不失为一种比较有效的宣传传播方式。

八、现场指挥

现场必须有一个指挥中心、总负责人，负责及时调度，他的任务包括：在活动举行前，事先拟定一份现场准备工作的实施细则，提前几天发给各个工作人员，同时说明他们的职责；另外，对工作人员分组，分别确定组长进行负责；制定好活动现场的布置工作的具体流程，确定各工作的完成时间并严格执行。

九、加强沟通

活动进行过程中，要有至少一种让所有工作人员沟通的方式。比如微信，纸条或手势。注意，在某些室内活动场所(例如，报告厅、部分教室)手机信号很差，所以必要时还是应该使用原始的纸条或者手势，实在迫不得已还可以通过传话的方式——当然应该避免影响现场活动的进行。

十、特别提醒

要事先安排好制造气氛的人员，对于各种可能出现的冷场的情况也应该做好相应的应急方案。另外，应该特别注意礼仪，在迎、送参与活动的领导时千万谨慎，不要失去任何礼节。

拓展阅读

如何撰写促销活动方案

销售促进(SALES PROMOTION)是与人员推销、广告、公共关系相并列的四大基本促销手段之一。本文所指的促销活动是指针对消费者的销售促进，至于针对经销商、制造商、销售人员的销售促进在此不列为讨论范畴。随着竞争的加剧，针对消费者的促销活动在营销环节中的地位已越来越重要。据统计，国内企业的促销活动费用与广告费用之比达到6∶4。正如一份缜密的作战方案在很大程度上决定着战争的胜负一样，一份系统全面的活动方案是促销活动成功的保障。

一份完善的促销活动方案分十二部分：

一、活动目的

对市场现状及活动目的进行阐述。市场现状如何？开展这次活动的目的是什么？是处理库存？是提升销量？是打击竞争对手？是新品上市？还是提升品牌认知度及美誉度？只有目的明确，才能使活动有的放矢。

二、活动对象

活动针对的是目标市场的每一个人还是某一特定群体？活动控制在范围多大内？哪些人是促销的主要目标？哪些人是促销的次要目标？这些选择的正确与否会直接影响到促销的最终效果。

三、活动主题

在这一部分，主要是解决两个问题：1. 确定活动主题；2. 包装活动主题。是降价，价格折扣，赠品，抽奖，礼券，服务促销，演示促销，消费信用还是其他促销工具？选择什么样的促销工具和什么样的促销主题，要考虑到活动的目标、竞争条件和环境及促销的费用预算和分配。

在确定了主题之后要尽可能淡化促销的商业目的，使活动更接近于消费者，更能打动消费者。这一部分是促销活动方案的核心部分，应该力求创新，使活动具有震撼力和排他性。

四、活动方式

这一部分主要阐述活动开展的具体方式。有两个问题要重点考虑：

(一)确定伙伴：拉上政府做后盾，还是借媒体之力？是厂家单独行动，还是和经销商联手？或是与其他厂家联合促销？和政府或媒体合作，有助于借势和造势；和经销商或其他厂家联合可整合资源，降低费用及风险。

(二)确定刺激程度：要使促销取得成功，必须使活动具有刺激力，能刺激目标对象参与。刺激程度越高，促进销售的反应越大。但这种刺激也存在边际效应。因此必须根据促销实践进行分析和总结，并结合客观市场环境确定适当的刺激程度和相应的费用投入。

五、活动时间和地点

促销活动的时间和地点选择得当会事半功倍，选择不当则会费力不讨好。在时间上尽量让消费者有空闲参与，在地点上也要让消费者方便，而且要事前与城管、工商等部门沟通好。不仅发动促销战役的时机和地点很重要，持续多长时间效果会最好也要深入分析。持续时间过短会导致在这一时间内无法实现重复购买，很多应获得的利益不能实现；持续时间过长，又会引起费用过高而且市场形不成热度，并降低顾客心目中的身价。

六、广告配合方式

一个成功的促销活动，需要全方位的广告配合。选择什么样的广告创意及表现手法，选择什么样的媒介炒作，这些都意味着不同的受众抵达率和费用投入。

七、前期准备

前期准备分三块：

(一)人员安排。在人员安排方面要"人人有事做，事事有人管"，无空白点，也无交叉点。谁负责与政府、媒体的沟通，谁负责文案写作，谁负责现场管理，谁负责礼品发放，谁负责顾客投诉等，各个环节都要考虑清楚，否则就会临阵出麻烦，顾此失彼。

(二)物资准备。在物资准备方面，要事无巨细，大到车辆，小到螺丝钉，都要罗列出来，然后按单清点，确保万无一失，否则必然导致现场的忙乱。

(三)试验方案。尤为重要的是，由于活动方案是在经验的基础上确定，因此有必要进行必要的试验来判断促销工具的选择是否正确，刺激程度是否合适，现有的途径是否理想。试验方式可以是询问消费者，填调查表或在特定的区域试行方案等。

八、中期操作

中期操作主要是活动纪律和现场控制。纪律是战斗力的保证，是方案得到完美执行的先决条件，在方案中应对参与活动人员各方面纪律做出细致的规定。现场控制主要是把各个环节安排清楚，要做到忙而不乱、有条有理。

同时，在实施方案过程中，应及时对促销范围、强度、额度和重点进行调整，保持对促销方案的控制。

九、后期延续

后期延续主要是媒体宣传的问题，对这次活动将采取何种方式在哪些媒体进行后续宣传？

十、费用预算

没有利益就没有存在的意义。对促销活动的费用投入和产出应做出预算。一个好的促销活动，仅靠一个好的点子是不够的，必须要有足够的财力支撑。

十一、意外防范

每次活动都有可能出现一些意外。比如，政府部门的干预、消费者的投诉，甚至天气突变导致户外的促销活动无法继续进行等。必须对各个可能出现的意外事件做必要的人力、物力、财力方面的准备。

十二、效果预估

预测这次活动会达到什么样的效果，以利于活动结束后与实际情况进行比较，从刺激程度、促销时机、促销媒介等各方面总结成功点和失败点。

以上十二个部分是促销活动方案的一个框架，在实际操作中，应大胆想象，小心求证，进行分析比较和优化组合，以实现最佳效益。

有了一份有说服力和操作性强的活动方案，才能让公司支持你的方案，也才能确保方案得到完美的执行，使促销活动起到四两拨千斤的效果。

拓展训练

一、结合活动策划的“5W2H”，用思维导图绘制公司年会活动策划思路。

二、结合活动策划思路思维导图，编制公司年会活动策划书写作提纲。

三、根据专题活动策划书写作规范写作公司年会活动策划书。

四、请为公司年会活动策划制作汇报课件。

拓展阅读

活动策划书主要附件格式

表一　主题性综合活动多单元活动排期

单元序号	活动名称	时间	备注
1	开幕式及开幕活动		
2	活动一		
3	活动二		
4	……		
5	闭幕式及总结活动		

表二　活动工作推进表(甘特图)

序号	工作内容	第一周	第二周	第三周	第四周	第五周	第六周
1	活动策划						
2	活动宣传						
3	作品征集						
4	集中评选						
5	展览及开幕式						
6	颁奖晚会暨闭幕式						

表三　活动日流程表

时间	事项	备注
8:00—9:00		
9:00—9:30		
9:30—10:00		
10:00—11:00		
11:00—11:30		

表四　物料清单(表)

使用环节	序号	物料	数量	筹措方式	负责人	签收
工作用具	1	嘉宾证	20	制作	××	
		抽奖箱	3	制作		
		啦啦棒	600 对	购买		

表五　预算表

序号	项目内容	数量	单位	报价(元)	备注
现场设备					
9	户外音频设备	1	套	5000	高功率音箱、功放、调音台、无线麦等
10	立体气柱	1	套	3000	氢气球＋立体云
	小计			8000	
道具筹备					
23	模特服装	6	套	1200	租服装、鞋子、配饰等
24	剪彩相关用具	1	套	800	含铁艺花架、白纱、花、金剪、托盘、花球等
25	普惠互动道具	1	套	500	飞镖、儿童玩具等
	小计			2500	

表六　媒体排期表

序号	媒体名称	形式	尺寸/长度	版式/节目	版面/时段	投放日期	金额
1							
2							
3							
4							
5							
6							

表七　媒体排期表

媒体名称	规格/时段	宣传内容	日期									
			1	2	3	4	5	6	7	8	9	10
某某卫视												
某市一套												
某某都市报												
105 公交车												
海报宣传												

表八　活动任务分配表

时间规划 工作内容		准备期																				执行	责任方	责任人
		11 月 20 日—12 月××日																				××日		
		六	日	一	二	三	四	五	六	日	一	二	三	四	五	六	日	一	二	三	四			
方案	活动主创意确定																							
	活动流程设计																							
	活动运营手册																							
人员	客户邀请																							
设计	活动主视觉																							
	延展物料设计																							
文字	新闻通稿																							
制作	延展物料制作																							
采购与租赁	物料物品采购																							
	设备租赁																							
后续	光盘刻录																							

任务十一　写作总结

教学目标

1. 素质目标

培养事前谋划、事后总结的良好习惯。

2. 知识目标

(1)了解总结的概念；

(2)掌握总结正文的写作思路及结构安排；

(3)掌握总结叙议结合的表述方法；

(4)掌握总结的写作格式。

3. 能力目标

(1)能够根据总结的写作要求写作总结；

(2)能够使用段落、小标题及序号体现总结的文章层次。

情景训练

任务：写作元旦晚会总结

艺术学院 2024 年元旦晚会圆满结束了，总体上都能按计划完成，但也有个别未尽人意之处。为更好地总结经验教训，请代为晚会的主办方艺术学院学生会写一份工作总结。

毛泽东同志早就指出：人类总得不断总结经验，有所发现，有所发明，有所创造，有所前进。所以我们说，总结是推动社会进步和人类发展不可或缺的一个重要手段，是促进工作更好开展的一个关键步骤。通过总结，人们可以把零散的、肤浅的感性认识上升为系统、深刻的理性认识，从而得出科学的结论，以便发扬成绩，克服缺点，吸取经验教训，使今后的工作少走弯路，多出成果。无论集体还是个人，总结过去一段时间的得与失，并归纳出规律性的东西，十分重要。

案例导入

模范老公的年终总结	标题
过去的一年中，我在夫人的直接领导下，在岳父岳母的英明指导下……兢兢业业、恪尽职守，摸爬滚打、积极进取，各项家庭工作均取得显著成效。据统计，至去年年底，我们家的银行存款、股票市值、固定资产三项指标分别比前年增长了18%、19%、20%。超额完成了去年年初制定的“三项指标增幅要达到12%”的任务，同时我们家还被本胡同评为“五好家庭”，我被本楼道评为“最称职老公”，夫人则光荣当选“最幸福太太”，实现了物质文明、精神文明的双丰收。 ……	前言部分进行概述：指出总结的背景、主要成果。
二、以“夫人旨意”为工作重点，抓好家庭经济建设。 过去的一年中，我认真贯彻夫人去年年初作出“要把家庭经济搞上去”的重要指示，采取有效措施，加大工作力度，狠抓经济建设，终有所成，家庭三项经济指标均比前年大幅度增长。 我的主要做法是： (一)严格遵守财经纪律。去年，我不折不扣地执行了工资、奖金等主营收入悉数上交，再由夫人回拨零用钱的收支两条线政策，其余副业收入纳入预算资金管理，向夫人打报告审批使用。在过去的一年中，由于我严守财经纪律，做到了不截留挪用，不挤占乱花，不隐瞒收入，不设小金库，使夫人总揽大权的地位得到了进一步巩固，家庭收入管理规范，资金专项使用。 (二)厉行个人节约，注重自我节流。过去的一年中，我戒烟、戒酒、戒茶、戒零食、戒请客，总之，将个人吃穿用度费用降至最低，每月零用钱均有剩余，积蓄一定时日，购买首饰、衣物若干赠予夫人，既增加家庭固定资产，又给夫人带来惊喜，一举两得。 (三)积极探索，广开财路。一是充分发挥自身所长，笔耕不辍，投稿报纸、杂志赚取稿费。二是深入领会《麻将制胜大全》要点，掌握制胜技艺，与同事亲友小赌怡情，胜多负少，小有斩获。三是苦心钻研炒股方法，向夫人申请专项资金投身股海，一级市场守株待兔，二级市场低买高卖，一年下来盈利颇多。 三、以“夫人喜好”为出发点，抓好家庭安定团结。过去的一年，我始终以“夫人喜好”为标准，一切听从夫人，听从夫人一切，不断规范自身行为，搞好家庭安定团结，主要有：	主体部分分析取得的成绩及具体做法。

续表

(一)婚前死党小黄、小李、小谢、小军、小杨诸人一向好吃懒做，行事全无章法，经常来家“骗吃骗喝”，因夫人不喜，我遂将彼等列入损友名单，遂一割袍断义，中断往来(注：小李因欠我债务的缘故，暂还保持联系) …… 由于我紧紧把握“夫人永远是对的，如果夫人错了，请参照上句执行”的方针，家庭安定团结局面一派大好，夫妻相敬如宾，居家气氛温馨。在过去的一年里，我主持家庭日常工作虽取得一定成绩，但离夫人的要求仍存在差距，如工作主观能动性还有待加强，工作尚存在畏难情绪等。在新的一年中，我将克服缺点、发扬优点，在巩固去年成绩的基础上，百尺竿头更进一步，使家庭生活水平芝麻开花节节高，夫妻恩爱此情绵绵无绝期。 最称职老公 2023 年 12 月 25 日	结尾呼应主题，简要指出不足，表明决心。 落款

(摘选自百度文库，作者署名“戚管严”)

思考与讨论：这是一篇文辞较为幽默风趣的模范老公年终总结，对其在这一年当中为家庭经济建设、精神文明建设所做出的贡献、存在的问题等进行了深入的阐述。请思考总结是否只是“记流水账”？本篇总结采用的写作方法是什么？

基础知识

一、总结的概念

总结是社会团体、企业单位和个人在自身的某一时期、某一项目或某些工作告一段落或者全部完成后进行回顾检查、分析评价，从而肯定成绩，得到经验，找出差距，得出教训和一些规律性认识的事务性文书。

二、总结的意义和作用

总结是对一定时期内的工作加以总结，分析和研究，肯定成绩，找出问题，得出经验教训，摸索事物的发展规律，用于指导下一阶段工作的一种书面文体。它所要解决和回答的中心问题，不是某一时期要做什么，如何去做，做到什么程度的问题，而是对某种工作实施结果的总鉴定和总结论，是对以往工作实践的一种理性认识。

总结是做好各项工作的重要环节。通过它，可以全面地，系统地了解以往的工作情况，可以正确认识以往工作中的优缺点；可以明确下一步工作的方向，少走弯路，少犯错误，提高工作效益。

总结还是认识世界的重要手段，是由感性认识上升到理性认识的必经之路。通过总结，使零星的、肤浅的、表面的感性认识上升到全面的、系统的、本质的理性认识上来，寻找出工作和事物发展的规律，从而掌握并运用这些规律。毛泽东同志曾指出：领导者的责任，就是不断指出斗争的方向，规定斗争的任务，而且必须总结具体的经验，向群众传播这个经验，使正确的获得推广，错误的不致重犯。

写好总结，须勤于思索，善于总结。这样可以提高领导的管理水平，培养出更多理论与实践相结合，具有工作能力的干部。总结中，须对工作的失误等有个正确的认识，勇于承认错误，可以形成批评与自我批评的良好作风。写好总结，须从以往的工作实际出发，可养成调查研究之风。总之，写好总结是非常重要的，但也要非常困难的。难度主要表现在两方面；一是总(过去的工作)，二是结(工作的经验，教训，规律)。要正确处理好两者关系：总是结的依据，结是总的概括。

三、总结的种类

根据不同的分类标准，可将总结分为许多不同的种类，区分总结的种类，目的在于明确重心、把握界限、为构思写作提供方便。

按内容分，分为工作总结、思想总结、学习总结、生产总结、科研总结等；按时间分，分为年度总结、季度总结、月份总结、阶段总结等；按范围分，分为国家总结、地区总结、单位总结、部门总结、班组总结、个人总结等；按性质分，分为全面总结、专项总结等。

其中，全面总结即一个单位、一个部门对一个时期的全面工作加以综合整理归纳而写出的书面材料。这类总结内容详细、涉及面广、时间较长，能反映整个工作的全貌，常用于上级或下级汇报工作，所以大都属于汇报性的工作总结。如年度工作总结、领导班子换届时的工作总结等。

专项总结是对某项工作的一个方面或某一专门性问题所作的总结。这类总结在实际生活中运用得较为普遍，每做完一项工作后，就可以写这方面的专项总结。专项总结的内容集中、单一，反映局部情况，往往能写深写透。

案例欣赏

新闻传播学院工会 2023 年工作总结

根据工会法和××外国语大学工会工作要求，新闻传播学院工会 2023 年在维护职工合法权益、动员职工参加建设和改革、组织职工参与民主管理、帮助职工提高思想文化素质等方面积极开展工作，成效较为显著，现根据工会的四项基本职能，分四个部分对本年的工作进行总结。

1. 维护职能

在院党组织的领导下，积极维护教职工的合法权益。定期召开教代会，学院内涉及重大教职工权益的有关工作或福利政策，须经教代会通过。日常注意听取和收集教职工的意见，涉及职工权益的，要与有关部门沟通并及时给教职工以答复。工会主席代表教职工的利益，积极参加学院院务委员会会议，在委员会中站在教职工的立场发表意见，参与决策。

2. 建设职能和参与职能

积极动员职工参加学院各项建设，在教学、科研和学院文化建设方面做一些工作。

协助学院召开两次教学和学生工作沙龙，发动教职工对教学和学生工作方面进行反思，找出薄弱环节和问题，提出积极的建议。在学期开始阶段开一次，提出问题和建议；在学期结束时再开一次，进行了总结。组织了一次学院的校友返校活动，策划建立一个校友的交流平台，听取已经毕业的校友对我院教学和学生工作的意见。

3. 教育和桥梁纽带作用

协助学院党总支，积极组织学院教工的学习活动，邀请有关专家为教职工提供有益的讲座，积极开展文化活动，提高学院教职工的总体素质。发挥纽带作用，有两个方面，一是作教工和学院之间的纽带，二是作教工之间的纽带，排除相互间的误解，避免摩擦，增加沟通和理解。为此，工会应在平时注意发现问题，及时沟通解决问题，此外还要组织学院教工集体的文化娱乐活动，创造交流机会、建立沟通的平台。安排了两次活动，一是在学期开始时，举办一次聚餐会，二是在元旦时按惯例，组织学院的“忘年会”，集体迎接新年。此外，积极组织学院体育健身活动，进行乒乓球比赛、羽毛球比赛等。

4. 职工福利和送温暖活动

根据年节和季节，协助学院发放相关的福利物品和奖金。在春秋两季组织职工的疗休养活动。对生病和生育的职工要积极地关心，进行探望和慰问。

这是一份全面总结，是一个学校的二级学院工会对 2023 年该工会的工作开展情况进行全面梳理分析，围绕工会的四项具体职能展开，客观、全面地展示出本年度工会工作所取得的成绩。

案例欣赏

从落实责任制入手　加强企业管理的基础工作

首都钢铁公司

近几年，我们公司建立了工人岗位责任制和干部职务责任制，对于克服职责不清和无人负责的现象，起到了较好的作用。但是，没有明确每项工作要干到什么程度，达到什么标准，结果衡量没有尺度，考核没有依据，往往是责任制写在纸上，贴在墙上，执行不执行一个样，工人们反映，这样的责任制好像橡皮尺子，可长可短，不好衡量，容易流于形式。事实说明，生产水平越高，越要落实责任制，把基础工作搞扎实。

1. 制订岗位考核标准

我们对全公司劳动管理和岗位责任制的现状进行调查，摸清了情况，然后根据各厂赶超国内外先进水平的目标和多快好省的要求，制订了工人岗位考核标准和干部的办事细则，要求做到“全、细、严”。所谓全，就是工人的标准要有七项内容，即产量、质量、消耗指标；技术操作标准；事故控制标准；设备维护标准；文明生产标准；限额领料金额和劳动纪律规定。干部办事细则有四个方面，即分管的指标必须完成；分管的基础工作必须健全；专业分析必须及时、准确；业务工作必须取得成效。所谓细，就是按工人岗位确定标准，每个岗位都要订出几条标准；每个干部都要把所承担的业务，一项一项地订出办事程序、协作关系、时限与完成程度。所谓严，就是制订岗位标准与办事细则，不能迁就现状，而是要按照“创水平、攀高峰”的要求来制订，不仅要有“定向”的要求，而且要有明确的数量、质量、时间的要求，要能够据以考核。

2. 严格按标准进行考核

制订出岗位考核标准后，我们坚持从严考核，用一整套的定额、计量、原始记录和统计，精确地计算每个岗位的生产效果，科学地分析每项技术操作，使各项经济活动和生产技术操作规范化、标准化、最佳化。各厂矿对工人普遍实行了班统计、日公布、周分析、月总结的制度；干部按人建立考核手册，按日登办事细则完成情况，按周由上一级领导签字记分，按月用百分制进行计算。这样，使考核的过程变成技术分析的过程、班组经济核算的过程、竞赛评比的过程。有了这套考核办法，既可以有节奏地组织生产，又做到了好坏分明，功过分明，为实行奖惩和升级提供了可靠依据。通过坚持标准的严格考核，每一名干部、工人都自觉地各负其责，使企业管理和生产建设都出现了新气象。去年 30 项可比指标，全部超过历史水平。其中 6 项指标进入世界先进行列，16 项指标夺得国内同行业冠军。

3. 根据考核结果实行奖惩

在严格考核的基础上，我们把考核同奖惩紧密结合起来，根据考核结果，做到赏惩分明。

我们在发放利润提成奖时，根据在赶超先进水平，实现优质、低耗方面是否有成绩；在降低成本、完成订货合同、实现全部利润等方面经济效果是否显著；在企业管理基础工作是否扎实等三个方面，为每个厂矿评定分数，按得分多少，把厂矿分为贡献突出单位、成绩较好单位、完成任务单位、工作较差单位四类，并分别按四种标准领取奖金。各厂矿在把资金分到人时，还要根据平时考核，按贡献大小，能力高低、劳动态度三个方面，对每个职工评定分数，按分计奖。工人们说：过去发奖，不是“一人一勺汤”，就是领导凭印象。现在是奖多奖少看贡献，贡献大小有考核，有赏有罚心明眼亮。过去有事大家“推着干”，现在是抢着干、出满勤、干满点的越来越多，泡病假、混日子的越来越少。过去许多单位争着要人，现在变成争着减人。

实践说明，制定岗位考核标准，严格按标准进行考核和根据考核结果实行奖惩三位一体，是落实岗位责任制，把企业各项管理基础工作进一步扎根基层的行之有效的办法。

这是一份专项总结，是首钢公司就落实责任制、加强企业管理工作的情况所做的专题经验总结。

前言以概括的语言，扼要地交代了最初实行责任制时，由于没有明确、具体的责任目标和标准，而往往流于形式的情况。从而得出了“生产水平越高，越要落实责任制，把基础工作搞扎实”的结论。这既呼应了文题，又引渡下文。

主体部分采用了小标题的形式，把主要经验概括出来，然后从考核标准到严格考核和实行奖惩一一加以具体介绍说明。层层展开，脉络十分清晰。

结尾以极其简洁的语言，总结全文作结，照应开头。结构十分完整。

四、总结的特点

总结与其他的文体相比较，其特点主要包括以下几方面。

(一)真实性

总结是对实践活动的全面回顾和客观评价，这就决定了总结有很强的真实性。它必须以实践活动为基础，以事实为依据，所用事例和数据都必须准确可靠，确凿无误；所进行的评价、结论既不能夸大，也不能缩小，更不能随意杜撰、歪曲事实。否则，就会使总结失去应有的价值。客观性是总结最大的、也是最突出的特点。

(二)自我性

一般情况下，总结是对自身实践进行回顾的产物，它以自身工作实践为素材，以第一人称的写法，不是说你怎么样、他怎么样，而是说我(们)怎样。其中的成绩、做法、经验、教训等，完全都是本身实践的结果，是自我解剖，自我认识，自我肯定，自我表扬，自我批评，自我提高。它在形式上，是自身实践活动的客观评价；在内容上，是自身工作情况的回顾；在选材上，是以自身工作实践的事实为材料，其所总结出来的理性认识也应该反映自身工作实践的规律。所以自我性是总结的一个本质特点。

(三)历史性

总结与计划正好相反。计划是对未来的谋划，对下一步工作进行安排，是“将来时”。而总结则是对过去实践的回顾，它是对已经做过的一个时期的实践，进行全面系统地回顾、检查、分析、研究、归纳和提炼，把大量的感性材料集中起来，使之条理化、系统化、科学化，是“过去时”。但两者的目的都主要是为做好下一段的工作打基础。

(四)理论性

总结虽然是自身工作实践活动的回顾，但绝不是完全照搬工作实践活动的全过程，也不是工作实践活动的“流水账”。所以在体裁上，它不是记叙文，而是议论文；在内容上，它不是实践活动过程的简单罗列，而是在回顾的基础上，对事物作本质的分析，归纳出能够反映事物本质的规律，把感性认识上升到理性认识。它不仅揭示规律性、找出规律，同时还要用事实准确无误地反映规律性、说明规律。这是总结最重要的一个价值。

(五)典型性

进行工作总结，往往要找出经验性、典型性的东西，找出基本的、突出的、本质的、有规律性和有代表性的东西，这些内容能够代表某个方面的经验、问题倾向等，具有典型性的特点。它不是工作记录。所以在工作和学习中很有现实意义。

(六)经验性

总结的客观性特点要求总结必须按照“实践是检验真理的唯一标准”这个原则，正确反映客观实际，揭示客观规律，找出经验教训，得出规律性认识，这样形成的总结就会对自身下一步的工作实践或其他个体、团体产生重要的指导作用。主要表现为：向下级机关或广大群众作总结性报告，目的就是让下级或群众了解有关工作情况，进一步树立工作信心，明确奋斗方向；向上级作总结性汇报，目的是让上级机关或领导者全面了解工作的情况，以便及时获得上级机关或领导者的指导和支持；向外地、外单位介绍工作情况和经验教训，也是为了提供经验和借鉴。

(七)指导性

通过进行总结，发现过去工作的成绩与失误，剖析其产生的根本原因，进而在今后的工作中继续坚持好的做法，吸取工作教训，克服缺点，纠正偏差，使今后工作少犯错误，少走弯路，取得更大成绩。所以在目的上，它不是预测情况，估算数字，盘算问题，而是要通过肯定成绩，找准问题，悟出道理，明确方向。形象地说就是“悟昨天，看今天，谋明天”。经常进行科学全面的工作总结，对将来的工作很有指导意义。

(八)证明性

总结是实践活动真实的反应和评价，因其客观性特点，所以它基本的表达手段是证明性的、被动的，要靠典型的材料来证明每个判断的正确性。

五、总结的写作格式与结构

总结主要包括基本情况、成绩和做法、经验和教训、今后打算等四个方面的主要内容。总结一般包含三部分内容，即标题、正文和落款。

(一)标题

标题一般有三种形式，可以根据总结的类型及具体需要选择恰当的标题形式。

1. 公文式标题

标题构成为“单位＋时限＋内容＋文种”，如《宏远公司 2023 年财务工作总结》《××公司 2024 年第一季度工作总结》；在非正式场合如单位内部使用、流通，也可以省略“单位”和“文种”，标题构成为“内容＋文种”，如“销售工作总结”。

2. 文章式标题

可以概括出总结的核心内容作为总结的标题，如《售后服务是企业的命根子》。

3. 双标题

正题揭示总结的主题，副题则说明总结的内容和文种，专题式总结大都采用这种标题，如《用智慧创造未来，用心经营我们的家——市场营销学会学期工作总结》。

(二)正文

正文是总结的主体部分。主要由前言、主体、结尾三部分构成。

1. 前言

总结的前言一般是概述基本情况，包括单位名称、工作性质、主要任务、时代背景、指导思想以及总结目的、主要内容提示等。或简述主要成绩；或介绍基本经验；或对工作做出评价，给人总体印象，通常以一定数据和事例简要说明工作业绩。还可以通过提问的方式引出下文。总结开头力求简明扼要，开门见山。

前言如果较为特别，展现出汇报人或单位的文采，往往会给他人留下较为深刻的印象。

2. 主体

这部分首先陈述主要成绩、做法，总结经验；摆出问题，总结教训；最后提出今后的打算及努力方向。经典“三段论”写法指的是主体内容通常包括工作主要成绩、存在的主要问题或不足之处、今后努力的方向三个部分。主体部分的篇幅大、内容多，要特别注意层次分明、条理清楚。

主体部分常见的结构形态有三种：

(1)纵式结构

就是按照事物或实践活动的过程安排内容。写作时，把总结所包括的时间划分为几个阶段，按时间顺序分别叙述每个阶段的成绩、做法、经验、体会。这种写法的好处是事物发展或社会活动的全过程清楚明白。

(2)横式结构

按事实性质和规律的不同分门别类地依次展开内容，使各层次之间呈现相互并列的态势。这种写法的优点是各层次的内容鲜明集中。

(3)纵横式结构

安排内容时，既考虑到时间的先后顺序，体现事物的发展过程，又注意内容的逻辑联系，从几个方面总结出经验教训。这种写法，多数是先采用纵式结构，写事物发展的各个阶段的情况或问题，然后用横式结构总结经验或教训。

主体部分的外部形式，有贯通式、小标题式、序数式三种情况。贯通式适用于篇幅短小、内容单纯的总结。它像一篇短文，全文之中不用外部标志来显示层次。小标题式将主体部分分为若干层次，每层加一个概括核心内容的小标题，中心突出，条理清楚。序数式也将主体分为若干层次，各层用“一、二、三……”的序号排列，层次一目了然。

案例欣赏

××开发区工作总结

××年，面对新形势、新机遇、新挑战，我们提出了“发展第一，项目第一，服务第一”的理念，以招商引资和项目建设统领全局工作，聚全区之力，强力实施大项目突破，带动各项工作的开展。一年来，全区上下强抓机遇，应势而上，攻坚克难，迈出了坚实的一步，大开发、大建设、大发展的势头已经呈现。工业经济保持快速增长。截至×月底，全区工业总产值……招商引资创建区以来三项纪录……重点项目建设成效显著……财政收入保持高速增长……

一、创新招商体制机制，不断调整招商策略，真正实现招商引资的良性发展

(一)打造专业招商队伍

今年以来，我们把打造一支招商专业队伍作为全年招商的重点来抓……今年我们引进的××多个千万元以上的项目，基本上是由这些招商主体引进的。

(二)创新招商策略

为破解困扰高新区发展的招商难题，我们先后组织了几次专项考察活动，借鉴外地

的板块经营和大项目突破等经验，确定我们的招商策略……

(三)实施板块经营……

(四)集成招商优势。资源配置实施三个倾斜，即资金上向项目倾斜，如在××项目上，正是拿出专项资金，提前储备了几百亩土地，才保证了该项目的签约入驻……

二、加强环境建设，打造服务品牌，进一步扩大××开发区的环境优势

(一)硬环境建设

在硬环境建设方面，我们根据××的新形势，确立了统筹考虑，基础先行，推动城乡一体化发展的总体思路。

1. 完善路网构架……

2. 提升我区形象……

3. 完善配套功能……

(二)软环境建设

在软环境建设方面，我们围绕建设服务型政府，切实提升服务能力这样一个目的，抓了几个方面的工作。

1. 根据服务设机构……

2. 营造“亲商、安商、富商”的浓厚氛围……

3. 引入先进的管理理念……

三、以人为本，统筹经济和社会事业发展，凝聚发展合力，构建稳定和谐的发展环境

市委、市政府对××区实行属地管理，不是让我们沿袭旧有县区的体制机制，而是为加快××区的发展，带动乡村经济，成为城乡一体化发展的示范区。为了完成这一使命，我们主要抓了三个方面的工作：

(一)放权……

(二)搞活……

(三)安民……

属地管理一年来，我们取得了很大的成绩，各项工作向前迈出了一大步，展示出了××区良好的态势和蓬勃向上的发展活力，使××区多年来积淀的发展优势得到了集中体现，充分证明了××区是有能力完成市委、市政府赋予的历史使命。如果能按照××年的这种态势发展下去，××区能够很快实现一个大的飞跃，在工业强市进程中能够发挥更强的支撑性作用。

××区政府

××××年××月××日

这是经典的“三段论”写法，采用了层级序数理清思路，按照人们认识事物的习惯安排总结的顺序，是“总一分一总”的模式。这种总结往往先对总结的主要内容进行高度概括，点明主旨，表明观点；然后进行分述，既可按事物的发展顺序进行叙述，也可分条目、分类别进行表述，中间可夹叙夹议，也可进行白描式铺陈；最后进行升华和提炼，得出一些工作体会、宝贵经验和存在问题。

3. 结尾

结尾是对全文内容的总述，也可以是对未来工作的展望，呼应主题，指出努力方向，提出改进意见或表示决心信心等。结尾篇幅一般简短利索，甚至有的专题性总结在正文部分已经把问题说清楚了，不另写结尾。

案例欣赏

总之，近一年以来，我院外事工作出现了可喜的新局面，也取得了一定的新成绩，这是我院全体外事工作人员努力的成果，更是与各级领导的关怀、重视分不开的。我们期盼着在新的一年中，各级领导继续关心、扶持我院外事工作，我院全体外事工作人员继续齐心协力，努力把我院外事工作推向更新的高度！

在小康村创建工作中，我们做了大量的工作，投入了大量的精力，但工作成效与县委、县政府的要求还有不小的差距，与小康村创建进程也还有一定距离。在今后的小康村创建工作中，我们将加大工作力度，弥补工作不足，力争按期完成创建目标，为早日实现“小康县”的目标，把我县建成“富强、文明、秀美”的新××作出积极的贡献。

(三)落款

包括署名和日期。当然，署名和日期可放在标题下也可放在文末。如果标题中或标题下已经有了单位名称，此处也可不写，只写成文日期。

六、总结的写作要求

(一)真实客观，实事求是

总结是实践的概括，一定要符合实际，实事求是地反映情况，把做的工作、取得的成绩或经验以及存在问题如实写来，不能夸大或缩小。这就要求充分占有材料，掌握大量的数据和真实事例。有的人在总结中夸大成绩，隐瞒缺点，报喜不报忧，这种弄虚作假、浮夸邀功的坏作风，对单位、对国家、对事业、对个人都没有任何益处，必须坚决防止。

(二)探寻规律，观点鲜明

总结不是仅仅为了回顾，而是为了今后进步，总结最重要的作用就是要找出基本经验和应吸取的教训，以便更好地指导今后的工作。因此，总结不能写成流水账，不能仅仅罗列现象、事实，总结要写出个性，就要有独到的发现、独到的体会、新鲜的角度、新颖的材料。这就要求在占有大量材料的基础上，认真寻找规律、提炼观点，体现总结的独到价值。

(三)详略得当，重点突出

有人写总结时总想把一切成绩都写进去，不肯舍弃所有的正面材料，结果文章写得臃肿拖沓，没有重点，不能给人留下深刻印象。因此，写总结时不能面面俱到，眉毛胡子一把抓，要抓住主要的东西，切忌冗长，否则不能取得预期效果。这就要求对材料的处理须详略得当，突出重点，选材不能求全贪多、主次不分，要去芜存菁，根据实际情况和总结的目的，把那些既能显示本单位、本地区特点，又有一定普遍性的材料作为重点选用，写得详细、具体，而一般性的材料则要略写或舍弃。

(四)叙议结合，角度适合

在交代工作过程、任务完成情况、列举典型事例时以叙述为主；在分析经验教训、指明努力方向时以议论为主。总结是自身活动实践的产物，应反映自身工作实践的规律，要从本人、本单位、本部门的角度来撰写，故总结一般采用第一人称写作。

拓展知识

如何用图文并茂的PPT展示年终总结

在年终考核或工作总结会上，一份好的工作总结PPT会帮你有条理地阐述规定时间段内的工作情况，把自己所要表达的信息组织在一组图文并茂的画面中，可以形象直观地介绍、展示自己的工作成果。也就是说为什么要制作PPT？是为了增强表达效果，实现更有效的沟通。所谓好的PPT，应该是逻辑清晰、言文相合、图文并茂、动静结合的。

那么，如何用图文并茂的PPT为自己的年终总结加分呢？可以分三步走。

(一)拟写提纲，搭建框架

PPT的逻辑很重要。工作总结最好运用结构化思维，显示简明、清晰的逻辑关系，因此制作PPT的第一步是设计提纲，最重要的是：标题应反映观点，体现清晰的层级关系。

在做PPT之前，首先要对一年来的工作认真回顾思考，对取得的成绩、存在的问题和努力方向几个方面进一步地梳理和归纳，作为拟定PPT提纲时确定层级关系的参考。同时分清主次详略，确定哪些部分需要占用的PPT篇幅较多，可以详细展示，哪些占用比较少，甚至一句话带过，在提纲的相关标题后标注详略及备选素材的关键词。

注意标题的提炼技巧，反映观点，大标题表达中心思想，小标题是本段关键词。

(二)确定风格，设计模板

PPT风格的选用有两条原则：一是以听众为中心的设计目标思路；二是符合汇报内容的特点。因此，年终总结现场汇报的风格可从汇报场景与听众群体、总结内容本身，以及汇报人的性格、语言表达特点等方面来考虑。

制作或选择一个适合自己的PPT模板，根据实际情况可以自己设计制作模板，也可以去各大素材网站下载风格迥异的模板。一般而言，简约、商务风格适用于大部分的职场人士，而设计、美工等行业可以选择更具创意的模板。

确定模板之后，根据提纲的层级目录来设计PPT的整体构架，理清目录标题、明晰层级关系，准确无误地体现出总结各组成部分之间的逻辑关系。

(三)填充内容，图文并茂

PPT是用来辅助演讲的，满屏文字的PPT是最为单调和乏味的，很难吸引大家的注意。年终总结是对一年工作的回顾，素材很丰富，应当恰当运用图文结合的技巧，将文字材料视觉化，使表达的内容一目了然。在PPT中添加图表、照片、音频、视频等，使

PPT 的展示与总结文字相互补充、相得益彰，会赢得更多的关注。

做到图文并茂的重点是版面设计要直观，运用图表化表达的方式将文字视觉化。常用技巧有以下几方面。

1. 页面保持简单

文字太多怎么办？解决方案如以下几条：一是充分利用备注；二是拆成多个页面；三是要点逐条显示；四是要点显示后变暗。

2. 把概念或数据翻译成图

将重要概念以图片、图标展示；关键数据处理成柱状图、折线图、饼状图等直观形式的图表，特别是在数据进行对比时。

案例欣赏

“下半年华南地区销售业绩提升非常快”这个观点有三种处理方式，你认为文字式、表格式、图片式中，哪一种效果更直观？

案例 1：文字式

下半年华南地区销售业绩提升非常快

华北地区：上半年 25%，下半年 25%，合计 50%；
华中地区：上半年 55%，下半年 15%，合计 70%；
华南地区：上半年 10%，下半年 80%，合计 90%。

案例 2：表格式

下半年华南地区销售业绩提升非常快

	上半年	下半年	合计
华北	25%	25%	50%
华中	55%	15%	70%
华南	10%	80%	90%

案例 3：图片式

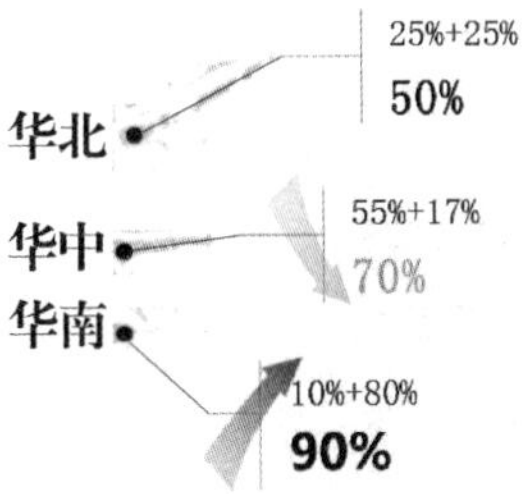

3. 适当运用动画效果

根据表达需要，恰如其分地运用动画，能吸引听众的注意，突出重点或关键内容。但注意动画根据需要设计，不要滥用动画，以免过于分散听众注意力。

4. 恰当运用排版技巧

(1)字体字号风格

注意选用合适的字体。一般来说，宋体比较严谨，适合正文，显示最清晰；黑体比较庄重，适合标题，或者强调区；隶书楷体艺术性强，一般不适合投影。有很多做得好的 PPT 运用了微软雅黑字体，效果比较好。

注意字号的大小。听众是来听演讲的，不是来做视力检查，字号大小根据听众人数、场地大小。

(2)标题逻辑关系

PPT 的标题体现总结的逻辑思路，可以通过项目符号和编号显示层级关系；通过字体、字号、颜色显示层级关系，同一个层级的标题应使用同样字体、字号和颜色；还要注重提炼关键词，重点部分或关键词用不同的字体、字号或颜色。

(四)美化修饰，细节调整

从 PPT 的内容来说，每个标题的文字要注意修饰，例如所有标题的句式整齐，结构一致，如果做到各标题的句式工整，讲究对偶、排比、押韵等修辞手法，具有语言形式美，会起到锦上添花的效果。

从 PPT 的形式来说，最后要对 PPT 的页面进行美化修饰，确保 PPT 整体色调与汇报内容相融合，例如：树立"版心线"概念，在版面内构建；注重细节，美观大方，利用网格线和参考线快速对齐；利用格式刷，统一文字形式；形成一个色系，整体不要超过 4 个颜色，一般同页用色不超过 3 种。

拓展训练

一、结合总结写作要求，分析病文，指出错误。

2023 学年我的个人总结

炎日当空，天上没有一丝云彩，火辣辣的太阳简直叫人不敢出门，空中没有一点风，只有知了在树上不停地叫着，好像在说："放假啦，放假啦"。又一学年过去了，我应该利用暑假对这一学年的学习情况做一些总结，以迎接新学年的到来。

在这一学年里，我学习了成本会计、管理会计、审计原理、经济法、计算机应用、外贸会计、大学英语、应用文写作、体育、职业道德、概率论等课。其中成本会计 82，管理会计 86，审计原理 80，经济法 89，计算机应用 90，外贸会计 90，大学英语 72，应用文写作 68，体育 85，职业道德是优，概率论是中。总的来说，成绩还是可以的，在班上属中等水平。其中，计算机应用、职业道德和外贸会计成绩好些优秀，而大学英语、概率论和应用文写作成绩差些不够理想。下一学期，我要继续努力，争取取得更好的成绩，最好都在 80 分以上，这样就可以获得奖学金，减轻家庭的经济负担，更可以在择业时增加自己的实力。

工商管理(1)班×××

二、写一份总结(三选一)

1. 对你本人过去的人生进行小结(成绩、不足、未来打算)。

2. 对你本人曾经从事的某项重要活动进行总结。

3. 对你本人《口才与写作》课程学习进行总结。

要求：观点明确、材料丰富、条理清晰、格式规范，字数不少于1000字。

参考文献

《现代应用文写作》主编：张岳. 昆明：云南大学出版社，2003年8月.

任务十二　写作调查报告

教学目标

1. 素质目标

①培养实事求是的精神；

②培养较强的逻辑思维能力；

2. 知识目标

①了解调查报告的概念、特点和类型；

②掌握调查报告的写作步骤、要求及社会调查的选题方法。

3. 能力目标

①能够根据项目要求，选用正确的调查方法；

②能够根据调查报告的写作规范，写作规范的调查报告。

情景训练

任务：写作调查报告

×××××学校学生处为了了解毕业生就业地的选择倾向，拟对该校大四学生进行问卷调查，请你代该校学生处设计调查问卷，并根据调查问卷的结果，拟写一份关于毕业生就业地选择倾向的调查报告。

1999年以来，我国高等教育招生不断扩大，大学毕业生就业难的现象开始显现。为了充分了解毕业生的就业心态和求职意向，从而有效开展就业指导，面向毕业生开展的调查显得尤为重要。高校毕业生就业倾向地的选择造就了我国不同城市的差异，同样的也影响了城市的人力资源水平。

情景训练

7名人大学生灾后重建报告获国务院肯定

7名人民大学的学生，看到汶川大地震的灾情后，历时15天完成了一份长达4万字的“震后恢复建议”，并送达了国务院。很快，国务院应急办要求几名学生加送几份，并请他们到中南海会谈。

灾区学子心系家乡

动机

罗杰是人大行政管理系2007级的硕士生。出生于四川巴中的一个小镇，紧邻重灾区广元。5月12日汶川地震时，罗杰的家乡也震感强烈。震后整整1个小时，他都无法跟家里取得联系，心急如焚。16点，揪心的电话终于拨通了。电话那头的妈妈依然心有余悸：房子晃得特别厉害，墙都裂了。所幸的是，家人都平安无事。

不上前线只做报告

方向

捐了款、献了血之后，罗杰开始思考如何能发挥自己的所长，为灾区再做点事。他当时正跟导师唐钧教授主攻政府危机管理这个方向，正好可以学以致用。

有了这个想法之后，罗杰立即跟自己的两个老乡联系。他们是行政管理系07级硕士生谭毅和法学系07级硕士生何耀。罗杰告诉他们自己想做一份灾后重建的研究报告，三个人一拍即合。

随后，德语系04级的本科生雷柳倩、社会学系04级的本科生张冬凯、行政管理系05级的博士生刘伯志、行政管理系07级的硕士生刘承丞也积极加入。作为其中唯一非巴渝人士，天津人张冬凯说：“我们现在都是四川人。”

工作

15天完成4万字建议

有了目标，他们在人大图书馆、国家图书馆、网络上反复检索，却发现关于地震的研究资料非常少，大部分是些回忆性的故事，参考价值不大。而一些外文资料因为牵涉到版权问题，在国内不能看。雷柳倩负责德国法兰克福第二次世界大战后重建的案例，对此体会最深。

她说，尽管那是人祸，但和地震一样，是在一片废墟上重建。而且法兰克福在第二次世界大战后，能从满目疮痍迅速地崛起为欧洲的金融中心，这个经验是值得借鉴的。但是国内关于法兰克福重建的资料少之又少，只能求助德国朋友。

一位德国杜塞尔多夫的朋友应雷柳倩的要求，在当地图书馆查找了两万余字的资料，用邮件发给她。“这些在国内应该都算是第一手的资料了。”雷柳倩说。

每天晚上9点，7个人都要聚在人大品4的会客室里开一次碰头会，风雨无阻。小屋子里总是气氛热烈，7个人积极地交流着自己每天的收获，并不断地完善自己的观点。等他们散会回去时，寝室都熄灯了。

几经修改之后，5月27日，研究报告《关于四川“汶川大地震”灾后恢复重建的思考和建议》最终定稿，并迅速交至国务院新闻办。

成绩

四川省副省长来信感谢

很快，时任国务院秘书长马凯对报告做出批示。6 月 11 日中午，国务院应急办公室致电罗杰，请他加送几份报告至中南海。次日上午，罗杰等人应邀带着几份报告来到中南海，与相关负责人进行了半小时的座谈。

6 月初，该报告摆上了时任四川省李副省长的案头。李副省长觉得报告中有些建议非常好，当即就把报告转给了由四川省省长蒋巨峰任组长的灾后重建领导小组。

同时，李副省长也为在外求学的四川学子还能如此心系家乡而感动，因此就专门给罗杰等同学写了封信表示感谢。随后，四川省政府办公厅又给罗杰打来电话，请罗杰再将电子版发给他们以便进行深入研究。

对于纷至沓来的肯定，罗杰显得很淡定："现在很多学生对社会都很有责任感，像这次地震，光人大就有很多学生做了相关的研究，只是我们比较幸运罢了。"

（新闻来源：京华时报，有删减）

思考与讨论：大学生进行社会调查，选题时要注意哪些问题？如果你是罗杰，请为灾后重建报告拟写一个大纲。

没有调查就没有发言权

毛泽东同志是我党重视调查研究的杰出代表，也是调查报告的写作高手。早在学生时代，毛泽东同志便先后来到湖南的长沙、宁乡、浏阳等地进行了"游学"式的考察。此外，《中国社会各阶级的分析》《湖南农民运动考察报告》《中国佃农生活举例》《关于农村调查》等文章，都是指导我们科学调查的经典文献。其中，他在 1930 年 5 月撰写的《反对本本主义》一文和 1931 年 4 月起草的调查通知中，相继提出了"没有调查就没有发言权""不做正确的调查同样没有发言权"等著名论断。

下面的几个问题，请猜一猜调查的结果：

你喜欢先迈左脚还是先迈右脚？男人更喜欢先迈左脚还是先迈右脚？女人呢？

消费者最喜欢几摄氏度的可口可乐？

消费者平均一年看多少条可口可乐的广告？

可能你根本无法回答以上问题，那是因为你根本没有调查过，没有调查就没有发言权。根据市场调研，其实，51％的男性走路时先迈左脚，65％的女性却先迈右脚。可口可乐公司知道，消费者最喜欢喝 4℃ 的可口可乐，平均一年看 69 条可口可乐的广告。

思考与讨论："没有调查就没有发言权"，对消费者的调查研究会带来什么启示？大数据时代如何创新方法进行调查研究？

基础知识

一、社会调查的概念

社会调查，是在一定的理论指导下，有目的、有计划地运用特定的方法和手段，收集有关调查对象的信息资料，并做出描述、解释和对策等的社会认识活动。

二、社会调查的作用

(一)描述状况

社会调查可以帮助人们了解和描述社会现象，深入认识特定的社会现象。比如要深入认识我国社会中的离婚现象，必须首先对目前社会中离婚现象的状况有个客观的、整体的了解，必须先弄清离婚现象普遍到什么程度、离婚者有哪些背景特征、离婚现象在总体上具有一些什么样的特点等。通过进行社会调查，我们就可以较为准确地描述离婚现象在各个不同时期的普遍程度，例如在城乡两种社区之间的差别，离婚者的年龄结构、文化层次、职业结构以及结婚时长的分布等基本情况。

(二)解释原因

社会调查还可以解释社会现象发生的原因。同样以我国离婚现象的社会调查为例，通过对离婚现象的客观、精确且多方面的综合描述，能帮助研究者从多种因素、多种现象的相互关系中，找到最重要的原因。

(三)预测趋势

社会调查可以对社会现象的发展趋势做出一定的预测，这种预测是对现象的准确描述和正确解释为基础的。还是以上述离婚现象为例，当研究者对离婚现象的现状、特征及当事人离婚原因有了比较清楚、明确的认识后，就能依据社会环境中各个因素或条件发展变化的趋势，对未来社会中的离婚现象做出一定的预测。

三、调查研究的基本方法

为了使调查顺利进行，应掌握以下几种常见调查方法。

(一)普遍调查法

这种方法是指在一定范围内，对所有对象进行全面调查，以获得完整、系统的资料，即所谓的“普查”。其特点是，所获资料全面、准确、误差小。缺点是周期长，费时、费力，如几年一度的人口普查、工业普查、农业普查。

(二)典型调查法

这种方法是指在一定范围内选取最能代表总体普遍状况的事物作为调查对象，进行深入细致的调查研究，以得出指导全局的一般性规律。如成功人士创业历程调查。

(三)抽样调查法

这种方法是指在总体中任意抽取一定数目的样本进行调查研究，以此推断总体情况。其特点是经济、省时。

(四)实地调查法

这种方法是指调查者亲身深入第一线，通过与调查对象面对面的观察、访谈等方式，来获取资料的方法。通过使用以上科学的调查方法，可获取大量有价值的资料，这一环节是研究的基础，也是决定调查质量的关键。

四、调查报告的写作格式与内容要素

(一)标题

调查报告的标题必须高度概括调查的内容和主题。标题的写法有 3 种:

1. 公文式标题

“发文机关+事由+文种”“事由+文种”,即“关于×××××的调查报告”,如《关于××市大学生学习态度的调查研究》《关于大学生就业问题和就业观的调查报告》《关于高校学生应用写作能力状况调查报告》。

2. 提问式标题

这类标题以提问形式提出调查报告的主要内容,很容易引起读者的注意,使读者的阅读更容易。如《毕业 失业?——关于大学生就业问题和就业观的调查报告》《00 后人群还相信中医药吗?》等。

3. 文章式标题

这类标题直接揭示了研究的内容,如《他们也有爱的权利》,这种标题比较吸引人,但缺点是不易从中看出明确的调查对象以及探究的具体问题,所以加上一个二级标题会更明确:《他们也有爱的权利——××市老年人婚姻问题调查》。

(二)导语

导语,或可叫引言、序言,是对全文简要的说明,要求简明、精练,扼要地概括全文。一般可以交代调查的目的、时间、地点、对象、方法,也可以介绍报告调查的基本成果。

例文欣赏

1. 引言

在外语学习研究领域中,欧美及我国语言教育家经过各种调查研究,认为动机是影响外语学习成功与否的主要因素之一。动机的研究对于教师来说至关重要。故此,笔者对西南工业大学大学生的英语学习动机进行了小规模的问卷调查。

(选自《大学生英语学习动机调查报告》)

(三)主体

主体部分是调查报告的主干部分,是对调查情况、调查结果全面真实的反映,是全文的重点。调查到的基本事实或主要情况、归纳出来的成绩或问题、分析得来的经验或教训、抽象出来的规律都写进主体部分。该部分可以从以下三个层次展开论述:

1. 基本情况

这部分要具体写明调查的时间、地点、人物、数据及事件的起因、经过和结果等,尽可能地运用人物有典型意义的原型语言和典型事例，以增强报告的说服力度。

2. 调查结果分析

这部分运用夹叙夹议的写作手法对调查事实进行分析归纳，得出经验教训，说明原因和影响。

3. 结论与建议

这部分是调查报告的目的所在，经过上述叙述和分析，归纳出客观、正确的观点和结论。

例文欣赏

摘要

一、问题的提出与调查方法

二、调查结果与分析

(一)基本情况

(二)城乡中小学生课外培训普及率与程度的差异

三、问题与政策建议

(一)城乡学生课外培训差异的原因

(二)城乡学生课外培训的差异造成的影响

(三)政策建议

（选自第十二届“挑战杯”省赛作品《起跑线上的公平与失当：湖南省城乡中小学生课外培训情况差异的调查》目录）

(四)结尾

调查报告的结尾以简短有力、耐人寻味为宗旨。例如《深化教育改革 优化教育结构》这篇调查报告的结尾写道：

教育优先发展的战略地位，决定了各级党委政府必须对当地教育发展做出长期性和阶段性的规划，而规划的依据必须充分考虑和预测到生源的变化情况，必须充分考虑国家对教育发展的要求和国家对课程开设改革的要求。

这段结尾简短有力，富有总结性地深化了全篇的主题。

例文欣赏

关于汉语言文学(专插本)专业课程设置合理性的调查报告

据部分任课教师反映，23 级专插本班中有些同学对某些课程的开设目的不太理解，为了全面了解同学们对课程设置合理性的看法，发现其中的问题并提出建议，我们采用问卷的形式对 23 级专插本 1、2 全体同学进行了调查。本次调查通过微信小程序问卷星向 1、2 班全体同学发放，共回收有效问卷 158 份。

一、学生的基本情况

专插本2个班中，89人是应届生，近一半的学生是跨专业考生，大部分学生报考汉语言文学专业都是出于个人兴趣或看中该专业易于就业；绝大多数学生将来的就业方向是中小学教师，且66%的学生在入学前已考取教师资格证，未考取教师证的同学中，有83%的人在剩下的大学时间里仍有考取教师资格证的打算，其次是公务员，最后才是新闻传媒类和企事业单位文秘；约有一半的学生在入学前已考取二甲及以上级别的普通话等级证书，一半的学生有从教经验。

二、学生对课程设置合理性的看法

绝大部分学生认为汉语言文学（专插本）专业课程设置基本合理，只有10%的学生明确表示不合理；对于大部分专业课程的开设时间，接近一半的学生认为合理，另一半学生认为一般或不合理。具体到各门课程，情况如下：

1. 学生对课程设置及开设时间满意的课程有（满意度75%以上）：应用文写作、基础写作、古代文学、现当代文学、现代汉语、古代汉语、礼仪学、教育学、教育心理学、办公自动化、普通话口语、中国古代小说专题研究。

2. 学生对课程设置及开设时间比较满意的课程有（满意度60%～70%）：语文教学法、文学评论与写作、多媒体技术及应用、演讲与口才、汉字学。

3. 学生对课程设置及开设时间不太满意的课程有（满意度50%及以下）：公共关系学、秘书学、行政管理学、新闻写作、英语写作、文创产业管理。不过，以上大部分为大四的课程，目前学生尚未接触，这也是导致满意度较低的原因之一。

三、我们对汉语言文学（专插本）专业课程设置的建议

根据此次调研的数据，结合兄弟院校汉语言文学专插本课程设置，笔者与任课老师、班主任、学生进行了访谈，现提出几个不成熟的建议：

1. 优化课程结构。将汉语言文学专业核心课程，文学类、语言学类设为必修和限选课，将各专业方向课程（如师范方向、秘书方向、新闻传媒方向、非物质文化遗产方向）设置为任选课程，学生方可根据自己未来的规划选择课程。

2. 理论与实践相结合。将各专业方向的课程设置为实训课，体现其实用性。可将一些理论性的课程名称进行微调，例如“英语写作”可更名为“专业英语”，“秘书学”更名为“秘书实务”等。

3. 增加文学类课程的课时与门数。建议增加外国文学、比较文学，适当引入古代文学史、现当代文学史等文学史类课程。

4. 加强传统文化素养的培养。针对学生的这一需求，建议将中国文化概论、书法（三笔字）、普通话与吟诵（朗诵）等课程作为任选课程。

5. 进一步做好课程解说工作。超过一半的同学有考取公务员的计划，而与公务员相关的，如“公共关系学”“行政管理学”“秘书学”等课程满意度较低，是因为多数同学不了解所学课程与之相关。另有不少课程尚未开设，目前学生仅凭课程名称做出评价，因此，做好充分的解说工作显得尤为重要。

点评：本文是课程设置合理性调查报告，全文采用了较为通行的写法，正文部分包

含了基本情况、调查结果与分析、结论与建议这三部分，写作上采用分条列项的方式，脉络清楚，层次分明。报告运用数字说明问题，最终得出结论，观点材料紧密结合，有理有据，令人信服。

五、调查报告的写作要求

(一)实事求是

实事求是地进行调查，是写好调查报告的前提。作者最好亲自参加调查，获取一手材料。写入报告的资料必须可靠，因此，报告中的数据应反复核实，确保无误。

(二)客观公正

调查报告中不可轻易使用主观性的语句，全文使用第三人称进行叙述，杜绝使用“我觉得”“笔者认为”这样的句式。要用事实说话、用数据说话，力求客观公正。

(三)重点突出

社会调查的内容涉及的问题可以很多，但在撰写调查报告前，应该在详细整理调查数据的前提下，对材料进行分析，凝练出观点，不必面面俱到。

拓展阅读

市场调查报告的写作

一、概念

市场调查人员运用科学的方法，对市场调查所获取的信息进行分析研究会形成的书面报告。

二、作用

市场调查报告是为各部门管理者、为企业服务的一种重要形式，是企业经营决策的重要依据，是进行经济管理的重要依据。

三、分类

按其涉及内容的多少，可分为综合性市场调查报告和专题性市场调查报告。

按照调查对象的不同，可以分为市场供求情况调查报告、产品情况调查报告、消费者情况调查报告、销售情况调查报告和市场竞争情况调查报告。

四、写作结构

框架	写作要求
标题	与调查报告一致，分为公文式标题、提问式标题和文章式标题，如《关于2019年全省农村服装销售情况的调查报告》《消费者愿意到网上购物吗？》《北京人梦中家园——对北京居民住宅择向的调查报告》等。

续表

框架	写作要求	
导语	例如，一篇题为《关于××市××××年电暖器市场的调查》的市场调查报告引言部分写道：“××市××××事务所受××委托，于××××年3月至4月在我市进行了一次电暖器市场调查。现将调查研究情况汇报如下”。 再如，《关于方便面市场调查分析报告》写道：“随着康师傅方便面的上市，各种方便面品牌，如统一、今麦郎等不断涌现，面对竞争，如何立于不败之地？带着这些问题，我们对广州市部分消费者和销售点进行了相关调查。”	
主体	情况介绍	如《“真功夫”快餐进军武汉市场的调查报告》： “真功夫”第一个蒸品快餐店由蔡达标先生于1994年创立于广东省东莞市，由东莞起步后，先后进军广州、深圳、上海等大城市，至今已有17年的发展历史，是我国直营店数量最多的一家中式快餐连锁企业。
	分析预测	如《“真功夫”快餐进军武汉市场的调查报告》，第二部分分析了“真功夫”进军武汉市场的基本情况，接着提出，存在的主要问题如下： 1. 餐店位置单一，店面较少； 2. 目标市场过窄，知名度不高； 3. 饭菜“汉味不够”，饭菜搭配质量和花样有待提高。
	营销建议	在《“真功夫”快餐进军武汉市场的调查报告》第三章，在深入调查的基础上，提出了4点建议： 1. 在战略上高度重视武汉市场，在实际行动上加大人力、物力、财力的投入，大力开拓武汉市场； 2. 科学武汉市场目标定位，合理布局连锁餐店地理位置； 3. 准确产品定位，做到质优价廉； 4. 抓好品牌的宣传推介，优化营销策略。
结尾	结尾可以对全文进行概括，或是展望未来，抑或是提出解决问题的方法、途径。如“通过对×××× 的调查，对×××经营模式、企业组织架构、经营目标、服务理念和管理模式等有了一个全面的了解。×××仍存在诸多问题，目前迫切需要的是××××××××××，企业才能长远发展。”	
附录	调查问卷 数据汇总表 原始资料等	

拓展阅读

“挑战杯”全国大学生课外学术科技作品竞赛哲学社会科学类
社会调查报告写作

一、“挑战杯”竞赛简介

“挑战杯”是由共青团中央、中国科协、教育部、全国学联主办的大学生课外学术科技活动中一项具有导向性、示范性和群众性的竞赛活动，每两年举办一届(奇数年)，俗称“大挑”(偶数年举办的俗称“小挑”)。高等学校在校学生可选择自然科技类学术论文、哲学社会科学类社会调查报告和学术论文、科技发明制作这三类作品进行参赛。其中，哲学社会科学类社会调查报告和学术论文限定在哲学、经济、社会、法律、教育、管理这6个学科内，需以实践调查为基础，主张团队合作，跨年级、跨专业组队更佳。下面将以社会调查报告的为例，谈一谈撰写方法。

二、社会调查研究的选题

大赛主办方会提前公布选题指南。有意参赛的大学生要研读指南，从中找到合适的选题。

一是要在现实的社会生活中寻找探究方向。换句话说，就是要“接地气”，寻找当前民众关心的话题。比如，2019年10月，一部《少年的你》聚焦了如今大部分人都在关注的校园霸凌事件，那么在这个节骨眼上，选择“关于中学生校园霸凌状况的调查”“基于德育有效性的初中生校园霸凌态度调查”“关于校园霸凌公众认知的调查”等题目便显得十分应景。当然，这样选题的缺点是，你可能会遇到比你更高明的对手。因为人人都在追随热点的道路上争先恐后。

二是从个人经历中寻找你的选题。大学生最好选择与自己专业相关的选题，如2017年8月，陕西榆林孕妇坠楼事件引发了全国对“无痛分娩”的高度关注，但医学专业的学生显然比国际贸易专业的学生更容易驾驭这类话题，医学方向的学生更容易在此类选题中彰显他们的专业特色和深度。选择自己专业相关的话题还有一个好处则体现在职业规划上，通过调查研究，同学们可以对自己的专业有更深刻的认识，将来也更有可能在自己的简历添上浓墨重彩的一笔。

三是让你的选题明确化。在选题时最容易犯的错误是“太泛”，如“青少年犯罪问题调查”“农村青年价值观研究”等题目都太大、太宽泛，其实算不上是“研究问题”，而是“研究主题”。在选题时，应将这些最初的、粗略的问题转变为焦点更集中的、切实可行的研究问题。也就是说，必须把研究问题明确化。

近年“挑战杯”哲学社会科学类参赛作品参考选题如下：

一、哲学类

1. 用马克思主义中国化最新成果指导实践，推进发展改革的典型调查
2. 实现中华民族伟大复兴中国梦的实践和经验典型调查
3. 实践创新、理论创新、制度创新、文化创新推动经济社会发展的典型调查

4. 培育和践行社会主义核心价值观的实践和经验典型调查
5. 运用中华优秀传统文化推进社会主义核心价值观教育的实践与经验调查研究
6. 传承和弘扬中华优秀传统文化的典型调查和研究
7. 提高国家文化软实力，讲好中国故事的典型调查和研究

二、经济类

1. 农村“精准扶贫”典型与经验调查研究
2. 全面建成小康社会丰富实践的典型调查研究
3. 推进新发展理念成功案例调查研究
4. 农民工返乡创业的调查研究
5. 扩大国内需求，刺激消费需求的实践和经验调查研究
6. 发挥区位优势、推动老少边贫地区发展的调查研究

三、社会学类

1. 户籍制度改革与农民工社会融入的经验调查研究
2. 就业方式和就业观念转变的调查研究
3. 我国志愿者事业的发展状况和影响调查研究
4. 各地建设社会养老服务体系和发展老年服务产业的调查研究
5. 社会变迁与消费转型的调查研究
6. 网络发展及其对青少年影响的调查
7. 大众传媒中表达的价值观对受众的影响调查

四、法律类

1. 我国社会主义市场经济法法治实践相关问题调查研究
2. 未成年人法律保护问题调查研究
3. 各地法律援助工作的发展和创新实践调查研究
4. 我国文化、社会与生态文明建设的法律法规问题调查研究
5. 推进以审判为中心的诉讼制度改革典型调查研究

五、教育类

1. 各地解决中小学应试教育现象的举措和经验调查研究
2. 培养学生创新精神、创业本领和实践能力教学改革的典型调查
3. 学校提高学生审美和人文素质的改革与创新调查研究
4. 当代大学生价值取向和心理素质的调查分析
5. 各类学校强化体育课和课外锻炼，促进学生身心健康的做法和经验调查研究
6. 各类学校完善中华优秀传统文化教育的实践和经验调查研究
7. 国家推进少数民族地区教育发展的举措和成就调查研究
8. 中外学校间学生交流活动的调查研究
9. 建设学习型社会、完善终身教育实践的调查研究
10. 互联网、大数据等新技术的教学应用的调查研究
11. 校园文化、学生社团的调查研究

六、管理类

1. 电子政务建设现状和问题的调查分析

2. 电子商务在全面深化改革中发展创新的典型调查研究
3. 大型零售企业物流系统发展调查
4. 中国特色企业管理模式创新调查研究
5. 基层政府行政管理体制改革创新的典型调查研究
6. 各地建立和完善中小微企业服务体系实践和经验的调查研究
7. 基层政府推进政务公开、信息公开的调查研究
8. 在进一步简政放权改革中基层政府管理和服务体制机制改革创新的调查研究

获奖选题例如：

1. 师范生的社会支持与生涯社会支持状况调查研究
2. 长沙市大学生寝室矛盾调查报告——基于五级化解机制的研究
3. 大学生误入传销陷阱的调查研究——以长沙地区高校为例
4. 湘西土家族毛古斯文化调查报告
5. 艰难的开始——大学生“隐性失业”群体调查报告
6. 新农村家具市场调查研究
7. 长株潭地区老年人健康及养老需求调查分析报告
8. 湘潭市脑卒中患者康复治疗的现状调查报告
9. 关于凤凰县旅游发展情况的调查报告
10. 关于对大一新生大学适应性及个人预期的调查报告
11. 大学生思想政治理论课接受疲劳现象初探——基于688份调查文问卷的实证分析
12. 湖南省长株潭大学生手机阅读状况调查报告
13. 长沙市便利店竞争状况调查报告
14. 歌从武陵山上来——重庆黔江高炉号子调查报告
15. 贫困地区农村教师生存环境研究——基于重庆市忠县的调查
16. 某医学院硕士研究生新生心理健康状况调查

三、社会调查报告写作注意事项

“挑战杯”全国大学生课外学术科技作品竞赛哲学社会科学类写作社会调查报告写作除了要符合一般的调查报告写作结构，还有相应的表格及内容要填写。

(一)摘要

摘要是以提供文献内容梗概为目的，不加评论和补充解释，简明、确切地记述文献重要内容的短文。摘要的质量直接影响读者(包括评委)论文的阅读，影响着论文被利用的程度，其基本要素包括研究目的、方法、结果和结论。如挑战杯获奖作品《起跑线上的公平与失当：湖南省城乡中小学生课外培训情况差异的调查》这样写道：

通过调查发现，当前城乡中小学生在课外培训的频次、项目、时间和经济投入等方面存在着显著差异。在城乡二元结构下，经济发展水平差异、城乡文化不同、城乡居民文化水平差异等是造成城乡中小学生课外培训差异的原因。而这种差异导致了教育的不公平，不利于学生身心发展和和谐社会的建设。为了推进教育公平，规范中小学生课外培训，我们的教育政策应推进城乡教育一体化，促进教育均衡发展；加强农村文化建设，提高家长文化程度；规范课外培训，减轻家庭负担；推行素质教育，减轻学生负担。

再如《长沙市大学生寝室矛盾调查报告——基于五级化解机制的研究》的摘要：

大学生寝室作为高校育人管理的重要组成部分，也是大学生日常生活的最基本单位。寝室成员之间的人际关系对寝室学风、室风、学生身心健康有着重要影响。基于目前比较突出的大学生寝室矛盾，笔者对长沙市大学生寝室进行了问卷和走访调查，深入分析寝室矛盾的现状和产生原因，提出了"大学生寝室矛盾五级化解机制"，即从寝室个人、班级引导、学院管理、学校管理和国家督导5个层面共同化解寝室矛盾，为推进高校管理工作、营建和谐寝室关系、促进大学生健康成长具有一定借鉴价值。

（二）正文

特别要注意的是，"挑战杯"作品必须明确以下内容，并形成文字：

1. 项目研究的立意、基本思路和主要研究内容；
2. 项目研究的实际应用价值和现实指导意义；
3. 当前国内外同类课题研究情况义；
4. 主要研究内容、进度安排及拟解决关键问题；
5. 预期成果形式和效益。

（三）附录

附录需提供支撑材料，支撑材料可包括反映调研过程的问卷、访谈记录、照片、发表的相关论文、相关单位（机构）的反馈、相关奖励证明等。

拓展阅读

如何设计调查问卷

常用的社会调查方式有：文献法、访谈法、问卷法。其中，问卷法是最为常用的社会调查形式，可谓是社会调查的支柱。下面我们来学习一下调查问卷的设计方法：

一、标题

问卷的标题需要概括说明调查研究的主题，使被调查者对将要回答的问题方面有个大致的了解。标题的拟定要求是简明扼要，激发受访者的兴趣度与责任感，而不要简单用"问卷调查"这样的标题，它容易引起回答者不必要的怀疑而拒答。比较通用的标题格式是"调查单位＋调查内容＋调查问卷"，如"广东××学院关于学生课外阅读情况的调查问卷"，调查单位也可以省略，如"关于0—3岁婴幼儿洗澡玩具设计的调查问卷""关于办公人群的创新产品设计调查问卷"。

二、前言

此处包括问候语、调查的目的、调查者身份、保密原则、奖励措施、调查对象、填写要求等。如：

> 先生、女士：
>
> 您好！我是××公司的调查员，目前正在进行一项当地市民饮料消费状况的市场调查，希望得到您的支持。答案没有对错之分，请您根据实际情况和感受回答问题。您的回答将按照国家《统计法》予以保密。对您的合作我们将奉上一份小小的礼品以示感谢。谢谢您的合作！

三、主体

(一)基本信息

为确保被调查者符合调查需要。所以前言部分必须调查包括个人年龄、性别、文化程度、职业、职务、收入、家庭类型、人口数、经济情况、单位性质、规模、所在地等在内的基本信息。

(二)问卷调查

一般常选用单项选择、多项选择和问答三种题型。针对问题的设置，要做到以下几点：

1. 用词必须准确、通俗。例如，“您是否经常看电影?”回答者不知“经常”指的是一周、一个月还是一年。可以改问“您平均每月看几场电影?”

2. 一项提问只包含一项内容。例如，“您觉得这部新款轿车的加速性能和制动性能怎么样?”中，包含了加速性能和制动性能两个项目的内容，建议将以上问题拆分成两问。

3. 注意礼貌。尽量避免质问性的问句，如“您为何购买摩托罗拉手机?”就不够礼貌。此外，还应避免提问令被调查者难堪的问题，如“你是否离过婚？离过几次？谁的责任?”

4. 避免诱导性提问。如：

> 您认为在中国汽车工人有可能失业的情况下，一个爱国的中国人应该购买进口汽车吗?
>
> A. 应该购买
>
> B. 不应该购买
>
> C. 不知道

5. 避免推算和估计。如“您家每年平均每人的生活费用是多少?”需要被调查者推算，不如将之拆分为两题：“您家每月(或每周)的生活费是多少?”“您家有几口人?”

四、结尾

结尾处一般会征询被调查者的意见、感受，或是记录调查情况，也可以是感谢语以及其他补充说明。

案例欣赏

湖南省中小学生课外学习调查问卷

亲爱的同学们，你们好！为了解研究中小学学生课余学习状况，我们特开展此次调查。该调查问卷采用不记名方式，所有数据均用于统计研究。问题无所谓对错，请您按照实际情况和真实想法回答。谢谢您的支持与合作！

1. 你的生活地域是(　　)

A. 农村　　B. 乡镇　　C. 县城　　D. 市级及以上城市

2. 你现在就读的年级是(　　)

A. 小学　　B. 初中　　C. 高中

3. 你父亲的职业是(　　)

A. 农民　　B. 教师　　C. 医务工作者　　D. 公务员

E. 工人　　F. 个体工商业者　　G. 金融证券保险从业者

H. 电力通信烟草从业者　I. 下岗待岗人员　J. 其他

4. 你母亲的职业是(　　)

A. 农民　B. 教师　C. 医务工作者　D. 公务员

E. 工人　F. 个体工商业者　G. 金融证券保险从业者

H. 电力通信烟草从业者　I. 下岗待岗人员　J. 其他

5. 你课余是否参加过培训班之类的课外活动?(　　)

A. 一直参加　B. 偶尔参加　C. 从没有参加

6. 你喜欢自己现在的培训课吗?(　　)

A. 很喜欢　B. 比较喜欢　C. 一般　D. 比较讨厌

E. 很讨厌

7. 你参加的课外培训有多少?(　　)

A. 没有参加　B. 一项　C. 两项　D. 两项以上

8. 假期你每天平均花在培训课的时间大概是(　　)

A. 1 小时左右　B. 2 小时左右　C. 3 小时左右　D. 4 小时左右

9. 一年课余参加培训课所花的费用大概在(　　)

A. 1～500 元　B. 500～1000 元　C. 1000～2000 元　D. 2000～3000 元

E. 3000～4000 元　F. 4000～5000 元

10. 你参加课余培训活动是因为(　　)

A. 自己喜欢　B. 家长要求　C. 老师推荐　D. 同学都学

E. 升学考试加分　F. 将来从事该专业

11. 你现在参加的课余培训班是(　　)

A. 语数外课程培训　B. 作文培训　C. 奥数　D. 球类活动

E. 武术类活动　F. 器乐　G. 声乐　H. 舞蹈

I. 书法绘画　J. 其他

12. 假设寒暑假让你自己安排，你更愿意选择?(　　)

A. 参加 1 项文艺或体育培训班，其余时间用来完成作业和玩

B. 参加 1 项课程培训班，其余时间用来完成作业和玩

C. 参加 1 项文体培训班和 1 项课程培训班，其余时间用来完成作业和玩

D. 不参加培训，出去旅游，其余时间用来完成作业和玩

E. 全部用来完成作业和玩

F. 好好玩玩

(选自第十二届“挑战杯”省赛作品《起跑线上的公平与失当：湖南省城乡中小学生课外培训情况差异的调查》目录)

拓展知识

问卷星

问卷调查法最大问题在于问卷分发困难，收集统计也比较麻烦，在线问卷调查应运而生，而常用于在线问卷调查的免费工具就是问卷星。

问卷星是专业问卷调查平台，里面有 4500 万问卷模板免费使用，使用者可通过微信、

朋友圈、QQ、邮件、短信分发问卷。分发结束后，自动数据统计分析，功能强大。问卷星不仅提供稳定的调查、考试、投票服务，还拥有260万样本库成员提供专业的样本服务。

拓展训练

一、某单位为了解工作人员的生活、工作情况和心理、思想状态，打算以给定资料1中小邹的情况为案例，设计一份调查问卷。假如由你具体负责这项工作，请设计出该问卷内容所应列出的主要问题。

要求：(1)写出明确具体的设问；(2)设问应当分类并对每类中的每个设问标注序号；(3)内容全面，用语得体；(4)不超过500字。

资料1

身高1.74米，体重150斤，在北方城市的机关大院内，这几乎是一个标准身材。当小邹回顾自己进入“体制”的四年，注视着自己不论从体型还是心理都逐渐被“体制化”，甚至连血压、血脂也与周围的同事趋同时，面对着在外人看来“很顺”的处境，他有了一种莫名的躁动。

对于这份职业，小邹的理解来自四年间循环往复的工作节奏，作为一个普通工作人员，他只不过是需要在每个时间段内完成“规定动作”，虽不能消极怠工，但也不需要超额完成任务，四年来的工作天天如是，没有什么波澜。

最近一段时间，感觉有些困惑的小邹，周末经常到一家心理诊所就青年社会心理问题进行咨询。

事实上，小邹并不认为自己心理有问题，他只是想印证一下自己的某些想法是否合乎常理。结果很意外，当需要向心理医生介绍自己的情况时，小邹这位当年大学校园里的校报写手竟然发现自己无从谈起，他心想“或许是事情太多，没办法很完整地表述清楚”。

“说真的，目前这个工作节奏是50岁以上人的节奏，对我来说，这个节奏感觉上有点压抑。”小邹思考着，一字一顿地说，“有时我在想，我会不会真的习惯于这种节奏，换句话说，是不是已经被这种节奏所禁锢，永远失去某些竞争力了呢?”

有一段时间，小邹曾经尝试着改变自己的节奏，对于自己分内应为的工作一丝不苟，提高工作效率，而对于非分内的工作，熟悉事务流程的他也尽量帮着跑，他希望这样能够时刻让自己处于一种高效率的工作状态中，“不会有被社会主流节奏抛弃的感觉”。

然而，小邹很快放弃了这种做法。因为他这样的工作态度，让周围的同事极不适应，经常有人认为他是多管闲事；领导也找他谈话，希望他能够“稳重一些”。到了发薪日，小邹的薪水也仍然是那个很少变化的数字。

面对心理医生的时候，小邹把自己这种情况总结为和体制节奏有些不搭调，他梦想能有所改变。

小邹对于自己的收入也是不满的。以小邹的收入，如果仅仅是正常生活并不存在任何问题，当然，这一切都必须建立在不买房的情况下。

但，小邹必须买房，而且已经买了房。他说：“这既是对女友的承诺也是对自己的要求，更是在心理上认同自己的一个标尺。”

购买了期房的小邹到今年年底就能拿到自己那个两居室的钥匙了，和大多数同事一样，小邹也把房子买在了房价较低的郊区，而这意味着小邹不但要考虑买一辆汽车代步，还要考虑如何忍受上下班时段恼人的交通和攀升的油价。

小邹对于买车抱持着一种幻想，但他心里非常清楚，以他目前的收入和储蓄，能偿还每个月1800的购房贷款已经很不容易，买车基本上是一个短期内不可能完成的任务。

已经还了两年贷款的小邹随口就能够报出自己资金的大致去向：2800多元的月收入再还完1800多元的贷款之后，1000元的生活费用几乎让他每月都捉襟见肘。“如果赶上亲戚朋友结婚，生小孩需要随礼，我可能还要向父母借钱。”

其实，对于现实不安且不满的小邹并不是没有想过跳槽，然而，他的顾虑几乎同他的渴望一样多。

非常稳定的“吃皇粮”生活对于小邹的诱惑仍然非常大，至少能够还贷款，至少可以有一定的社会地位，而一旦投身于滚滚洪流的社会，这一切都可能不复拥有。这几乎是小邹不能够承受的。“我不能拿自己和女朋友的将来当儿戏，我需要稳定。”

然而，小邹的女朋友却并不这样看，她经常问小邹，每月就这点死工资，自己觉得值吗？这时的小邹经常是撇撇嘴，不再言语。

其实，看着自己女友研究生毕业后七八千元的月收入，小邹感到欣慰的同时也面临极大压力，“那是一种无形的压力，有时候确实心里很别扭”。

小邹非常清楚自己的位置，他认为以自己的能力，在没有特别机遇的情况下，最好能够在35岁之前就获得职务晋升，如果达不到，今后就不太可能再进一步，但总的来说，工资也在涨，只要不犯错误，至少是安全的。

是否应该用永久的安全换取仅仅是可能的发展机会？这是小邹头痛的一件事，毕竟，鱼和熊掌不可兼得，对于接近而立之年的小邹来说，马上就要面临结婚、生子等一系列问题，而一旦跳槽，这一切就肯定要推迟，这是他并不愿意看到的。

跳不跳槽这个问题，已经困扰了小邹一年多，时至今日，他仍然没有下定决心。“像我这样的人多了去了，既然大多数都选择了继续，肯定是有一定道理的，虽然我的心在躁动，但我真的不知道该如何抉择”。

（来源：2014年国家公务员考试试题——申论第三题）

二、请为《成都市大学生旅游倾向地调查报告》拟写一个大纲，要求只列出一级与二级标题。

三、现在大学生去找个兼职已经是常态，然而，兼职对其学习、生活有什么影响呢？大学生兼职究竟是利大于弊还是弊大于利。请针对这一问题，在校园里作一调查、撰写调查报告并制作汇报课件。

四、创新创业大赛开赛在即，你与你的团队决定在本校开设大学文创纪念品商店，销售本校周边的文创产品，如文化衫、日程本、手账本、笔袋、伞、手机壳等，请针对该项目开展市场调查，并拟写一份市场调查报告。

参考文献

1. 案例导入

http://news.sina.com.cn/c/2008－06－30/012114090538s.shtml

2. 挑战杯获奖作品

http://www.tiaozhanbei.net/project/search/? category＝&pro_type＝&school_id＝&province_id＝&keyword＝&school＝undefined

石永珍. 大学生英语学习动机调查报告[J]. 西北工业大学学报(社会科学版)，1999(4).

3.《营销管理》作者：菲利普·科特勒，凯文·莱恩·凯勒，译者：何佳讯，于洪彦：上海人民出版社，2016 年 8 月.

4.《社会调查中的问卷设计》作者：风笑天：中国人民大学出版社，2014 年 4 月

项目九

公务文书写作

任务十三 写作通知

教学目标

1. 素质目标

通过公文写作培养思维严密、办事严谨的工作作风。

2. 知识目标

(1)了解公文的基本知识；

(2)了解公文的语言要求；

(3)掌握通知的写作格式及行文规范。

3. 能力目标

能够根据公文的规范要求拟写通知。

情景训练

2024年元旦即将来临，艺术学院学生会决定主办一台文艺晚会，需要发动广大同学积极参与，献计献策，并征集节目。请以学院学生会名义，拟写一则通知。

《国家行政机关公文处理办法》第二条：“行政机关的公文是行政机关在行政管理过程中所形成的具有法定效力和规范体式的文书，是依法行政和进行公务活动的重要工具”。通知和请示是最为常见、使用率最高的公文文种，掌握必要的公文写作技能，对于提高工作，最好工作的上传下达具有非常重要的推动作用。

案例导入

一份“无效公文”引发的风波

2012年4月21日、22日，在深圳市福田区中小学生游泳比赛现场张贴了一份公告。该公告称，大×游泳俱乐部教练白某、长×体育公司教练李某某、深圳市××游泳跳水馆教练韩某在福田区中小学生游泳比赛中，多次弄虚作假，冒名顶替，屡教不改，以欺骗的手段获得比赛的名次和荣誉，违背体育道德，损害福田体育的名声，为维护赛场的公平、公正，决定对上述三人予以终身禁赛的处罚，从此不能参加由福田区文体局、福田区教育局组织的比赛。

禁赛公告一张贴出来，现场一片哗然，引来不少学生家长驻足观看。不仅部分学生家长熟悉公文中提到的3名教练员，一些孩子还曾拜其中的教练员为师。在市民眼里，这份印有“中共深圳市福田区委宣传部(区文化体育局)”红色抬头的、盖有“深圳市福田区文化体育局”和“深圳市福田区教育局”印章的公文无疑代表两家政府行政主管部门的公务行为，其公信力毋庸置疑。然而，就是这份禁赛公告，不仅福田区文体局和教育局的负责人不知情，甚至连公告中提到的3名涉事人也毫不知情。

5月25日，福田区文体局和教育局联合发布声明，称4月21日在福田体育公园游泳馆正门以“福田区文化体育局”和“福田区教育局”署名张贴的《禁赛公告》是福田区业余体校教练李涛在未经组织批准的情况下，私自向社会发布的无效公告，现已对造成此次事件的责任人进行了严肃批评和处理。由于此次事件给相关教练及场馆造成了不良影响，两个涉事部门向其表示道歉。

记者经过多方求证，了解到这份公文“混乱”背后的前因后果。禁赛公告中提到要给予3名教练员“终身禁赛”的处罚，不仅让3名教练员觉得冤枉，也让业内人士感到可笑。一般来说，只有出现教练员给运动员服用兴奋剂等重大违规行为才能终身禁赛；而且每一项比赛都有各自的仲裁委员会，由仲裁委员会对比赛的行为进行裁决，不需要由主管行政部门来出示公告。这份禁赛公告事实模糊不清，用词也有待商榷，且公告裁决行为也有“越位”之嫌，公章的使用也违反了有关条例规定。无效公告的事件给政府公权部门敲响了警钟，有关部门有必要严格把好公文关，加强公章管理，维护政府公章的公信力(新闻来源：南方日报)。

思考与讨论：什么是公文？相比一般文件，盖上公章的公文有什么特殊的作用？

案例导入

自称联合国官员要提服刑犯保外就医

2014年5月17日下午，两名“联合国官员”突然到访湖南省岳阳监狱严管监区，目的是提走在押罪犯林某某，为其办理保外就医。

“杨海波是哪位？请让他快来见我们！”5月17日下午4点35分，一高一矮两名中年男子派头十足径自走进岳阳监狱严管监区办公室，开口便道。此时，该监区监区长杨海波正在监区办公室值班。

当得知眼前之人便是杨海波，其中一名男子立刻从挎包里拿出四份文件递给他。分别是《关于请求将林某某保外就医回家赡养慈母体弱多病的申请报告的回复》《司法部、最高人民检察院、公安部关于印发〈罪犯保外就医执行办法〉的通知》《中华人民共和国老年人权益保障法》以及《关于请求将林某某保外就医回家赡养慈母体弱多病的申请报告》。

"我们是专门来提你单位罪犯林某某保外就医回家的，这里还有中华人民共和国最高领导人的亲笔回复，请立即将林某某交给我们带走!"不等杨海波看完材料，对方语气强硬地表明了来意。"这份《关于请求将林某某保外就医回家赡养慈母体弱多病的申请报告的回复》，是给你们留着备用的。"当遭质疑时，对方竟掏出手机拨通"中南海"电话，严令监狱立马放人。

当晚 7 点 40 分，民警将两名男子带走做进一步调查。据审讯交代，吴某某两人均系湖南省湘西自治州花垣县农民，其中矮个子林某现年 66 岁，为罪犯林某某的堂兄，因林某某父母年事已高，身体多病，他便想帮助林某某尽快走出监狱。经人介绍，林某认识了"关系硬、路子广、能办事"的现年 58 岁的高个子老乡吴某某，于是便请他帮堂弟办理保外就医手续，事成后支付报酬。此后，吴某某就在黑市上制造了上述假证件、假文件。于是，接下来就有了本文开头的那一幕(新闻来源：人民网)。

思考与讨论：这两名自称联合国官员的骗子的骗术是怎么被识破的？他们提供的公文有哪些不规范的地方？

基础知识

一、公务文书的概念

公务文书简称"公文"。公文是法定的机关与组织按照特定的体式，经过一定的处理程序制成的书面文字材料，包括党政机关、企事业单位、法定团体等组织在公务活动中形成的具有法定效力和规范体式的各种书面材料，是各党政军机关交流经验的一种重要工具。正确理解公文这一概念的内涵和外延，要把握以下三点。

"法定机关与组织"，不仅包括机关及其各部门，也包括人民团体、企事业单位的办事机构，各自在其明确的工作范围内，都会普遍利用公文进行工作。

"特定的样式和一定的处理程序"，是指公文作为一种独立的文体，各机关和组织要按照国家规定的格式要求和规范程序进行写作。虽然公文写作也讲究形式的美观、灵活，但不能标新立异，必须体现出公文特定的政务性内容和事务性内容的体式风格。

"各党政军机关交流经验的一种重要工具"，则让我们对公文的作用有了一个大概的了解。公文对外表达各党政军机关的意图和决定，是该机关处理工作问题的一种办事工具，同时还是该机关工作活动的记录。

二、公务文书的作用

2012 年 4 月中共中央办公厅、国务院办公厅联合印发了"中办发〔2012〕14 号"文件

《党政机关公文处理工作条例》(以下简称《条例》，自 2012 年 7 月 1 日起施行)。《条例》第一章第三条指出：党政机关公文是党政机关实施领导、履行职能、处理公务的具有特定效力和规范体式的文书，是传达贯彻党和国家方针政策，公布法规和规章，指导、布置和商洽工作，请示和答复问题，报告、通报和交流情况等的重要工具。因此，公文具体有以下作用：

第一，制定和贯彻执行政策作用。党和国家的各项政策与法规，往往以公文的形式制定与公布。各级机关组织制发的法规性公文，多为各项方针、政策的补充和完善，这对于贯彻执行党和国家的各项政策、统一思想，具有重要的作用。

第二，领导、指导作用。上级机关同下级机关是领导与被领导的关系，上级机关对下级机关所发布的公文，自然具有领导、指导作用。在我国，党的领导机关制定颁布的各项方针、政策、指示、决定和决议等，起着领导与指导工作的作用。

第三，交流沟通作用。各类机关在处理日常工作、业务活动中，经常利用公文与上下级机关进行联系，或通知事项，或处理问题。有一部分公文，经常用来沟通、联系各种事宜，用以了解情况、商洽工作、处理问题。这类公文针对性很强，一般内容比较单一、集中，意见比较具体、切实。如中央党政领导机关制定与发布各项方针、政策、法令时，经常用命令、指令、通告、通知等文件，将中央意图和要求传达到全国各个地区、各个机关、各级干部和广大人民群众中间去，组织动员广大干部群众贯彻执行。

第四，宣传和教育作用。党政军领导机关的许多公文，特别是一些重要的指导性公文，都具有宣传教育作用。例如《中共中央关于加强社会主义精神文明建设若干重要问题的决议》一文，就是对全国各族人民群众进行爱国主义教育，提高全民族素质的重要文件。

第五，凭证和依据作用。每件公文都反映着制发机关的意图，收文机关均要依照公文的内容要求，作为贯彻执行或处理工作的依据。因此，公文具有凭证和依据作用。

第六，现实执行效用。公文有很强的现实执行效用。对于党和国家机关发布的重要公文，从中央到地方，从内地到边疆，从党、政、军机关到基层单位，接到通知后，都必须遵照文件要求立即执行。

第七，档案记录作用。党政军机关活动中形成的各种公文，都是机关进行各项活动的历史记录。在它失去现实效用后，还具有重要的查考作用。所以，我们还需要对今后有用的公文作为档案保存起来。其中具有永久保存价值的，还须按规定移交给国家档案馆保存。

三、公务文书的种类

根据《条例》第二章第八条规定，公文种类主要有决议、决定、命令(令)、公报、公告、通告、意见、通知、通报、报告、请示、批复、议案、函、纪要等 15 种。

撰写公文时要正确选定文种，错用或生造文种，不仅会给公文的撰写制作带来困难或麻烦，而且会给公文的执行单位带来意想不到的损害。选择公文文种的依据主要有三个方面：一是发文机关与主要受文者间的工作关系；二是发文机关的法定或规定权限；

三是行文目的、行文要求和表现公文主题的需要。

四、公务文书的格式要求

公文有其特定的格式。它主要是指公文的结构，即公文的组织构造(体式、内容、格式)。根据《条例》第三章第九条规定，公文的基本组成部分一般由份号、密级和保密期限、紧急程度、发文机关标志、发文字号、签发人、标题、主送机关、正文、附件说明、发文机关署名、成文日期、印章、附注、附件、抄送机关、印发机关和印发日期、页码等组成。

“主送机关(主送单位)”指行文的主要对象。附件是指附属于公文正件的其他材料，其本身原是相对独立的，一旦被某公文作为附件后，就成为该公文的组成部分。例如在请示后可将“活动方案”作为附件。

公文还有规范的版式要求。《条例》第十条规定，“公文的版式按照《党政机关公文格式》国家标准(GB/T 9704—2012)执行”。该标准于2012年6月29日中华人民共和国国家质量监督检验检疫总局(现为国家市场监督管理总局)、中国国家标准化管理委员会发布、7月1日实施，规定了党政机关公文通用的纸张要求、排版和印制装订要求、公文格式各要素的编排规则，并给出了公文的式样。该标准适用于各级党政机关制发的公文，其他机关和单位的公文可以参照执行。《党政机关公文格式》对于公文的字体、字号及结构层次序数，都有规范要求，例如：正文一般用3号仿宋体字，编排于主送机关名称下一行，每个自然段左空二字，回行顶格。文中结构层次序数依次可以用“一、”“(一)”“1.”“(1)”标注；一般第一层用黑体字、第二层用楷体字、第三层和第四层用仿宋体字标注。

《条例》第十一条：公文使用的汉字、数字、外文字符、计量单位和标点符号等，按照有关国家标准和规定执行。民族自治地方的公文，可以并用汉字和当地通用的少数民族文字。例如在《条例》发布以前，时间中的数字使用汉字，如“二〇一二年八月一日”，《条例》发布后，时间一律改为阿拉伯数字，如“2018年8月1日”。

《条例》第十二条：公文用纸幅面采用国际标准A4型。特殊形式的公文用纸幅面，根据实际需要确定。

五、公务文书的行文规则

根据《条例》第四章规定，公文行文应当确有必要，讲求实效，注重针对性和可操作性；行文关系根据隶属关系和职权范围确定。一般不得越级行文，特殊情况需要越级行文的，应当同时抄送被越过的机关。

(一)上行文行文规则

1. 原则上主送一个上级机关，根据需要同时抄送相关上级机关和同级机关，不抄送下级机关。

2. 党委、政府的部门向上级主管部门请示、报告重大事项，应当经本级党委、政府同意或者授权；属于部门职权范围内的事项应当直接报送上级主管部门。

3. 下级机关的请示事项，如需以本机关名义向上级机关请示，应当提出倾向性意见后上报，不得原文转报上级机关。

4. 请示应当一文一事。不得在报告等非请示性公文中夹带请示事项。

5. 除上级机关负责人直接交办事项外，不得以本机关名义向上级机关负责人报送公文，不得以本机关负责人名义向上级机关报送公文。

6. 受双重领导的机关向一个上级机关行文，必要时抄送另一个上级机关。

（二）下行文行文规则

1. 主送受理机关，根据需要抄送相关机关。重要行文应当同时抄送发文机关的直接上级机关。

2. 党委、政府的办公厅（室）根据本级党委、政府授权，可以向下级党委、政府行文，其他部门和单位不得向下级党委、政府发布指令性公文或者在公文中向下级党委、政府提出指令性要求。需经政府审批的具体事项，经政府同意后可以由政府职能部门行文，文中须注明已经政府同意。

3. 党委、政府的部门在各自职权范围内可以向下级党委、政府的相关部门行文。

4. 涉及多个部门职权范围内的事务，部门之间未协商一致的，不得向下行文；擅自行文的，上级机关应当责令其纠正或者撤销。

5. 上级机关向受双重领导的下级机关行文，必要时抄送该下级机关的另一个上级机关。

同级党政机关、党政机关与其他同级机关必要时可以联合行文。属于党委、政府各自职权范围内的工作，不得联合行文。党委、政府的部门依据职权可以相互行文。部门内设机构除办公厅（室）外不得对外正式行文。

六、公务文书写作的基本要求

根据《条例》第五章第十九条：公文起草应当符合党的理论和路线方针政策和国家法律法规，完整准确体现发文机关意图，并同现行有关公文相衔接；一切从实际出发，分析问题实事求是，所提政策措施和办法切实可行；内容简洁，主题突出，观点鲜明，结构严谨，表述准确，文字精练；文种正确，格式规范；深入调查研究，充分进行论证，广泛听取意见；公文涉及其他地区或者部门职权范围内的事项，起草单位必须征求相关地区或者部门意见，力求达成一致；机关负责人应当主持、指导重要公文起草工作。

七、公务文书的语言要求

像所有的应用文写作一样，公文的语言具有平实、得体、准确、简洁的特点。首先，公文的语言要准确、规范，运用规范的现代汉语，不要出现模棱两可的歧义句，对于表述的事物避免多种解读。其次，公文的语言要简洁、朴实，多用简洁明了的短句，少用结构复杂的长句，一般少见文学性的描述语言，做到言简意赅、惜墨如金。

八、公务文书标题的写法

公文标题应当准确简要地概括公文的主要内容并标明公文种类，应当标明发文机关。

公文标题中除法规、规章名称加书名号外，一般不用标点符号。公文标题与一般文章的标题不一样，有固定的格式，一般由“发文单位＋事由＋文种”组成。

案例分析

通知

各处、系，各分院：

学院第七次院长办公会议讨论了院绿委会、宣传部、卫生处提出的《关于开展春季绿化种树活动的设想》，院长办公会议对此做了认真的研究，基本上同意所提的主要要求，望动员、组织全体师生员工逐条贯彻，严格落实。

种树绿化是一件于国于民都十分有益的大好事儿，是精神文明建设的重要内容，我院由于扩建，更有意义。它既体现了自己的精神美德，又造福于子孙后代，希望引起各级领导的重视，指定一位同志专抓此项工作。为了使全体师生员工都能充分重视这一活动，行动前要把此项工作原原本本地向大家进行传达，并组织讨论，让大家充分发表意见，以利于统一思想、统一行动、统一意志。

附件《关于开展春季绿化种树活动的设想》

20××年×月×日

思考与讨论：上则通知是否规范？存在哪些问题？

基础知识

通知是运用最广泛的知照性公文，用来发布法规、规章，转发上级机关、同级机关和不相隶属机关的公文，批转下级机关的公文，要求下级机关办理某项事务等，在学校、单位以及公共场所都可以看到。

一、通知的使用范围

《条例》第八条规定，“（八）通知。适用于发布、传达要求下级机关执行和有关单位周知或者执行的事项，批转、转发公文”。

通知是发文机关向其下级机关转批、转发文件或传达有关事项的公文。它适用于转批下级机关的公文，转发上级机关和不相隶属机关的公文，传达要求下级机关办理和需要有关单位周知或者执行的事项，以及任免人员等。

通知一般为下行文，其使用范围只能向本机关隶属的直接下一级机关行文。有时也可以为平行文，主要用于向同级或不相隶属机关传达周知事项。通知不能上行，如果需要上级机关或不相隶属机关知道的，可用抄送形式。因此，通知的发文机关上至高层机关，下到基层单位都可使用通知这一文种。它的篇幅可长可短，表达方式与格式较为灵活，因而，通知的使用频率极高，范围最广。

使用“通知”的误区：超越职权发通知，向不是自己直接的下级机关发制发通知；混淆周知性通知与公告、通告、启事、广告、海报等周知性文书的界限。

二、通知的分类

根据适用范围的不同，通知大体可以分为六大类：

(一)发布性通知。用于发布行政规章制度及党内规章制度，即上级机关已经批准或通过的行政法规和规章，如条例、规定、办法等，用“发布”“颁发”“印发”等通知的形式发给有关单位。

(二)批转性通知。用于上级机关批转下级机关的公文给所属人员，让他们周知或执行。

(三)转发性通知。或用于转发上级机关和不相隶属的机关的公文给所属人员，让他们周知或执行。

(四)指示性通知。用于上级机关指示下级机关如何部署和开展工作。根据实际工作需要，上级机关对公务活动中某一具体事项的标准作明确的规定，以便下级有关部门单位和人员在工作中遵守执行。

(五)任免性通知。用于任免和聘用干部。

(六)事务性通知。用于处理日常工作中带事务性的事情，常把有关信息或要求用通知的形式传达给有关机构或群众。

三、通知的格式和内容要素

通知的格式一般包括标题、主送单位、正文和落款。

通知的标题包括“发文单位＋事由＋文种”。例如《国务院办公厅关于2023年部分节假日安排的通知》(国办发明电〔2022〕16号)。

通知的正文主要包括主送单位、时间、地点、人物、事件等基本内容要素，一般由三部分组成：

第一，缘由。这是通知的开头，应写明制发通知的缘由、目的、依据或情况。

第二，事项。为通知的主体部分，写出通知的具体内容，把布置的工作或需要周知的事项阐述清楚，讲清目的、要求、措施、办法等，即要求受文机关承办、执行和应予以知晓的事项。这些内容如较复杂，可分条列项写出。

第三，结尾(结束语)。这部分常用“特此通知”“专此通知”之类的习惯用语作结。

通知的落款包括发文单位与发文时间。

案例欣赏

教育部办公厅关于举办第五届

中华经典诵写讲大赛的通知

教语用厅函〔2023〕2号

各省、自治区、直辖市教育厅(教委)、语委，新疆生产建设兵团教育局、语委，部属各高等学校、部省合建各高等学校：

为贯彻落实党的二十大精神，加大国家通用语言文字推广力度，深化全民阅读活动，传承弘扬中华优秀语言文化，推进文化自信自强，依据《教育部评审和竞赛项目清单》和《中华经典诵写讲大赛管理办法(试行)》，教育部、国家语委决定举办第五届中华经典诵写讲大赛(以下简称大赛)。现将有关事项通知如下。

一、活动宗旨

雅言传承文明，经典浸润人生。大赛以诠释中华优秀文化内涵、彰显中华语言文化魅力、弘扬中国精神为目标，旨在提升社会大众特别是广大青少年的语言文字应用能力和语言文化素养，激发其对中华经典的热爱，营造爱读书、读好书、善读书的浓厚氛围，助力建设全民终身学习的学习型社会、学习型大国。

二、大赛主题

本届大赛主题：书香新时代，“典”亮新征程。

通过诵读、讲解、书写、篆刻等语言文化活动，弘扬中华优秀语言文化，从中华经典中汲取智慧力量、坚定理想信念、彰显时代精神，展现社会大众尤其是青少年对中华经典的传承与创新，助力推进文化自信自强，为实现中华民族伟大复兴凝聚磅礴力量。

三、赛事平台

大赛官网：www.jingdiansxj.cn。参赛者可通过官网报名参赛、上传作品、查看赛事通知和名单公示、下载证书等。各赛项赛段具体要求等事宜均通过大赛官网发布。同时，可通过中华经典诵读工程的微信公众号(zhjdsdgc)、抖音号、视频号、微信小程序和中国语言文字学习强国号等获取大赛相关信息。

四、大赛赛项

本届大赛分四个赛项：“诵读中国”经典诵读大赛(简称诵读大赛)、“诗教中国”诗词讲解大赛(简称讲解大赛)、“笔墨中国”汉字书写大赛(简称书写大赛)、“印记中国”师生篆刻大赛(简称篆刻大赛)。各赛项实施方案见附件。

五、赛项组织

(一)诵读大赛

诵读大赛由各省(区、市)和新疆生产建设兵团教育(语言文字工作)部门组织赛区初赛。各省级教育(语言文字工作)部门根据实际情况自行确定组织方式，选拔推荐入围复赛作品、上传官网，赛区管理员在官网确认被推荐作品。

(二)讲解大赛、书写大赛、篆刻大赛

北京、山西、上海、江苏、浙江、湖南、广东、广西、四川、贵州、新疆等11个赛区组织讲解大赛初复赛。北京、河北、山西、上海、浙江、安徽、福建、湖南、广西、重庆、四川、贵州、陕西、甘肃等14个赛区组织书写大赛初复赛。北京、山西、上海、浙江、广西、贵州、甘肃等7个赛区组织篆刻大赛初复赛。上述赛区根据实际情况确定组织方式，选拔推荐入围决赛作品、上传官网，并在官网中确认入围决赛作品信息。

其他赛区的参赛者可登录大赛官网，个人自主报名参加相关赛项比赛。

六、时间安排

(一)初赛：2023年4月至7月

组织初赛(初复赛)的赛区，参赛者按所在赛区要求报名参赛；其他赛区的参赛者自行登录大赛官网报名，参加初赛知识测试，合格后上传参赛作品。

（二）复赛及决赛：2023年7月至9月

参赛者根据赛事要求提交作品或参与现场评比。各分赛项执委会组织专家评审，完成相关赛段工作，确定获奖名单。

（三）展示：2023年10月至12月

通过电视节目、展演、展览等形式，充分利用全媒体平台进行成果展示。

七、奖项设置

各赛项面向参赛作品设立一、二、三等奖和优秀奖，面向指导教师设立指导教师奖，面向各地教育（语言文字工作）部门、工作人员、学校及相关赛事组织单位和个人设立优秀组织奖（团体、个人），由大赛组委会统一颁发证书（优秀组织奖颁发纸质证书，其他奖项在大赛官网自行下载电子证书）。各奖项奖励对象、选拔方式和数量按大赛相关制度执行。

八、其他事项

（一）大赛组委会秘书处（教育部语言文字应用管理司）负责大赛全面统筹工作，大赛执委会（语文出版社）负责大赛组织协调工作、各分赛项执委会（各赛项承办单位）负责大赛具体实施。各省级教育（语言文字工作）部门应积极配合大赛执委会和各分赛项执委会，结合本地区全民阅读活动安排和青少年读书行动等工作部署，广泛发动、大力宣传、周密组织、精心安排，保障赛事工作高质量开展。

（二）大赛坚持公益性原则，任何单位不得以大赛名义向参赛者及参赛单位收取任何参赛费用。

（三）大赛鼓励民族地区、农村地区教师和学生参加。

（四）参赛信息须依据大赛官网提示准确、规范填写。作品标题、所在学校/单位等信息须用全称。作品及作品信息不得出现错别字、错误名称、不规范表述等。

（五）大赛组委会享有对参赛作品进行公益性展示、汇编及信息网络传播等权益，参赛者拥有署名权。寄送的作品实物，赛项方案中明确不予退还的，视为参赛者向大赛组委会转让作品实物的所有权。

（六）联系方式

联系人：大赛执委会尹老师

电话：010－65592960（工作日8：30—11：30，13：30—16：30接听咨询）

邮箱：jingdiansxj@ywcbs.com。

附件：1. 第五届中华经典诵写讲大赛“诵读中国”经典诵读大赛方案

2. 第五届中华经典诵写讲大赛“诗教中国”诗词讲解大赛方案

3. 第五届中华经典诵写讲大赛“笔墨中国”汉字书写大赛方案

4. 第五届中华经典诵写讲大赛“印记中国”师生篆刻大赛方案

教育部办公厅

2023年3月21日

四、通知的写作要点

第一，通知事项要具体明确、行文实际。事项是通知的基本内容，特别是指示、贯彻、周知性的通知，内容更要直接，阐述的理由、提出的事项、应采取的措施、办法要写得切实可行，以便于下级机关或有关人员执行。

第二，措辞严密。通知的语言文字要做到准确、缜密、简明，避免产生歧义、疏忽错漏。通知的说理要严密周全，交代清楚，合乎逻辑，前后不能自相矛盾，语言含义要确切。

第三，用语得体。通知特别是指示性通知，其语言必须庄严郑重、语气肯定、不容置疑，可以适当使用祈使句，诸如“坚决”“尽快”“必须”“严禁”“要切实执行”等。也可以使用一些成语和四字词组，这类语句简短意明、节奏爽快，有利于增强坚定有力的气势。

五、会议通知的写法

会议通知是党政机关、人民团体、企事业单位为召开某一会议而郑重发出的文件。其结构一般由标题、主送单位、正文、附件、落款和抄报、抄送单位组成，须作发文编号。通知的写法是：

1. 标题。写明发文的单位、事由、文种。

2. 主送单位。即必须参加会议的单位。

3. 正文。会议通知的正文要具体全面。内容要素一般包括：会议名称、目的、召开会议的机关、会议名称、会议起止时间、地点、会议内容和任务，参加会议的人员范围和人数、入场凭证、报到时间及地点、与会人员须携带的文件材料、其他要求事项(如提前上报会议人员名单，要求预先告知乘坐的交通工具及车次、航班)等内容。对参加会议人员的要求(如准备发言、文件、论文、生活用品等)、注意事项以及筹办会议单位联系人、联系地址、电话号码、电报挂号、会议食宿安排、去会址路线、接洽标志等。有的通知后面还要附上入场凭证或请柬等。总之，要写得清楚、具体，对必须写明的项目无一错漏，以保证会议按预定要求准时召开。

4. 落款。包括发文单位及时间。

六、单位内部发布非正式行文的一般性通知

作为机关、团体、企事业单位公文性质的会议通知在格式上有着规范要求，但与内部发布的非正式行文的一般性质的会议通知有所不同。例如对于发文单位名称，正式公文须做到“四个一致”，即：文件头中的单位、标题中的发文单位、落款的发文单位，以及公章上的单位这四个名称须完全一致。但一般性质的会议通知，标题只写“通知”二字即可，不编号、不存档，写法上可不写发文单位和主送单位，正文以极其简短的文字写明会议时间、地点、主题、参会人员即可。

延伸阅读

一、通知与通告的比较

《条例》第八条规定，“(六)通告。适用于在一定范围内公布应当遵守或者周知的事项”。通告是行政机关在法定职责范围内行使职权，开展公务活动过程中，需要向所辖境内或者某一专门范围内所有人(包括当地居民、流动人口、外国人等)公布重要事项，或者规定应当遵守的事项时所采用的公布性公文。例如《国家药监局关于2批次不合格化妆品的通告》(2019年 第67号)。

(一)通告的适用范围

通告适用于公布各有关方面应当遵守或者周知的事项。

(二)通告的特点

第一，通告的根据具有政策性和法令性。

第二，通告的内容具有专门性和专业性。

第三，通告的效力具有约束性和强制性。

第四，通告的使用具有公开性和广泛性。

(三)通告的种类

可分为知照性通告、办理性通告、行止性通告。

(四)通知与通告的区别

通知与通告相近但不同。通告的事项与通知相比：

1. 通告一般比较重大，通知的内容并不都是重大事情。

2. 通告的对象比通知广泛，通告不专指某些人或某些单位；通知一般只限于有关人员或单位，范围要小得多。

3. 通告必须张贴出来，或在报刊、电台公开发表，通知一般是内部印发，有的也公开发表。

二、通知与通报的比较

《条例》第八条规定，“(九)通报。适用于表彰先进、批评错误、传达重要精神和告知重要情况”。例如《国务院办公厅关于对国务院第六次大督查发现的典型经验做法给予表扬的通报》(国办发〔2019〕48号)、《2018年第二季度全国政府网站抽查情况通报》。

通知与通报都是下行文，都是要告知对方某些事项或事情。二者区别主要有以下几个方面(见表3-2-1)：

表3-2-1　通知与的通报的主要区别

不同之处	通知	通报
1. 性质、用途不同。	用来发布规章、转发和批转文件、告诉下级机关需要办理、周知或共同执行的事项或任免和聘用干部。	表彰先进、批评错误、传达重要精神和情况。

续表

不同之处	通知	通报
2. 目的不同。	目的主要是让对方了解上级指示精神或告知对方需办理的事情和如何办理。	目的主要是以典型事例作为教育材料，来引导和提醒有关单位和人员，促使其从中吸取经验或教训，改进工作，或是沟通消息，传达重要情况和精神，指导对方认清形势，了解全局，开展工作。
3. 内容范围不同。	可以是对某一事项具有重大的指导意义的，也可以是一般的日常事务。	一般都是对面上的工作带有指导意义的事项。
4. 写作要求不同。	一般只需把要告知的事项用叙述和说明的文字写清楚。	一般需辅以议论的文字进行分析，以强调要告知事项的性质和重要性，引起重视。

拓展训练

一、公司准备本周四上午召开财务工作会议，要求财务部全体成员及其他部门负责人参加。请你代行政助理拟写一份会议通知。要求：格式规范、语言准确、内容具体、信息完备。

二、请根据公文标题规范拟写要求查找问题，并修改下列标题：

关于转发《四川省教育厅关于做好高校教师岗前培训工作的通知》的通知

简析：从标题看为转发性通知，标题的拟写遵循一般的公文标题的写法“发文单位＋事由＋文种”，建议可修改为《××学校关于转发四川省教育厅做好高校教师岗前培训工作的通知》。

三、校园海报栏通知“病文”实例分析

通知

为迎接2024年元旦，我院学生会决定举办2024年元旦晚会，现广泛征求同学们的意见，请尽快提交有关建议材料。过期不候，请尽快。

艺术学院学生会

2023年12月1日

参考文献

《公文写作概要》主编：段观宋编著．成都：西南交通大学出版社，2007年8月

任务十四 写作请示

教学目标

1. 素质目标

能够通过公文写作培养思维严密、办事严谨的工作作风。

2. 知识目标

①掌握请示的写作格式及行文规范；

②了解报告与请示的区别。

3. 能力目标

能够根据公文的规范要求拟写请示。

情景训练

举办元旦晚会需要向上级申请各种物品及经费支持。请以学院学生会的名义写一份请示。

请示是公文的一种，是应用写作实践中的一种常用文体。《党政机关公文处理工作条例》第八条规定，"(十一)请示。适用于向上级机关请求指示、批准事项"。凡是本机关无权、无力决定和解决的事项可以向上级请示、请求批准或帮助，上级则应及时回复。

案例导入

国家旅游局关于成立中国旅游饭店协会的请示

国务院办公厅：

随着党的对外开放、对内搞活经济政策的实施，我国旅游事业蓬勃发展，饭店、宾馆迅猛增加。据不完全统计，仅用于接待国外旅游者的饭店即达887个。床位652100张，而且各地还在不断兴建。用于接待国内旅游者的饭店更是大量增加。为了加强饭店工作，有必要成立一个行业性的组织(国际上也多是这样做的)，目的在于维护本行业的合法权益；交流饭店经营管理经验；提高经营管理水平，更好地为发展我国旅游事业服务，并开展国际同行间的联系。

一、中国旅游饭店协会拟以全国各地旅游饭店系统的人员为主体。(略)

二、协会将聘请有关方面和热心于饭店管理的专家、学者担任领导、顾问或理事。(略)

三、拟请×××同志担任协会名誉会长。

四、旅游饭店协会挂靠国家旅游局，办公地点也设在国家旅游局内。

以上意见妥否，请予指示。

国家旅游局(公章)

××××年××月××日

思考与讨论：什么是请示？请示有什么作用？

基础知识

一、请示的使用范围和特点

请示是下级机关向上级机关或业务主管部门对某项工作、问题请求指示、批准时使用的一种请求性的公文文种。请示作为一种上行文，不得抄送下级机关。

请示作为一种呈请性的上行文，具有以下特点：

第一，呈请性。请示是向上级机关请求指示和批准的公文，行文内容具有请求性。

第二，期复性。请示的行文目的是请求上级批准，解决某个具体问题，期望做出明确答复，因此具有期复性。

第三，单一性。所谓单一性，是指“一文一事”，一份请示写一个问题。请示中的问题一般都是亟待解决的问题，迫切希望得到上级的及时批复，因此在写请示时一定要体现内容单一、集中的特点，做到“一文一事，一文一请示”。

第四，提前性。请示的行文必须在事前行文，等上级做出指示后才可付诸实施，不能“先斩后奏”。

二、请示的种类

根据请示的不同功用及行文目的，大致可以分为以下三种类型：

(一)请求指示类

请示指示又称政策性请示，这类请示是对有关方针政策、法律法规的理解和执行不够准确，或者事件重大不能擅自做主，需要上级给予明示。例如，辽宁省司法厅给中华人民共和国司法部的《关于可否批准民盟等非社会团体的党派和组织成立律师事务所的请示》等，属于请求指示类。

案例欣赏

关于《会计人员职权条例》中

“总会计师”是行政职务还是技术职称的请示

财政部：

国务院1987年国发〔1987〕×号通知颁发的《会计人员职权条例》规定，会计人员技术职称分为总会计师、会计师、助理会计师、会计员四种；其中“总会计师”既是行政职务，又作为技术职称。在执行中，工厂总会计师按《条例》规定，负责全工厂的财务会计事宜。可是每个工厂，尤其是大工厂，授予总会计师职称的人有四五人。究竟由哪一位负责全厂的财务会计事宜，执行总会计师的职责与权限呢？我们认为宜将行政职务与技术职称分开，总会计师为行政职务，不再作为技术职称。比照最近国务院颁发的《工程技术干部技术职称暂行规定》，将《条例》第五章规定的会计人员职称中的“总会计师”改为“高级会计师”。

当否，请指示。

(联系人：××× 电话：×××××××××××)

(二)请求批准类

对于本属于上级机关管理权限内的事情，下级机关打算代理去办，但事先必须请示上级批准，即属此类请示。如《××省财政厅二零××年×月×日关于召开全市成人教育工作会议的请示》《××市人民政府关于要求将323国道××至××段列入省“九五”交通重点工程建设计划的请示》。

案例欣赏

××省财政厅××年关于召开全市成人教育工作会议的请示

市政府：

去年12月初，教育部等六部门在××市召开了全国成人教育工作会议。各省、市主管教育的领导，教育、劳动和部分省市的党委组织部门的负责人出席了会议。会上传达、讨论了国家教委起草的公文写作概要《关于改革和发展成人教育的决定》。××出席会议并做了重要讲话。国务院将转发《关于改革和发展成人教育的决定》。

近十年以来，在市委、市政府的关怀和领导下，我市成人教育工作得到了迅速的恢复和发展。目前，全市已建立各级各类成人学校×××所，教职员工××××名。近几年来，全市参加学习(包括各种短期培训)的成人每年超过×万人，去年达到×万人。成人教育的规模和水平都是我市历史上空前的。

为传达、贯彻全国成人教育工作会议精神，总结、部署我市成人教育工作，使其更好地为两个文明建设服务，我们建议以市政府名义召开全市成人教育工作会议，具体意见如下：

1. 会议规模。拟请各区、县、局、总公司主管教育的领导同志，区县成人教育办主任，市属局的教育处长，全日制高等院校函授、夜大学的代表出席会议，共约300人。

2. 会议时间。拟于今年3月下旬或4月上旬召开，会期三天。

3. 会议内容。传达全国成人教育工作会议精神，总结、部署我市成人教育工作，交流一些经验。

4. 会议开幕时，拟请市委、市政府主要领导同志与代表们见面，请× ×同志主持会议。会议结束时，请×××到会讲话。

5. 会议筹备工作。请市政府文教办牵头，具体准备工作以成人教育办为主，会同市劳动局、高教局等部门承办。

妥否，请批示。

(联系人：××× 电话：×××××××××××)

××市教育局

××××年×月×日

（三）请求帮助类

下级机关在进行工作时遇到由于自身人、财、物等困难，无法按时完成时，可以通过请示要求上级给予帮助、支持。

案例欣赏

××镇政府关于申请办公楼修缮经费的请示

县政府：

××镇政府办公楼建于×年×月，迄今××年，由于该楼建筑时间长，加之建筑质量不好等原因，部分房间的墙体出现裂缝，虽小有修缮但仍存在屋顶掉块、墙围脱落等现象，该楼已存在安全隐患，不适宜继续办公，须进行修缮。经多方论证，修缮费用预算为××万元，因镇政府资金短缺，特向县政府申请修缮办公楼经费，我们一定加强对招投标和工程质量的管理，指派专人负责办公楼修缮事宜，做到专款专用，严格质量、严格纪律，请予以支持为盼。

当否，请批示。

附：××镇政府办公楼修缮预算开支一览表

×县×镇人民政府

××××年××月××日

三、请示的写作格式与内容要素

请示一般由标题、主送机关、正文、落款四部分构成。

与其他公文一样，请示标题的结构一般由“发文单位＋事由＋文种”组成。

请示的正文一般由请示缘由、请示事项、请示结语三部分组成。

（一）请示缘由

请示缘由即请示正文的开头部分。一般简要而充分地写出请示的背景、原因、目的、根据，要求把理由说充分、叙述要简要。理由的充分与否，是请求能否得到上级机关批准的关键。因此理由要充分，包括情况、事实，要概括，不可长论。同时要实事求是，必要时要有点给上级的压力感。

（二）请示事项

请示事项即请示正文的核心部分。这部分要写清楚要求上级机关予以批准、指示、答复的具体问题和事项，注意要把问题讲清楚，材料要可靠；提出处理意见要具体、切实可行，又要符合有关政策规定，不能含糊其词，使领导难以决断，不要脱离实际地给领导出难题。否则，就达不到请示的目的。

要注意的是，请示的正文有请示的原因和请示的原因及做法两类：第一类，请示的内容为请求指示，关键的问题要提得具体，不能笼统、含糊、便于上级针对你提出的问题给予答复。第二类，请示的内容为请求批准，应说明两点：要批准什么，理由是什么。内容要概括，不要长篇大论。用到具体情况的，可以用附件提供参考。

(三)请示结语

常用的结束语有“以上请示请予批准”“以上意见是否妥当，请批复”“特此请示，请批复”等。

文末加盖公章、签上发文日期、联系人的姓名和电话号码。

四、请示的写作要点

第一，应按隶属关系行文，不得越级。请示要切实遵守隶属关系的行文规定，逐级进行请示。如遇特殊情况必须越级行文时，应同时抄送直接领导机关。除领导直接交办的事项外，“请示”不得直接送交领导者个人。

第二，事前行文，掌握发文时机。请示的使用要慎重，不要滥用请示，要到非请示上级不能解决问题时方可使用。同时要把握发文时机，不能“先斩后奏”。

第三，坚持一事一文。请示的内容要集中，请示的事项要明确。原则上一份请示只请示一件事，因为多件事情请示容易出现批复上的难度，如果一件事同意，另外一件不同意，在批复的时候就很难。因此请示一文一事，也叫“一事一请”。

第四，每份请示只能有一个主报机关。请示是上行文，只能写一个主送机关，因为请示需要答复，多个主送机关可能造成答复不一致，上报单位就会无所适从。有些受双重领导的机关，或有些问题一个主管领导机关不好解决，需要别的领导机关配合处理时，上报单位应根据具体情况写明主送机关、抄送机关，由主送机关负责答复请示的问题。

第五，开门见山，文字简洁。写请示要直入主题，行文要流畅，语言要精练。

第六，语气和缓，语言谦恭。作为上行文要注意语气要和缓，语言要谦恭，用词要得当。要掌握好分寸，切不可言辞过激、口气生硬。例如请求批准只能写“拟”怎么办，不能写“决定”怎么办。

五、“请示”与“报告”的区别

日常工作中，有不少人混淆请示与报告文种。“请示”与“报告”都是上行文，二者主要区别如表 3-2-2 所示。

表 3-2-2　请示与报告的主要区别

特点	请示	报告
诉求性	属于呈批性公文，下级机关对上级机关有所请求，要求上级机关批复。	属于呈阅性公文，主要用途是使下情上达，不要求上级机关批复。只有呈转性报告才要求上级机关“批转”有关部门执行。
事前性	必须在事前行文，等上级机关做出批复后才能付诸实施，不得“先斩后奏”。	在事前、工作进程中和事后均可行文。
单一性	主要写带有迫切性的，并需要上级机关指示、批准的事项，工作有针对性，要求一文一事。	只着眼于汇报工作，反映情况，不含有需要批准的问题，一文可写一事或数事。

拓展训练

一、请示病文实例分析。下文存在哪些问题？如何修改？

关于举办元旦晚会的请示报告

学院领导：

为了顺利举办我院“元旦”晚会，决定购买布置晚会现场用的彩球、红布等物品，另需一笔租用演出服装的费用。费用总计约1800元左右。

妥否，请批示。

艺术学院学生会

2023年12月1日

二、请示病文实例分析。下文存在哪些问题？如何修改？

关于要求批转《××县津贴补贴和绩效工资提标实施方案》的请示

县人民政府：

为贯彻落实省委、省政府决定，根据省、市财政、人保部门召开的公务员津贴补贴执行中情况及事业单位实施绩效工资进展情况座谈会议精神，结合我县实际，拟定了《××县津贴补贴和绩效工资提标实施方案》，如无不妥，请批转执行。

附件：《××县津贴补贴和绩效工资提标实施方案》

××县财政局

二零二三年七月十五日

延伸阅读

一、报告

《条例》规定，“（十）报告。适用于向上级机关汇报工作，反映情况，回复上级机关的询问”。

（一）报告的适用范围

报告是党政机关经常采用的重要的上行文，是上下级之间沟通情况、协调工作的重要公文。它使上级能够及时掌握下级机关的工作情况，从而更好地指导工作，避免工作的失误。在公务活动中，上级向下级传达情况用通报，下级向上级反映情况用报告。信息流向不同，使用的文种也不一样。

（二）报告的特点

第一，陈述性。报告帮助上级及时了解情况掌握下情，为其决策提供依据。因而，在写作方面报告的最大特点是它的叙述性，即把基本的情况讲清楚，是它行文的最大特色。

第二，内容的广泛性。一般公文讲究“一文一事”，简明确切。避免众多事堆到一起，影响公文办理的效率。报告不同，报告主要是让上级掌握工作的基本情况，工作内容是复杂的，涉及多个方面。因此报告的内容不受限制，可以是一文数事。

第三，单向性。报告是下级向上级提供信息，让上级掌握工作进展。一般是不需要上级回复的。这和请示不同，请示具有双向性特点，下级机关的请示，上级机关一定要批复。报告则是单向行文，不需要有与之对应的公文。

（三）报告的分类

根据条例的规定，从内容、性质上，报告可以划分为：

1. 工作报告

工作报告适用于定期地向上级汇报某一阶段的正常工作。全面汇报工作中的困难、做法、经验和教训，使上级能及时掌握本单位工作进度，有利于取得上级的支持和帮助。例如《深圳市人民政府 2023 年政府信息公开工作年度报告》。

2. 情况报告

情况报告适用于向上级反映情况，特别反映调查了解到的重大情况、特殊情况，一些有倾向性的新风气、新动向以及最近出现的新事物也有必要向上级汇报。作为下级机关有责任下情上达，使上级了解重要的社情、民情，如果隐情不报，是下级的失职。情况报告具有临时性、突发性的特点。例如《四川省人民政府关于猪链球菌病疫情况报告》。

3. 答复报告

答复报告适用于答复上级查询事项，这种报告较为单一，针对性很强。即上级问什么答复什么，不答非所问，不节外生枝。例如《襄汾县公安局关于“双龙湖景区摩托车失窃事件”办理情况的答复报告》。

另外，按报告的写作范围，可以分为综合报告和专题报告两种。综合报告用于反映一定范围或一定阶段多方面的工作情况，是综合、全面的汇报。专题报告用于反映某一专项工作，内容集中、单一，一事一报。工作报告是综合报告也可以是专题报告，情况报告和答复报告是专题报告。

按照报告的时限可分为例行报告和不定期报告。例行报告是定期向上级所作的汇报，如周报、旬报、月报、季报、年报，有严格的时间要求，必须按期完成。不定期的报告没有严格的时限规定，通常根据工作需要上报。一般工作报告是例行报告，情况报告和答复报告是不定期报告。

（四）报告的结构及写法

报告由标题、主送机关、正文、落款几部分组成。

1. 标题

报告的标题一般用三要素标题，由发文机关、事由、文种组成。例如《株洲市卫生局关于 2023 年依法行政情况的报告》。

2. 主送机关

报告的主送机关是直接的上级机关，原则上主送一个上级机关，根据需要同时抄送相关上级机关和同级机关，也一般不向上级机关负责人送报告。

3. 正文

报告正文一般由报告缘由、报告事项和结语三部分组成。

(1)报告缘由

以概括性语言简要说明报告的背景、主要内容、结论，或者说明写作报告的目的和依据。段末常用“现将有关情况报告如下：”引出下文。

(2)报告事项

此部分是正文的核心，是报告的重点部分，不同报告的写法有所不同。

工作报告的内容包括这几个方面：一是基本情况与成绩，陈述工作概况和基本做法，并在此基础上总结成绩和经验。这部分是对工作实践的理性认识，要善于概括，抽象出规律性的东西，使之系统化、理论化以指导今后的工作。写作时注意点面结合，突出重点、详略得当。不应是简单地堆砌事实，罗列材料，不加分析、综合，使上级不得要领，更谈不上指导工作。总之，应有主有次，以叙述为主，加上适当议论点明主题。二是存在的问题与不足，分析工作失误的原因，以及应当吸取的教训。应善于在事实的基础上归纳分析，使之条理化，避免在今后的工作中再犯类似的错误。三是今后工作的打算和拟采取的整改措施。

情况报告重在反映重要的、特殊的、突发的新情况。其内容主要有重要的社情、民情；严重灾害、事故、案情、敌情及处理情况；举办重大活动、召开重要会议的基本情况；各级代表会议的选举结果；对上级重要决议、决定事项的督办，检查某项工作的开展情况；对某项工作造成失误和存在重大问题的检讨与反思等。

情况报告以陈述句情况为主，应写明时间、地点、原因、经过、结果、已采取的措施或建议等。写作时注意：情况报告是专题报告，内容要集中单一。若提出处理意见或建议，必须写得具体、明确，并且要注意时效。对于特大事故，国务院明确要求事故发生单位必须在 24 小时内写出情况报告报送上级，以使上级尽快了解下情，做出决策。

答复报告针对性强，一般问什么就答什么。不能漫无边际地写一些与上级机关询问无关的事项，针对所提问题答复意见或处理结果，既周全又不结外生枝，有问必答，答其所问，表述明确具体，用语准确，不含糊其词，模棱两可。

(3)结语

报告的结语比较简单，通常以“特此报告”“特此报告，请审阅”等惯用语，也可以报告事项完即止，不写结束语。

4. 落款

在正文之后署上发文机关的名称和成文时间，成文时间应用阿拉伯数字，年、月、日齐全。

(五)报告的写作要求

第一，情况真实。

一切上报的信息必须真实可靠，力求准确反映事物的本来面目，全面反映情况。报告不实将导致上级决策失误，影响大局。汇报成绩时不能虚报夸大，反映问题不能文过饰非。必须以客观事实为依据，情况要真实确凿。

第二，确有必要。

是否要向上级报告，一个很重要的标准就是提供的信息是否真正、紧扣当前的中心工作，是否对上级决策有帮助。每天收集到的大量信息并不是全部有价值，特别是一些原始、初级信息，要有一个筛选、加工处理过程。这就需要选取角度、深入挖掘，选抓那些能够指导全局工作、具有较强影响力的信息，通过"去粗取精、去伪存真、由表及里、由此及彼"的加工处理，形成对全局工作具有普遍指导意义的情况汇报，才能进入领导决策的过程。

第三，点面结合、突出重点。

报告的写作不能烦琐罗列具体事例，也不能只作全面情况的概述。必须突出重点、有主有次、详略得当地安排材料，并加以精当论析，以适当的议论点明主题，使报告既有深度又有广度。需要补充的是报告中不能夹带请示事项。

参考文献

《公文写作概要》主编：段观宋编著. 成都：西南交通大学出版社，2007 年 8 月

项目十

礼仪文书

任务十五 写作邀请函

教学目标

1. 素质目标

养成注重礼仪、尊重他人的习惯。

2. 知识目标

(1)掌握邀请函的概念和基本特征;

(2)掌握邀请函的写作格式和写作技巧。

3. 能力目标

能够根据邀请函的特点写作得体的邀请函。

情景训练

任务：写作邀请函

元旦即将来临，艺术学院定于2023年12月30日晚19:30分在一教四楼报告厅举办文艺晚会，特邀请××动漫有限公司的王经理出席，请以艺术学院的名义拟写该邀请函。

为了增进友谊、发展业务，一些单位或个人会邀请上级领导、兄弟单位的有关同志或亲朋好友前来参加重要的活动，比如，参观、访问、比赛、交流、会面、协商等。为表示庄重，经常使用一种告知性礼仪文书——邀请函(书)，邀请对方出席。

案例导入

2023 年 9 月 4 日，四川××学院艺术学院的刘永强教授收到了一份邀请函，内容如下：

邀请函

刘永强教授：

兹定于 2023 年 9 月 10 日上午 9 时在学院举行教师节座谈会，请准时参加。

××学院

2023 年 9 月 3 日

看完邀请函，刘教授很生气，他觉得邀请函的用语不礼貌，座谈会的地点也不明确，所以，怒气冲冲地打电话给学院办公室的王主任，王主任了解刘教授生气的原因后，连忙道歉，并详细说明了座谈会的有关安排，这时，刘教授才平息怒火，答应出席座谈会。

思考与讨论：邀请函的作用是什么？如何写规范的邀请函？

基础知识

邀请函

礼仪文书是为礼仪目的或在礼仪场合使用的文书。礼仪文书可以包括贺卡、请柬、名片、祝贺信、慰问信、感谢信、喜报、祝酒词、祝寿词、礼笺、对联等，是常用的应用写作文体之一。

一、邀请函的定义

邀请函又称邀请书或邀请信，是行政机关、企事业单位、社会团体或者个人邀请有关人士参加某项活动或事宜的专用书信。凡精心安排、组织的大型活动与仪式，比如宴会、舞会、纪念会、庆祝会、发布会等，只有采用邀请函来邀请嘉宾，才能显得其正式与庄重。

二、邀请函的特点

(一)礼仪色彩

同请柬一样，邀请信也有邀请的功能，具有礼仪色彩。但相比而言，邀请函更恳切、热情、朴实一些。它没有请柬那么庄重严肃，但也具有利益色彩，讲究礼貌周全。

(二)书信体格式

邀请函是一种专用书信，写作时严格按照书信体的格式来写。

三、邀请函的种类

根据内容的不同，邀请函可分为以下几类：

一是纪念邀请函，为了纪念某个重大的节日，举行隆重活动而发出的邀请对方前来参加活动的书信。

二是会议邀请函，邀请对方参加某个会议的书信。

三是商务邀请函，为了发展商务，交流洽谈而发出的邀请对方前来参加活动的书信。

四、邀请函的格式

邀请函的内容主要包括礼仪活动的背景、目的和名称；主办单位和组织机构；礼仪活动的内容和形式；参加对象；礼仪活动的时间和地点、联络方式以及其他需要说明的事项，内容应根据具体情况来定。

邀请函一般使用横式，由以下几部分组成：

（一）封面（正面）

居中写“邀请函”，同时这也是标题，邀请函的标题根据需要还可以由事项加文种构成，如“2023 年全国普通高校评卷教师邀请函”；或由发文单位加事项加文种构成，如“华为年终客户答谢会邀请函”。字体要略大，要醒目和美观。

（二）称谓

首行顶格书写被邀请的单位名称或个人的姓名。可根据发函人与受函人之间的关系设定称谓，要注意用词得体、谦敬和宜。称谓要置于函首，顶格，后加冒号。一般来讲，邀请函的称谓使用“统称”，并在统称前加敬语。如“尊敬的某某先生/女士”或“尊敬的某某总经理（局长）”。

（三）正文

正文指商务礼仪活动主办方正式告知被邀请方举办礼仪活动的缘由、目的、事项及要求，写明礼仪活动的日程安排、时间、地点，并对被邀请方发出得体、诚挚的邀请。对于具体的事宜一定要用简洁有力的语言加以表述，主题突出明确，一目了然。要有活动的细节说明，对于时间、地点等关键的信息要交代清楚。

正文应特别注明以下内容：

附券

如有参观、文艺活动，或有礼品赠送，应附上入场券，或者领取礼品的赠券。

宴请

如有宴请，应写明“敬备菲酌”“沏茗候教”等字样，并注明席设何处，以及入座时间。

特别提示

如有特殊的着装要求也应该在正文注明；如需乘车或乘船，应交代路线及有无专人接站等。

（四）结尾

结尾通常写“敬请光临”“敬请莅临”或“敬请光临指导”。

（五）落款

落款写清发邀请函的单位名称或个人姓名，下一行注明年、月、日。

五、邀请函的写作要求

第一，邀请函是对具体人或单位发出的，所以在称谓和措辞方面不能犯谦敬失调的毛病。对别人称呼自己的家人时如是长辈或年长的同辈，前面要冠以“家”，如是晚辈或年幼些的同辈前面要加“舍”，称呼对方家人要用“令”字题头，以示尊重。要适当使用一些敬辞来表达邀请的诚挚情感，涉及对方姓名、年龄、请托等事宜时，要相应地加一些表达尊重的常用敬辞，如赐教、雅正、高见、光临、惠顾、鼎力等。

第二，邀请函的语言应简明扼要，典雅庄重，表达准确。对于邀请的缘由要交代明晰，切忌主题模糊、语焉不明。情感的表达要体现出邀请的诚意，让受邀者感受到邀请者的热情。

第三，邀请函的语言要尽量体现邀请者和受邀者的身份特征、职业经历和素质修养。

第四，严格遵守格式规范写作，称谓、邀请事由、具体内容、活动时间、活动地点、相关事宜、联系方式、落款等是必不可少的部分，不能遗漏信息。应注意以下几点：

一是“邀请函”三字是完整的文种名称，与公文中的“函”是两种不同的文种，因此不宜拆开写成“关于邀请出席××活动的函”。

二是被邀请者的姓名应写全，不应写绰号或别名。在两个姓名之间应该写上“暨”或“和”，不用顿号或逗号。网上或报刊上公开发布的邀请函，由于对象不确定，可省略称呼，或以“敬启者”统称。

三是邀请事项务必周详，使邀请对象可以有备而来，也会使活动举办的个人或单位减少一些意想不到的麻烦。

六、邀请函与相关文种的区别

（一）会议邀请函（信）与通知的区别

会议邀请函主要用于横向性的会议活动，发送对象是不受本机关职权所制约的单位和个人，其不属于本组织的成员，一般不具有法定的与会权利或义务，是否参加会议由对象自行决定。举行学术研讨会、咨询论证会、技术鉴定会、贸易洽谈会、产品发布会产等，以发邀请函为宜。

会议通知则用于具有纵向关系（即主办方与参会者存在隶属关系或工作上的管理关系）性质的会议，或者与会者本身具有参会的法定权利和义务，如人民代表大会、董事会议等。对于这些会议的对象来说，参加会议是一种责任，因此只能发会议通知，不能用邀请函。学术性团体举行年会或专题研讨会时，要区别成员与非成员——对于团体成员应当发会议通知，而邀请非团体成员参加则应当用邀请函。

（二）邀请信（函）与请柬的异同

请柬和邀请信（函）都可以作为邀请别人来参加某种活动的函件对待，两者的作用是一致的。因为有许多的活动都应邀请外单位或本单位的上级机关或领导参加，发通知显得不礼貌，也不严肃，因而都以请柬或邀请函代替通知。在这方面两者的目的是一致的。

不同之处：

一是邀请函一般发给单位，而请柬主要发给个人（也可以发单位）。

二是邀请信（函）的内容包括较多，如行车路线，食住安排以及参加活动的要求等，内容较全面而具体。请柬则较简单，说清楚地点、时间以及内容就可以了。

三是邀请信（函）往往要求对方寄回回告单，告知参加的人数及有关情况。而请柬则没有此项要求。

案例欣赏

［案例一］

邀请函

尊敬的×××教授：

我学会决定于××年×月×日在省城××宾馆举办民间文学理论报告会。恭请您就有关民间文学的现状与发展发表高见。务请拨冗出席。

顺祝

健康！

××省文学研究会

联系人：×××

××××年×月×日

点评：这是一份比较简洁的邀请函，用词文雅，恭敬而不失热情，对活动的时间、地点和相关信息的介绍也清楚具体。

［案例二］

××公司年终客户答谢会邀请函

尊敬的××先生：

过往的一年，我们用心搭建平台。您是我们关注和支持的财富主角。

新年即将来临，我们倾情实现公司客户大家庭的快乐相聚。为了感谢您一年来对我公司的大力支持，我们特于××年×月×日×时在×××大酒店一楼××殿举办××年度客户答谢会，届时将有精彩的节目和丰厚的奖品等待着您，期待您的光临！

让我们同叙友谊，共话未来，迎接来年更多的合作，更多的快乐！

××公司

××××年×月×日

点评：这是一份公司年会常见的邀请函形式，对活动的时间、地点等信息介绍得比较清晰，语气热情，诚恳。

［案例三］

接口与转化：从前沿语言学理论到汉语国际教育应用

——汉语国际教育语境下的句式研究与教学专题研讨会

邀请函

尊敬的××先生/女士：

为进一步满足第二语言教学对汉语句式研究的迫切需要，促进语法研究新成果向国际汉语教学应用的转化，北京语言大学汉语学院拟于2023年8月20日在北京语言大学举办“汉语国际教育语境下的句式研究与教学专题研讨会”。鉴于您在第二语言研究领域的丰厚学术成果，诚邀您出席并发表鸿文，嘉惠学林。

有关会议安排如下：

一、会议时间：2023年8月20—22日

二、会议地点：北京语言大学

三、会议主旨：促进前沿语言学理论的创新及其向国际汉语教学的转化与应用；推动语言学理论的本土化研究

四、会议议题：

(一)类型学视角下的汉语句式研究；

(二)汉语句式研究的跨文化视角与相关语言事实；

(三)跨文化视角下的汉语第二语言句式教学；

(四)汉语教材、大纲、教学设计中的句式问题；

(五)汉语作为第二语言句式教学中的相关问题

五、遴选参会论文，出版论集《汉语句式研究与教学》。

六、2023年7月5日前，将论文题目及摘要以Word2003文档发至会务组邮箱。摘要1000字，标题用三号宋体，正文用小四号宋体。摘要请标注作者姓名、单位、电子邮箱、通信地址、邮政编码、联系电话、传真。请于8月10日前提交论文全文，以便制作论文集。

七、会议日程

8月19日下午，在北京语言大学会议中心大堂报到。报到地址：北京市海淀区学院路15号。乘坐地铁2号线到西直门换乘13号线五道口下车(A西北出口)，步行至北语会议中心。

8月20日，8:30开幕式、大会发言、分组研讨。

8月21日，上午分组研讨，下午闭幕式。

8月22日，文化考察一天(京郊)。如不参加文化考察，请回函说明，以便筹备组统计人数。

8月22日，离会。

八、会议通信地址：北京市海淀区学院路15号北京语言大学汉语学院(100083)

九、往返交通由会议代表自行购票。会议筹办费、餐费、住宿费、论文集出版费由会议主办方承担。如有特殊情况，需代买车票，请于7月8日前将身份证号及返程日期通过邮箱通知会务组，过期不再受理。

电话：010—82303432

e—mail:wenyingmy@126.com

句式研究与教学研讨会筹备组

2023年6月24日

点评：这份邀请函采用了比较通行的写法，前面交代了活动的时间、地点、主旨、会议议题、参会论文的要求等内容，并详细介绍了活动的具体日程，这是吸引邀请对象参会的重要因素，并具体说明了报到的有关事宜。全文结构完整，事项清楚，能够使邀请功能得到有效的发挥。

拓展阅读

感谢信

一、感谢信的概念和主要特点

(一)概念

感谢信是向帮助、关心和支持过自己的集体(党政机关、企事业单位、社会团体等)或个人表示感谢的专用书信，有感谢和表扬双重意思。写感谢信既要表达出真切的谢意，又要起到表扬先进，弘扬正气的作用。它广泛应用于个人与个人之间、个人与组织之间、组织与组织之间，用以向给予自己帮助、关心和支持的对方表示感谢。

(二)主要特点

1. 感谢对象要确指

感谢信都有确切的感谢对象，以便让大家清楚是在感谢谁。

2. 表述事实要具体

感谢别人是有具体的事由的，否则就会显得抽象空洞。

3. 感情色彩要鲜明

感动和致谢的色彩强烈鲜明，言语里充满感激之情。

二、感谢信的种类

依据不同的标准可以有不同的分法。

(一)按感谢对象的特点来分

1. 写给集体的感谢信

这类感谢信，一般是个人处于困境时，得到了集体的帮助，并在集体的关心和支持下，自己最终克服了困难，渡过了难关，摆脱了困境，所以要用感谢信的方式表达自己的感激之情。

2. 写给个人的感谢信

这类感谢信，可以是个人也可以是单位也可以是集体为了感谢某个人曾经给予的帮助或照顾而写的。

(二)按感谢信的存在形式来分

1. 公开张贴的感谢信

这类感谢信包括可在报社登报、电台广播或电视台播报的感谢信，是一种可以公开张贴的感谢信。

2. 寄给单位、集体或个人的感谢信

这类感谢信直接寄给单位、集体或个人。

三、感谢信的格式和写法

感谢信通常有标题、称呼、正文、结语和落款五部分构成。

(一)标题

感谢信标题的写法有这样几种形式："感谢信"——单独由文种名称组成；"致×××的感谢信"——由感谢对象和文种名称共同组成；"××街道致××剧院的感谢信"——由感谢双方和文种名称组成。

(二)称呼

开头顶格写被感谢的机关、单位、团体或个人的名称或姓名，并在个人姓名后面附上"同志"等称呼，然后再加上冒号。

(三)正文

感谢信的正文从称呼下面一行空两格开始写，要求写上感谢的内容和感谢的心情。应分段写出以下几个方面：

1. 感谢的事由

概括叙述感谢的理由，表达谢意。

2. 对方的事迹

具体叙述对方的先进事迹，叙述时务必交代清楚人物、事件、时间、地点、原因和结果，尤其重点叙述关键时刻对方给予的关心和支持。

3. 揭示意义

在叙述事实的基础上指出对方的支持和帮助对整个事情成功的重要性以及体现出的可贵精神，同时表示向对方学习的态度和决心。

(四)结语

写感谢信收尾时表示敬意的话、感谢的话。如"此致 敬礼""致以最诚挚的敬礼"等。

(五)落款

感谢信的落款署上写信的单位名称或个人姓名，并且署上成文日期。前者在上，后者在下。

四、写作感谢信的注意事项

1. 内容要真实，评誉要恰当

感谢信的内容必须真实，确有其事，不可夸大溢美。感谢信以感谢为主，兼有表扬，所以表达谢意时要真诚，说到做到。评誉对方时要恰当，不能过于拔高，以免给人一种失真的印象。

2. 用语要适度，叙事要精练

感谢信的内容以主要事迹为主，详略得当，篇幅不能太长，所谓话不在多，点到为止。感谢信的用语要精练、简洁，遣词造句要把握好一个度，不可过分雕饰，否则会给人一种不真实、虚伪的感觉。

函

《条例》规定，“(十四)函。适用于不相隶属机关之间商洽工作、询问和答复问题、请求批准和答复审批事项”。这种“函”属于公务文书的一种，俗称“公函”，按照公文的规范要求进行写作。而邀请函则属于礼仪文书，在形式和格式上可以更为灵活自主。

一、函的适用范围

函是一种平行文，不能用于上下级机关。在行文方向上，不仅可以在平行机关之间行文，而且可以在不相隶属的机关之间行文，其中包括上级机关或者下级机关行文。在适用的内容方面，它除了主要用于不相隶属机关相互商洽工作、询问和答复问题外，也可以向有关主管部门请求批准事项，向上级机关询问具体事项，还可以用于上级机关答复下级机关的询问或请求批准事项，以及上级机关催办下级机关有关事宜，如要求下级机关函报报表、材料、统计数字等。此外，函有时还可用于上级机关对某件原发文件作较小的补充或更正，不过这种情况并不多见。

二、函的特点

第一，沟通性。函对于不相隶属机关之间相互商洽工作、询问和答复问题，起着沟通作用，充分显示平行文种的功能，这是其他公文所不具备的特点。

第二，灵活性。表现在两个方面：一是行文关系灵活。函是平行公文，但是它除了平行行文外，还可以向上行文或向下行文，没有其他文种那样严格的特殊行文关系的限制。二是格式灵活，除了国家高级机关的主要函必须按照公文的格式、行文要求行文外，其他一般函，比较灵活自便，也可以按照公文的格式及行文要求办。可以有文头版，也可以没有文头版，不编发文字号，甚至可以不拟标题。

第三，单一性。函的主体内容应该具备单一性的特点，一份函只宜写一件事项。

三、函的种类

函可以从不同角度分类。

一是按性质分类，可以分为公函和便函两种。公函用于机关单位正式的公务活动往来，例如《国家发展改革委办公厅关于请提供售电公司有关情况的函》，就是国家发改委向各省、自治区、直辖市发改委提出工作要求的函。便函则用于日常事务性工作的处理。便函不属于正式公文，没有公文格式要求，甚至可以不要标题，不用发文字号，只需要在尾部署上机关单位名称、成文时间并加盖公章即可。如以班委会名义发出的《20 周年同学聚会活动邀请函》。

二是按发文目的分类，可以分为发函和复函两种。发函即主动提出公务事项所发出的函。复函则是为回复对方所发出的函。例如：《国务院办公厅关于同意广东、香港、澳门承办 2025 年第十五届全国运动会的函》(国办函〔2021〕79 号)。

三是从内容和用途分类，可以分为商洽事宜函、通知事宜函、催办事宜函、邀请函、请示答复事宜函，转办函、催办函、报送材料函等。

四、函的作用

一是相互商洽工作。如调动干部，联系参观、学习，联系业务，邀请参观指导等。

二是询问和答复问题。如向有关单位询问问题以及对方对此问题的答复，都可用“函”的形式。例如《国务院办公厅关于同意成立 2022 年第 4 届亚残运会组委会的函》(国办函〔2019〕98 号)。

三是向有关主管部门请求批准。如《昆明市防震减灾局关于请求批准政府购买服务计划的函》。

五、公函的格式与写法

公函由首部、正文和尾部三部分组成。其各部分的格式、内容和写法要求如下：

1. 首部

(1)标题。公函的标题一般有两种形式。一种是由发文机关名称、事由和文种构成。另一种是由事由和文种构成。

(2)主送机关。即受文并办理来函事项的机关单位，于文首顶格写明全称或者规范化简称，其后用冒号。

2. 正文

(1)开头。主要说明发函的缘由。一般要求概括交代发函的目的、根据、原因等内容，然后用“现将有关问题说明如下：”或“现将有关事项函复如下：”等过渡语转入下文。复函的缘由部分，一般首先引叙来文的标题、发文字号，然后再交代根据，以说明发文的缘由。

(2)主体。这是函的核心内容部分，主要说明致函事项。函的事项部分内容单一，一函一事，行文要直陈其事。无论是商洽工作，询问和答复问题，还是向有关主管部门请求批准事项等，都要用简洁得体的语言把需要告诉对方的问题、意见叙写清楚。如果属于复函，还要注意答复事项的针对性和明确性。

(3)结尾。一般用礼貌性语言向对方提出希望。或请对方协助解决某一问题，或请对方及时复函，或请对方提出意见或请主管部门批准等。

(4)结语。"函"的结尾，一般常用结束语，有时也不用。常用的公函结束语如："专此函达""特此函告"(告知函)；"特呈函，盼予函复""可否，请予研究函复""特此函询(商)""即请函复"(询问函、商洽函)；"特呈函，请予批准函复"(请求批准函)；"特此函复"(答复函)。

(5)结尾落款。一般包括署名机关单位名称，写明成文时间年、月、日；并加盖公章。

六、公函的写作要求

首先，注意行文简洁明确。"函"的内容必须专一、集中。一般来说，一个函件以讲清一个问题或一件事情为宜。"函"的写法以陈述为主，只要把商洽的工作，询问和答复的问题，向有关主管部门请求批准的事宜写清楚就行。复函则要注意行文的针对性、答复的明确性。

其次，注意语气和用词把握分寸。发"函"都是有求于对方的，或商洽工作，或询问题，或请求批准。无论是平行机关或者是不相隶属机关的行文，都要注意语气平和有礼，不要倚势压人或强人所难，也不必逢迎恭维、曲意客套。"函"的语言要求朴实，语气要恳切，态度要谦逊。

最后，注意写作的时效性。特别是复函更应该迅速、及时，以保证公务等活动的正常进行。

拓展训练

一、根据下列材料来写作邀请函：

(一)作家莫言获得2012年诺贝尔文学奖后，他的母校想邀请他回校为同学们做一次文学讲座。请你以该校"红高粱"文学社的社长王红的身份拟写一份格式规范、字数不超过100字的邀请函。

(二)恒达科教有限公司拟于2023年12月8日8:00—18:00在广州白天鹅大酒店举办科教仪器商品洽谈会，拟邀请有关商家参加。请据此信息以该公司的名义，制作邀请函。要求格式、措辞符合邀请函的要求，有关内容可以合理扩充。

(三)2023年，王红在广城集团公司担任市场部经理秘书，通过王红的努力，促使广城集团和自己的母校签订了实习基地协议，12月25日，广城集团将在广州花园酒店召开一年一度的年会，特将王红母校的冯俊凯校长作为嘉宾隆重邀请。王红被抽调到这次年会筹委会，负责有关会议文书工作，邀请函的写作任务自然就落在了她的头上，请据此信息以该公司的名义，帮助王红制作邀请函。

(四)计算机应用(4)班班委会决定在2023年12月9日晚上7点到9点在教室开展纪念“12.9”活动，请写一则100字左右的邀请函邀请张权老师参加你们的活动。要求格式正确，表达得体。

二、病文修改

邀请函

李东成：

多亏有你的帮助，我厂生产的电视机在今年全国质量评比中获金奖。现在确定于2023年6月10日在凤凰饭店开个庆功会，请你务必来参加！

长乐电视机厂厂长：王恺

2023年6月4日

三、病文修改

邀请函

尊敬的郑恒鹏先生：

您好！

我们是华东政法大学校学生会科创中心TEDxECUPL项目组的工作人员。TEDxECUPL是经过北美TED官方授权，由华东政法大学的TED爱好者及校学生会科创中心自愿发起的独立组织。我们主要着眼于那些值得传播的想法和值得分享的故事，通过TED作为传播途径，希望更多的人能从中得到各种不同领域的知识，并有自己新的见解。

我们很希望能邀请您参加将于11月下旬在上海华东政法大学举办的TEDxECUPL2013秋季演讲大会。这是一个跨界的思想对话平台，我们始终相信思想的交流是有价值的。

作为摄影记者，你们总是能带领受众发现平凡中的新鲜了。一个客观的视角，一秒瞬间的捕捉。人们也许永远无法了解那一幅图片的背后，是多长时间的等待，是多远距离的奔波。您的领域是象牙塔里的我们所不熟知的，我们渴望能够听到来自各方的声音，渴望能够传播不一样的思想与故事，渴望您能与我们分享。诚挚地期待您的回应！

华东政法大学校学生会科创中心TEDxECUPL项目组代表

2023年10月23日

参考文献

《公文写作概要》主编：段观宋编著. 成都：西南交通大学出版社，2007年8月

项目十一

经济文书写作

任务十六 拟写合同

教学目标

1. 素质目标

通过合同写作培养知法守法、办事严谨的良好习惯。

2. 知识目标

(1)掌握合同的概念、类型及订立合同的基本要求;

(2)了解合同的主要条款;

(3)掌握合同的写作格式;

(4)掌握合同常用的条文并列式、章条项式结构。

3. 能力目标

(1)能够根据合同的写作要求撰写内容全备、格式规范的合同;

(2)能够用条文并列式或章条项式结构安排合同正文结构。

情景训练

任务:拟写晚会赞助合同

某校主办元旦文艺晚会,学生会与某庆典礼仪公司洽谈赞助事宜,对方愿意为晚会30名主演人员提供专业化妆服务,并提供主持人服装4套,条件为晚会主席台背景喷画赞助单必须显示该公司名称,并同意在现场分发、回收公司业务调查问卷200份。请为此次赞助活动拟写一份合同。

经济文书作为应用文的一个分支，是指在经济专业领域内为处理业务、传递信息、研究对策、指导工作而经常使用的，直接反映经济活动内容并为经济工作服务的一类专业应用文。随着全球经济一体化，中国市场经济的不断深入，人与人之间的经济交往越来越频繁，经济纠纷也随之大量产生，其间由合同签署引起的经济纠纷占比居多。为减少现实经济生活中的合同纠纷，使合同当事人切实有效地保护自己的合法权益，掌握合同特别是经济合同的相关知识及写作方法极其重要。

案例导入

装修合同陷阱

成都的龙先生与装修公司签订的合同中，一份约定了进场时间，另一份却没有约定，致使合同无法履行。双方只有对簿公堂。武侯法院判决双方解除合同，装修公司退还龙先生3000元定金。法官提醒，装修合同应约定开工和竣工时间。

今年3月9日，龙先生与某装修公司签订合同，约定了装修款为69000元，以及工程内容和违约责任等内容。龙先生说，他与装修公司约定的开工日期为今年3月11日，竣工日期为5月10日。合同签订后支付定金3000元，后来他多次催装修公司开工，但对方均答复会按期完成装修，但至今没进场。

后来，龙先生将装修公司起诉到法院，诉请解除双方合同，装修公司支付10%的违约金6900元，并返还定金3000元。装饰公司也拿出了双方签订的合同，但上面并未约定开工和竣工日期，只是约定了工期为90天。该公司认为，龙先生找各种理由拖延，拒绝履行合同。在双方未解除合同的情况下，龙先生却请他人完成了敲墙工作，应承担违约责任。对此，龙先生解释，合同签订后，装修公司一直不进场，在需要进行墙体拆除时，装修公司要求在约定每平方米80元拆墙单价上增加费用，称如果不同意可另外找人拆墙，所以他找他人完成了拆墙工作。

法院审理认为，双方提供的两份合同原件均有龙先生签字，也有装修公司的合同专用章，但两份合同不完全一致，龙先生的合同中有开工、竣工日期，而装修公司的合同中这两项为空白。此外，龙先生向装修公司支付了定金3000元。龙先生花费2400元找他人完成了墙体拆除，装修公司至今未实际进场施工。因此，双方的装修合同并没有实际履行。据此，法院遂作出上述判决。

（新闻来源：成都商报）

思考与讨论：龙先生在签订合同时存在哪些问题？

案例导入

一位刚毕业不久的大学生在一次人才招聘会上，与一家房地产公司当场签下合同，对方许诺，去了后有住房，月薪5000元以上。

他的职位是公司销售部销售员。进了公司，他才知道，所谓的月工资5000元以上完全是一个子虚乌有的数字，因为销售人员的工资实行的是上不封顶下不保底，与销售额直接挂钩。销售部有十几名销售员，只有一位业绩突出的销售员拿到过5000多元的月工资。对方许诺的住房其实是一间破旧的仓库，不到30平方米，住着8个人。

他找出当初与对方签订的合同，在工资条款里只写着“工资待遇高”，在住房条款里用词更是模糊——“由公司提供住处”。

思考与讨论：这位毕业生在签订合同时存在哪些问题？

基础知识

一、经济文书的特点

第一，实用性。任何经济文书都是为事而作，力求能够解决实际问题，对经济工作有指导意义，具有较高的实用价值。具体来说：能够反映经济建设中的新动态、新情况、新经验、新问题，并认真地加以剖析研究，从而探索和发现经济活动的发展规律，为制定经济方针、政策，做出决策，提供科学的依据；针对现代经济管理活动中的各种实际问题，适时地做出决策、指令、通报和说明，提出解决问题的措施和办法，使管理活动能够沿着正确的轨道运行，促进现代化的经济管理；能够梳理适合我国国情，我国市场经济发展的新经济形式、反映其发展与优化的过程，对经济改革做正确的导向。

第二，真实性。经济文书是反映经济活动规律，解决实际经济问题的，应当从实际出发，原原本本反映客观事物的真实面貌，传递准确无误的信息。经济文书不能像文学作品那样可以进行艺术虚构，它必须实事求是，反对歪曲事实，弄虚作假，夸大其词。要反映客观事实本身的逻辑关系，揭示客观经济规律，不能片面强调求真而去纯客观地“有闻必录”。

第三，效益性。经济文书是直接反映、影响与作用于经济活动的，必然与经济效益发生不解之缘。这就要求经济文书要从不同的角度、不同的方面，以不同的内容、形式和方法与经济效益挂钩，为提高经济效益服务。如市场调查报告要为解决企业产品适销对路服务；经济合同要为企业的切身经济利益着想；商品广告要以推销商品和劳务达到盈利为目的。

第四，政策性。经济文书的内容要体现和渗透经济法规和经济政策的精神，要以有关的法规和政策为依据去分析经济现象，研究经济形势，解决经济问题；要结合具体的经济工作任务、具体的事件、具体的问题去自觉宣传、贯彻国家的有关法规和政策，反映国家政权的政治意向和根本利益。

第五，规范性。经济文书专业性很强，为了表达准确得体，处理及时迅速，在长期的写作实践中，逐渐形成了各自不同的、相对固定的格式与写作规范。规范化是实现经济文书统一性、完整性、准确性和有效性的重要保证，是提高经济文书写作的速度与效率的基本措施，同时，也为经济文书运用计算机写作、进行科学化管理奠定了基础。从语言来讲，经济文书在长期写作中也形成了一些惯用语，即程式化的语言，形成了规范、严谨的语体特点。

第六，时效性。经济文书要承担收集、编制、传递、应用经济信息的职能，发挥指导经济工作、解决实际问题的作用，在写作上就必须做到争分夺秒，不失时机。市场如战场，在风云变幻的经济领域，捕捉有价值的信息，做出科学的预测和正确的决策，提出切实可行的措施方案，都必须以及时为先决条件，竞争中的成败往往就体现在“时间差”上。信息流通得越快，经济文书的指导性就越强，它的价值也就越大。

二、合同的概念与特点

《合同法》规定，合同是平等主体的自然人、法人或其他组织之间设立、变更、终止民事权利义务关系的协议。合同的签订方可以是单位与单位、单位与个人或个人与个人，合同的签订由双方当事人本着平等、自愿的原则，通过讨论或谈判，协商一致，共同决定合同的内容、选择合同的形式。由于合同在大多数情况下，都会涉及一定的经济利益，所以通常所见的合同都属经济合同的范围。

“合同”即“合起来相同”。“合”指两个或多个主体之间；“同”指协商一致。合同也称“契约”，是当事人协商一致的产物，是订立合同的双方或多方当事人，在办理某事时为了各自的权利和义务而订立的以供共同遵守的书面协议。

合同关系是一种法律关系，具有强制性质，一旦订立即具有法律效力。一经签订，各方当事人都要严格遵守，认真执行，不能单方面修改或废止。

合同具有以下特点：

第一，合法性。当事人双方签订的合同内容必须符合国家的法律、法规、政策，合同的订立程序也必须合法。否则应视为无效合同，不受法律保护。

第二，平等性。合同双方是平等主体的自然人、法人，双方的权利、义务和责任都应该是平等的。任何一方不能凭借垄断地位或特殊权力，在签订合同时出现不平等的霸王条款。

第三，法律约束力。依法签订的合同具有法律约束力，任何一方不得随意违反合同规定，否则将会受到法律的制裁。

第四，规范性。合同文本的书面形式是统一的、固定的，其内容构成、先后顺序都有严格的要求。另外，合同要求使用规范的表达方式，用语、数字、简称及计量修改符号等都应当按照有关标准和规范使用，不能含糊不清，出现歧义。

三、合同的种类

合同的种类很多，因分类标准不同则类别不同：按时间可分为长期合同、中期合同和短期合同；按交割方式可分为现货合同和期货合同；按表述方式有条款式合同和表格式合同之分；按合同内容分，主要有买卖合同、技术合同、运输合同、租赁合同、借款合同、承揽合同、建设工程合同、仓储合同、人员聘用合同、文化交流合同、社会服务合同，以及供水、电、火、气、热等。按合同形式分，包括口头形式、书面形式和其他形式，例如电报、电传、传真、电子数据交换、电子邮件、录像等。

四、合同的作用

第一，合同是完成预定任务的保障。合同是两个及以上民事法律地位平等的当事人之间的意思表示一致的协议，在合同里，甲乙双方会明确预定任务完成的时间、具体要求等。合同为任务完成的质量、时效性提供了强有力的法律保障。

第二，合同是维护合法权益的凭证。在合同中，会明晰甲乙双方的权利及义务，如在合同履行过程中出现问题，可追究其违约责任。违约责任是违反合同义务的当事人应承担的法律责任。合同规定违约责任有利于督促当事人自觉履行合同，发生纠纷时也有利于确定违约方所承担的责任，这是合同履行的保障性条款，该条款为维护双方的合法权益提供了凭证。

五、经济合同的必备条款

经济合同包括以下几个基本要素：标的，数量，质量，价款或酬金，履行期限、地点和方式，违约责任，解决争议的办法。

(一)标的

标的就是合同双方当事人权利义务所共同指向的对象。标的可以是物、货币、智力成果、行为等。如：保管合同的标的是物，运输合同的标的是行为，技术转让合同的标的是智力成果。

(二)数量

数量指衡量合同当事人权利义务大小的尺度，通常用数字和计量单位来表示。数量规定标的的数量、计量单位和计量方法，有的商品还应写明数量的正负尾差、合理磅差、自然减量和增量的计量方法。

(三)质量

质量指标的物的优劣，包括品种、规格、型号、性能、款式、标准、材质等。有规定标准的，如国际标准、国家标准等，按当事人双方认可的标准执行；没有规定标准的，由双方当事人协商确定。

(四)价款或者酬金

价款或者酬金指合同双方当事人对标的议定的价格。价款是取得标的物应当支付的代价，即买方付给卖方的代价，包括单价和总金额。如购销合同中买卖商品的价款。酬金是获得服务应当支付的代价，即接受服务一方付给服务一方的报酬，如雇佣合同中的劳动报酬。

价款或酬金一般都以货币数量来表示，要明确标的的总价、单价、货币计算标准；若与外国方面合作，要写明支付币种。合同中还要明确价款或酬金的给付方式、银行账号等。

(五)履行期限、地点和方式

履行期限、地点和方式指履行合同的时间限度、交付标的物的方式、支付价款的方式等。履行期限就是合同双方要求相互向对方履行义务的具体时限；履行的地点指双方履行合同义务或任务的场所，例如：建筑工程承包合同的履行地点即建筑工程所在地；如果是提货，提货地点即为履行地点；履行方式是指双方履行权利义务的方式、方法。时间方式指一次交清还是分期交付；行为方式指是价金结算是银行转账，还是现金支付。

(六)违约责任

合同的当事人不能履约或不能完全履约时，所要承担的经济责任和法律后果。承担违约责任的主要方式有支付违约金、赔偿损失和其他承担责任的法律形式等。

(七)解决争议的办法

解决争议的办法指当事人关于解决争议的程序、方法等的约定。合同发生争议时，其解决方法包括当事人协商、第三者调解、仲裁、法院审理等几种。

六、合同的基本格式

合同一般分为首部、正文、尾部三个部分。

(一)首部

1. 标题

标题的写法一般是“合同的内容性质＋文种”；标题的下方应标明合同编号，订立合同双方名称及代称。

2. 合同当事人基本情况

合同双方当事人一般称为“甲方、乙方”，也可称“卖方、买方”“发包方、承包方”等。如果是多方当事人，要分行单写；如果是法人单位，应当写上单位名称以及法人代表姓名、年龄、职务等基本信息。

(二)正文

1. 引言

引言部分主要是订立合同的目的和依据。常用句式如“为了……根据……法律的规定，……双方经过充分协商，特订立本合同，以便共同遵守”。引言可部分省略或全部省略。

2. 合同条款

必备条款，包括标的、数量、质量、价款或酬金、履行期限、履行地点与方式、验收、结算方式、违约责任、解决争议的方法；约定条款，包括不可抗力条款、合同的有效期限、合同的正副本份数及保管、有关机构鉴证或公证等，以及其他补充条款。

3. 附件

如有附件，注明合同附件的效力，如“本合同附件、附表均为本合同的组成部分，且具有同等的法律效力”。附件、附表均写在合同条款的最下方，并注明附件名称、序数和份数。

(三)尾部

1. 落款

落款处是合同主体的全称，加盖公章或合同专用章，由法人代表或自然人签署姓名。如需审批，需写双方主管机关和签证机关的名称并加盖印章。数额较大、周期较长的合同还要公证。写明签订合同日期。

2. 其他附项

日期下写合同当事人的地址、邮编、电挂、电话、图文传真、开户银行、户名、银行账号等。

七、合同写作的基本要求

第一，合同的内容和签订程序合法合意。做到三个必须：严格遵守国家的法律法规；符合当事人各自的真实意愿；坚持双方平等互利、协商一致原则。

第二，合同的格式要规范、条款要完备，文字要精确，金额数字要大写，对双方权利、义务的规定必须明确具体，各种可能出现的问题都要充分估计到，便于合同的履行。

第三，合同的语言须准确、严密、简练，逻辑性要强，概念要清楚，措辞要严密，以防止产生歧义，类似“大概”“估计”“尽量”之类字眼一般不能使用，不能出现表述上的模糊、歧义或自相矛盾，以免造成不必要的纠纷。

第四，合同的文面要整洁，不得随意涂改、增删。合同一经签订，即可生效，任何一方不得随意改动。如需修改、补充或更正，须经双方协商同意，并在修改处加盖双方公章，方才有效；或将改动意见作为合同附件，正式签署后生效。

拓展知识

一、无效合同的特征

根据《合同法》第五十二条，有下列情形之一的，合同无效：一方以欺诈、胁迫的手段订立合同，损害国家利益；恶意串通，损害国家、集体或者第三人利益；以合法形式掩盖非法目的；损害社会公共利益；违反法律、行政法规的强制性规定。

无效合同具有违法性，即违反了法律和行政法规的强制性规定和社会公共利益；无效合同具有不履行性，即当事人在订立无效合同后，不得依据合同实际履行，也不承担不履行合同的违约责任；无效合同自始无效，无效合同违反了法律的规定，国家不予承认和保护。一旦确认无效，将具有溯及力，使合同从订立之日起就不具有法律约束力，以后也不能转化为有效合同。

二、“定金”与“订金”的区别

“定金”与“订金”在《现代汉语词典》中语义上没有区别，在法律上区别较大。

定金，是指合同当事人为了确保合同的履行，依据法律规定或者当事人双方的约定，由当事人一方在合同订立时或者订立后、履行前，按照合同标的额的一定比例(不超过20%)，预先给付对方当事人的金钱或其替代物。它是作为债权担保的一定数额的货币，它属于一种法律上的担保方式，目的在于促使债务人履行债务，保障债权人的债权得以实现。签合同时，对定金必须以书面形式进行约定，同时还应约定定金的数额和交付期限。给付定金一方如果不履行债务，无权要求另一方返还定金；接受定金的一方如果不履行债务，需向另一方双倍返还债务。债务人履行债务后，依照约定，定金应抵作价款或者收回。

定金作为合同担保的一种形式，首要作用是担保合同的履行；定金合同从实际交付定金之日起生效，定金还有证明合同成立的作用。

预付款是一种支付手段，其目的是解决合同一方周转资金短缺。预付款不具有担保债的履行的作用，也不能证明合同的成立。收受预付款一方违约，只需返还所收款项，而无须双倍返还。此外，法律对预付款的使用有严格规定，当事人不得任意在合同往来中预付款项，而对定金则无此限制。

关于订金，根据我国现行法律的有关规定，其不具有定金所具有的担保性质，一般情况下，交付订金的视作交付预付款。交付订金的一方主张定金权利的，人民法院不予支持。

订金在法律上是不明确的，也是不规范的，在审判实践中一般被视为预付款，即使认定为一种履约保证，这种保证也是单方的，它只对给付方形成约束，即给付方对收受方的保证。若收受方违约，只能退回原订金，得不到双倍返还；若给付方违约，收受方会以种种理由把订金抵作赔偿金或违约金而不予退还。

三、劳动纠纷调解及仲裁

劳动争议，又称劳动纠纷，指劳动关系当事人之间因劳动的权利与义务发生分歧而引起的争议。

劳动争议的当事人是指劳动关系当事人双方——职工和用人单位(包括自然人、法人和具有经营权的用人单位)，即劳动法律关系中权利的享有者和义务的承担者。劳动争议有的属于既定权利的争议，即因适用劳动法和劳动合同、集体合同的既定内容而发生的争议；有的属于要求新的权利而出现的争议，是因制定或变更劳动条件而发生的争议。

根据中国《劳动争议调解仲裁法》第 2 条规定，劳动争议的范围是：

(一)因确认劳动关系发生的争议；

(二)因订立、履行、变更、解除和终止劳动合同发生的争议；

(三)因除名、辞退和辞职、离职发生的争议；

(四)因工作时间、休息休假、社会保险、福利、培训以及劳动保护发生的争议；

（五）因劳动报酬、工伤医疗费、经济补偿或者赔偿金等发生的争议；

（六）法律、法规规定的其他劳动争议。

劳动纠纷是现实中较为常见的纠纷。我国当前处理劳动争议的机构为：劳动争议调解委员会、地方劳动争议仲裁委员会和地方人民法院。劳动争议当事人双方在履行劳动合同时如发生争议，可先协商解决；不愿协商或协商不成的，可以向本单位劳动争议调解委员会申请调解；调解无效，可在争议发生之日起六十日内向当地劳动争议仲裁委员会申请仲裁；也可以直接向劳动争议仲裁委员会申请仲裁。对仲裁结果不服的，可在十一日内向人民法院提起诉讼。

拓展训练

一、阅读机动车辆买卖合同和劳动合同的范本，总结合同的必备条款有哪些？

中华人民共和国机动车辆买卖合同

合同编号：

甲方（出卖人）：

乙方（受买人）：

甲乙双方依据《中华人民共和国合同法》及其他有关法律法规的规定，在平等、自愿、协商一致的基础上，就买卖汽车事宜，订立本合同，以资共同信守执行。

第一条：汽车说明

第二条：汽车价款

第三条：定金、付款方式

第四条：车辆降价补偿

第五条：质量约定

第六条：关于修理、更换、退货的约定

第七条：交车时间与地点、交付及验收方式

第八条：违约责任

第九条：不可抗力

第十条：赠品与选装

第十一条：争议解决

第十二条：其他

甲方（出卖人）：

盖章：

邮编：

营业执照：

法定代表人：

电话号码：

委托代理人：

电话：

20　　年　　月　　日

乙方（受买人）：

盖章：

国籍：

身份证号码：

邮编：

电话号码：

委托代理人：

电话：

20　　年　　月　　日

劳动合同

为确立双方的劳动关系，明确双方的权利和义务，根据现行《中华人民共和国劳动法》《中华人民共和国劳动合同法》及其他有关劳动法律、法规、规章以及甲方依法制定的规章制度的规定，劳动双方需要签订的合同样本。

编号：(固定期限)

劳动合同双方当事人基本情况

甲方　法定代表人(主要负责人)或委托代理人

　　　注册地址(略)

　　　经营地址(略)

乙方　性别

居民身份证号码或者其他有效证件名称　证件号码

在甲方工作起始时间　　年　月　日

家庭住址　　　　　　　　　　　　　邮政编码

现居住地址　　　　　　　　　　　　邮政编码

户口所在地　　省(市)区(县)　　街道(乡镇)

签订日期：　　年　月　日

根据《中华人民共和国劳动合同法》及有关法律法规规定，甲乙双方本着平等自愿、协商一致、合法公平、诚实信用的原则，签订劳动合同，并承诺共同遵守：

第一条　合同类型和期限

甲、乙双方选择以下形式确定本合同期限：

(一)固定期限，自______年______月______日起至______年______月______日止，共______个月。

(二)其中试用期自______年______月______日起至______年______月______日止，共______个月。

(三)乙方应在______年____月____日前到岗。

注：《中华人民共和国劳动合同法》调整了《中华人民共和国劳动法》关于劳动合同终止的规定内容。取消了劳动合同的约定终止，规定劳动合同只能因法定情形出现而终止。也就是说，劳动合同当事人不得约定劳动合同终止条件；即使约定了，该约定也无效。

规定到岗时间的理由在于：《中华人民共和国劳动合同法》规定劳动关系的建立日为用工之日(一般情况以到岗为准)，劳动者签订合同后一直不到岗，企业不能随便解除合同，法律风险和成本很高，应约定到岗时间，以便后面约定本合同的自动失效。

第二条　工作内容和工作地点

(一)根据甲方工作需要，乙方同意从事________岗位工作，根据甲方的工作需要，经甲乙双方协商同意，可以变更工作地点。

(二)乙方应按甲方的要求，按时完成规定的工作数量，达到规定的质量标准。

注：工作地点是《中华人民共和国劳动合同法》新增的必备条款。对于类似“因生产经

营需要，劳动者愿意服从用人单位调整工作岗位”或“用人单位有权根据生产经营需要调整劳动者工作岗位”等条款，不再写入合同。原因在于：调整工作岗位属于变更合同行为，按照《中华人民共和国劳动合同法》规定，变更需采用书面形式，因此，此约定涉嫌剥夺劳动者的合同协商变更权，用人单位免除自己的法定责任、排除劳动者权利的条款无效。

第三条 工作时间和休息休假

(一)乙方实行以下第________种工时制。

1. 实行固定工作制的，平均每日工作时间不得超过8小时，平均每周工作时间不得超过60小时。

2. 实行不定时工作制的，工作时间和休息休假甲乙双方协商安排。

(二)甲方因工作需要安排延长乙方工作时间的，应依法安排乙方同等时间补休或支付加班加点工资。

注：加班加点工资标准应按国家相关规定明示于合同中。

(三)乙方依法享受国家规定的节假日和本单位规定休假制度。

注：工作时间和休息休假是《中华人民共和国劳动合同法》新增的必备条款。

第四条 劳动保护和劳动条件

(一)甲方根据生产岗位的需要，按照国家有关劳动安全、卫生的规定为乙方配备必要安全防护措施，发放必要的劳动保护用品。

(二)甲方根据国家有关法律、法规，建立安全生产制度；乙方应当严格遵守甲方的劳动安全制度，严禁违章作业，防止劳动过程中的事故，减少职业危害。

(三)甲方应当建立、健全职业病防治责任制度，加强对职业病防治的管理，提高职业病防治水平。

注：劳动保护、劳动条件和职业危害防护是《中华人民共和国劳动合同法》新增的必备条款。

第五条 劳动报酬

(一)乙方试用期的基本(固定)工资标准为________元/月，乙方在试用期期间的工资为________元，绩效工资根据乙方的业绩考核情况核定。

(二)乙方试用期满后，甲方应根据本单位的工资制度，确定乙方实行以下第________种工资形式：

1. 计时工资。乙方的工资由基本(固定)工资和绩效工资组成。基本(固定)工资为________元/月，绩效工资根据乙方的业绩考核情况核定。如甲方的工资制度发生变化或乙方的工作岗位变动，按新的工资标准确定。

2. 计件工资。甲方应制定科学合理的劳动定额标准，计件单价按甲方的有关制度为准。

3. 其他工资形式。具体约定如下：

____。

(三)甲方(或甲方指定的单位)应以货币形式按月支付乙方工资，发薪日为每月

________日。若乙方提供了正常劳动，甲方支付给乙方的工资报酬不得低于当地政府规定的最低工资标准。

注：本合同应注明劳动者的基本(固定)工资标准，绩效工资由业绩考核确定。“甲方指定的单位”解决的是劳动合同所在单位和工资支付单位分离的情况，即“外派用工”的情形。

“25日”比正常发薪时间延后5日，规避有时合理期间晚发工资的情况。

(四)合同期内，甲方应视乙方的工作表现情况，给予乙方提高工资待遇的机会。(注：加薪情况应明示于合同中)

第六条　社会保险和福利待遇

(一)甲、乙双方必须依法参加当地政府规定的法定社会保险，并按照国家有关规定按时向劳动保障部门所属社会保险机构缴纳社会保险费，其中乙方应缴纳部分由甲方从乙方工资中代扣代缴。

(二)乙方因工负伤(死亡)和患职业病，依法享有获得医疗救治、经济补偿的权利。

(三)乙方在劳动合同期内患病、非因工负伤，依法享有国家规定的医疗期。

(四)乙方的福利待遇按国家及甲方的规定执行。

第七条　劳动合同的变更、解除、终止、续订

(一)有下列情形之一的，甲、乙双方可以变更本合同：

1. 在不损害国家、集体和他人利益的情况下，双方协商一致的；

2. 劳动合同订立时所依据的客观情况发生了重大变化，经与乙方协商一致的；

3. 由于不可抗力的因素致使劳动合同无法完全履行的；

4. 劳动合同订立时所依据的法律、法规已修改的；

5. 法律、法规规定的其他情形。

(二)乙方有下列情形之一的，甲方可以解除本合同：

1. 在试用期间，被证明不符合录用条件的；

注：人力资源部门应保留招聘资料，以保留录用条件的证据。

2. 严重违反劳动纪律及甲方规章制度的；

3. 严重失职，营私舞弊，给甲方利益造成重大损害的；

4. 同时与其他用人单位建立劳动关系，对完成甲方工作任务造成严重影响，或者经甲方提出，拒不改正的；

5. 以欺诈、胁迫的手段或者乘人之危，使甲方在违背真实意思的情况下订立或者变更劳动合同的；

6. 被依法追究刑事责任的。

注：依据《中华人民共和国劳动合同法》第39条修订。对员工欺诈的情形，也可依据第39条第5项解除劳动合同。

(三)有下列情形之一的，甲方可以解除本合同，但是应当提前三十日以书面形式通知乙方：

1. 乙方患病或者非因工负伤，医疗期满后，不能从事原工作也不能从事由甲方另行

安排的工作的；

2. 乙方不能胜任工作，经过培训或者调整工作岗位，仍不能胜任工作的；

3. 劳动合同订立时所依据的客观情况发生重大变化，致使原劳动合同无法履行，经甲、乙双方协商不能就变更劳动合同达成协议的。

（四）有下列情形之一的，乙方可以解除此合同：

1. 甲方不能按时按量提供乙方合理报酬的；

2. 甲方未能按时按量提供乙方保险福利的；

3. 甲方不能提供乙方合理岗位和培训机会的；

4. 甲方不能为乙方提供更好发展机会的。

注：依据《中华人民共和国劳动合同法》第40条拟订，无变化。

八、其他约定条款

（一）凡由甲方出资培训乙方，双方另行签订《培训/教育协议》，因乙方原因而提前解除劳动合同，乙方应赔偿甲方的培训等费用，具体赔偿标准执行《培训/教育协议》的约定。

（二）乙方在签订劳动合同之前，甲方有权了解乙方与劳动合同直接相关的基本情况，包括但不限于劳动者的学历、履历、资格或任职证书（明）以及以前劳动关系是否解除或终止等。劳动者应当如实说明，并应书面承诺其真实性。若因故意漏报、隐瞒前述基本情况，骗取甲方签订劳动合同的，经甲方查出或被原单位追诉的，视为乙方的欺诈行为并导致甲方的严重误解，甲方有权依法申请认定本合同自始无效，由此给甲方造成的损失，应由乙方全额承担。

（三）乙方未按照本合同第一条规定的到岗日到岗的，本合同自到岗日满后自动失效，但甲方认可的除外。由此给甲方造成的损失，应由乙方全额承担。

（四）本合同的附件与本合同具有同等效力。但如果本合同的条款与附件内容有任何冲突或不一致之处，则以附件中的内容为准。

（五）本合同履行过程中，若甲方变更名称、法定代表人或者主要负责人、投资人等事项，不影响本合同履行；若甲方发生合并或分立等情况，本合同继续有效，由承继单位继续履行。

（六）乙方在合同期内，属于其岗位职务行为或主要利用甲方的物质技术条件所产生的所有专利、版权和其他知识产权归甲方所有，乙方无权进行商业性开发。

（七）双方签订本合同后，乙方不得在合同期内再受聘其他任何单位从事与甲方相同或类似或有竞争冲突的业务。

（八）乙方对在合同期间得到的有关甲方及其关联公司的情报、信息等商业秘密进行保密，不得将其泄露给任何第三者（亦包括无工作上需要的甲方雇员）。乙方违反保密义务则被视为严重违反本合同，并认为有足够的理由被辞退。此种保密义务在本合同终止或期满后的任何时间对乙方仍有约束力。

注：商业秘密和竞业限制、专项培训只在主合同中做原则约定，另行签订协议处理。

（九）本合同未尽事宜，法律法规有规定的，按法律法规规定执行；法律法规没有规定的，由双方协商解决；双方协商一致，可以变更本合同。若双方协商不成或者发生劳动争议，应当依法向调解机构申请调解，或者依法申请劳动争议仲裁、向人民法院起诉。

（十）本合同一式____份，自双方签字盖章之日起生效；双方至少各执一份。甲方应按规定建立职工名册备查，并向劳动部门办理备案手续。

甲方（盖章）　　　　　　　　　　　　　　乙方（签名）

法定代表人、负责人或委托代理人（签名）

年　月　日　　　　　　　　　　　　　　年　月　日

二、请分析以下合同的标的。

1. 借款合同

2. 房屋租赁合同

3. 代理诉讼合同

4. 个人人身意外伤害保险合同。

三、分析下列合同纠纷产生的原因。

一份蘑菇买卖合同，需方本意是要“无杂质、腐烂”的蘑菇，但在合同中写成了“无杂质，腐烂”。货到后，需方发现有腐烂蘑菇，要求退货。但供方辩解说：“合同上写的是‘无杂质，腐烂’。我们还以为你们专门要腐烂蘑菇。”争诉结果需方败诉。

四、指出下列合同中的问题。

临时劳动合同

甲方：××商场营业部　　　乙方：×××

甲方为做好市场供应，满足顾客需要，需延长营业时间，因此组织职工待业子女临时到商店参加售货等劳动。经甲方审批同意，乙方愿到甲方劳动，特签订本协议。

一、甲方提供劳动场所，乙方要服从分配，并遵守商店的一切规章制度。

二、劳动时间和期限：乙方每天劳动8小时。劳动期限从××××年×月×日至××××年×月×日止。甲方因任务已经完成或其他原因要求解除协议时，需提前三天通知乙方；乙方因招工、升学或其他原因要求解除协议，亦需提前三天通知甲方。

三、劳动报酬：乙方劳动一天由甲方付给劳动报酬（按天计酬，月终结算）；整月劳动，由甲方付给副食津贴5元；劳动不足15天时，由甲方付给副食津贴2.50元。甲方不提供其他福利待遇。

四、甲方有责任向乙方进行安全生产的教育。乙方应按甲方要求认真遵守操作规程。如出现工伤事故由乙方自己负责。

五、如劳动合同期限需要延长，甲乙双方另议。

六、本协议一式三份。甲、乙方各一份，报公司一份。

甲方：××商场营业部（盖章）　　　　乙方：×××（签字）

××××年×月×日

五、指出下列合同的不当之处

经济合同

甲方：××化工厂第二车间　　　　　　乙方：××市第二建筑公司生产科

为建筑××化工厂第二车间东厂房，经双方协商，订立本合同。

1. 甲方委托乙方建造东厂房一座，由乙方全面负责建造。

2. 全部建筑费(包括材料、人工)壹拾叁万元。

3. ××化工厂在订立合同后先交一部分建造费，其余在东厂房建成后抓紧归还所欠部分。

4. 工期待乙方筹备就绪后立即开始，力争三月中旬开工，争取十一月左右交活。

5. 建筑材料由乙方全面负责筹备。

6. 本合同一式两份，双方各执一份。

甲方：××商场营业部(盖章)　　　　乙方：×××(签字)

六、公司经与经销商接洽，准备采购一批联想电脑。请你代为拟写一份采购合同。要求：格式规范、语言准确、内容具体、信息完备。

附 录

党政机关公文处理工作条例

（中办发〔2012〕14号）

（2012年4月16日由中共中央办公厅和国务院办公厅联合印发）

第一章 总则

第一条 为了适应中国共产党机关和国家行政机关（以下简称党政机关）工作需要，推进党政机关公文处理工作科学化、制度化、规范化，制定本条例。

第二条 本条例适用于各级党政机关公文处理工作。

第三条 党政机关公文是党政机关实施领导、履行职能、处理公务的具有特定效力和规范体式的文书，是传达贯彻党和国家的方针政策，公布法规和规章，指导、布置和商洽工作，请示和答复问题，报告和交流情况等的重要工具。

第四条 公文处理工作是指公文拟制、办理、管理等一系列相互关联、衔接有序的工作。

第五条 公文处理工作应当坚持实事求是、准确规范、精简高效、安全保密的原则。

第六条 各级党政机关应当高度重视公文处理工作，加强组织领导，强化队伍建设，设立文秘部门或者由专人负责公文处理工作。

第七条 各级党政机关办公厅（室）主管本机关的公文处理工作，对下级机关的公文处理工作进行业务指导和督促检查。

第二章 公文种类

第八条 公文种类主要有：

（一）决议。适用于会议讨论通过的重大决策事项。

（二）决定。适用于对重要事项作出决策和部署、奖惩有关单位和人员、变更或者撤销下级机关不适当的决定事项。

（三）命令（令）。适用于公布行政法规和规章、宣布施行重大强制性措施、批准授予和晋升衔级、嘉奖有关单位和人员。

（四）公报。适用于公布重要决定或者重大事项。

（五）公告。适用于向国内外宣布重要事项或者法定事项。

（六）通告。适用于在一定范围内公布应当遵守或者周知的事项。

（七）意见。适用于对重要问题提出见解和处理办法。

（八）通知。适用于发布、传达要求下级机关执行和有关单位周知或者执行的事项，批转、转发公文。

（九）通报。适用于表彰先进、批评错误、传达重要精神和告知重要情况。

（十）报告。适用于向上级机关汇报工作，反映情况，回复上级机关的询问。

（十一）请示。适用于向上级机关请求指示、批准事项。

（十二）批复。适用于答复下级机关请示事项。

（十三）议案。适用于各级人民政府按照法律程序向同级人民代表大会或者人民代表大会常务委员会提请审议事项。

（十四）函。适用于不相隶属机关之间商洽工作、询问和答复问题、请求批准和答复审批事项。

（十五）纪要。适用于记载会议主要情况和议定事项。

第三章 公文格式

第九条 公文一般由份号、密级和保密期限、紧急程度、发文机关标志、发文字号、签发人、标题、主送机关、正文、附件说明、发文机关署名、成文日期、印章、附注、附件、抄送机关、印发机关和印发日期、页码等组成。

（一）份号。公文印制份数的顺序号。涉密公文应当标注份号。

（二）密级和保密期限。公文的秘密等级和保密的期限。涉密公文应当根据涉密程度分别标注“绝密”“机密”“秘密”和保密期限。

（三）紧急程度。公文送达和办理的时限要求。根据紧急程度，紧急公文应当分别标注“特急”“加急”，电报应当分别标注“特提”“特急”“加急”“平急”。

（四）发文机关标志。由发文机关全称或者规范化简称加“文件”二字组成，也可以使用发文机关全称或者规范化简称。联合行文时，发文机关标志可以并用联合发文机关名称，也可以单独用主办机关名称。

（五）发文字号。由发文机关代字、年份、发文顺序号组成。联合行文时，使用主办机关的发文字号。

（六）签发人。上行文应当标注签发人姓名。

（七）标题。由发文机关名称、事由和文种组成。

（八）主送机关。公文的主要受理机关，应当使用机关全称、规范化简称或者同类型机关统称。

（九）正文。公文的主体，用来表述公文的内容。

（十）附件说明。公文附件的顺序号和名称。

（十一）发文机关署名。署发文机关全称或者规范化简称。

（十二）成文日期。署会议通过或者发文机关负责人签发的日期。联合行文时，署最后签发机关负责人签发的日期。

（十三）印章。公文中有发文机关署名的，应当加盖发文机关印章，并与署名机关相符。有特定发文机关标志的普发性公文和电报可以不加盖印章。

（十四）附注。公文印发传达范围等需要说明的事项。

（十五）附件。公文正文的说明、补充或者参考资料。

（十六）抄送机关。除主送机关外需要执行或者知晓公文内容的其他机关，应当使用机关全称、规范化简称或者同类型机关统称。

（十七）印发机关和印发日期。公文的送印机关和送印日期。

（十八）页码。公文页数顺序号。

第十条　公文的版式按照《党政机关公文格式》国家标准执行。

第十一条　公文使用的汉字、数字、外文字符、计量单位和标点符号，按照有关国家标准和规定执行。民族自治地方的公文，可以并用汉字和当地通用的少数民族文字。

第十二条　公文用纸幅面采用国际标准 A4 型。特殊形式的公文用纸幅面，根据实际需要确定。

第四章　行文规则

第十三条　行文应当确有必要，讲求实效，注重针对性和可操作性。

第十四条　行文关系根据隶属关系和职权范围确定。一般不得越级行文，特殊情况需要越级行文的，应当同时抄送被越过的机关。

第十五条　向上级机关行文，应当遵循以下规则：

（一）原则上主送一个上级机关，根据需要同时抄送其他相关上级机关和同级机关，不抄送下级机关。

（二）党委、政府的部门向上级主管部门请示、报告重大事项，应当经本级党委、政府同意或者授权，属于部门职权范围内的事项应直接报送上级主管部门。

（三）下级机关的请示事项，如需以本机关名义向上级机关请示，应当提出倾向性意见后上报。不得原文转报上级机关。

（四）请示应当一文一事，不得在报告等非请示性公文中夹带请示事项。

（五）除上级机关负责人直接交办事项外，不得以本机关名义向上级机关负责人报送公文，也不得以本机关负责人名义向上级机关报送公文。

（六）受双重领导的机关向一个上级机关行文，必要时应当抄送另一个上级机关。

（七）不符合行文规则的上报公文，上级机关的文秘部门可退回下级呈报机关。

第十六条　向下级机关行文，应当遵循以下规则：

（一）主送受理机关，根据需要抄送相关机关。重要行文应当同时抄送发文机关的直接上级机关。

（二）党委、政府的办公厅（室）根据本级党委、政府授权，可以向下级党委、政府行文，其他部门和单位不得向下级党委、政府发布指令性公文或者在公文中向下级党委、政府提出指令性要求。需经政府审批的具体事项，经政府同意可由政府职能部门行文，文中需注明已经政府同意。

（三）党委、政府的部门在各自职权范围内可以向下级党委、政府的相关部门行文。

（四）涉及多个部门职权范围内的事务，部门之间未协商一致的，不得向下行文；擅自行文的，上级机关应当责令其纠正或者撤销。

（五）上级机关向受双重领导的下级机关行文，必要时抄送该下级机关的另一个上级机关。

第十七条　同级党政机关、党政机关与其他同级机关必要时可以联合行文。属于党委、政府各自职权范围内的工作，不得联合行文。党委、政府的部门依据职权可以相互行文。部门内设机构除办公厅（室）外不得对外正式行文。

第五章　公文拟制

第十八条　公文拟制包括公文的起草、审核、签发等程序。

第十九条　公文起草应当做到：

（一）符合国家的法律法规和党的路线方针政策，完整准确体现发文机关意图，并同现行有关公文相衔接。

（二）一切从实际出发，分析问题实事求是，所提政策措施和办法切实可行。

（三）内容简洁，主题突出，观点鲜明，结构严谨，表述准确，文字精练。

（四）文种正确，格式规范。

（五）公文涉及其他部门职权范围事项的，起草单位必须征求相关部门意见，力求达成一致。

（六）深入调查研究，充分进行论证，广泛听取意见。

（七）机关负责人应当主持、指导重要公文起草工作。

第二十条　公文文稿签发前，应当由发文机关办公厅（室）进行审核。审核的重点是：

（一）行文理由是否充分，行文依据是否准确。

（二）内容是否符合国家法律法规和党的路线方针政策；是否完整准确体现发文机关意图；是否同现行有关公文相衔接；所提政策措施和办法是否切实可行。

（三）涉及有关地区或者部门职权范围的事项是否经过充分协商并达成一致意见。

（四）文种是否正确，格式是否规范；人名、地名、时间、数字、段落顺序、引文等是否准确；文字、数字、计量单位和标点符号等用法是否符合规定。

（五）其他内容是否符合公文起草的有关要求。

需要发文机关审议的重要公文文稿，审议前由发文机关办公厅（室）进行初核。

第二十一条　经审核不宜发文的公文文稿，应当退回起草单位并说明理由；符合发文条件但内容需作进一步研究和修改的，由起草单位修改后重新报送。

第二十二条　公文应当经本机关负责人审批签发。重要公文和上行文由机关主要负责人签发。党委、政府的办公厅（室）根据党委、政府授权制发的公文，由受权机关主要负责人签发或者按照有关规定签发。签发人签发公文，应当签署意见、姓名和完整日期；圈阅或者签名的，视为同意。联合行文由所有联署机关的负责人会签。

第六章　公文办理

第二十三条　公文办理包括收文办理、发文办理和整理归档。

第二十四条　收文办理主要程序是：

（一）签收。对收到的公文应当逐件清点，核对无误后签字或者盖章，并注明签收时间。

（二）登记。对公文的主要信息和办理情况应当详细记载。

（三）初审。对收到的公文应当进行初审。初审的重点是：是否应当由本机关办理，是否符合行文规则，文种、格式是否符合要求，涉及其他地区或者部门职权范围的事项是否已经协商、会签；是否符合公文起草的其他要求。经初审不符合规定的公文，应当及时退回来文单位并说明理由。

（四）承办。阅知性公文应当根据公文内容、要求和工作需要确定范围后分送。批办性公文应当提出拟办意见报本机关负责人批示或者转有关部门办理；需要两个以上部门办理的，应当明确主办部门。紧急公文应当明确办理时限。承办部门对交办的公文应当及时办理，有明确办理时限要求的应当在规定时限内办理完毕。

（五）传阅。根据领导批示和工作需要将公文及时送传阅对象阅知或者批示。办理公文传阅应当随时掌握公文去向，不得漏传、误传、延误。

（六）催办。及时了解掌握公文的办理进展情况，督促承办部门按期办结。紧急公文或者重要公文应当由专人负责催办。

（七）答复。公文的办理结果应当及时答复来文单位，并根据需要告知相关单位。

第二十五条　发文办理主要程序是：

（一）复核。已经发文机关负责人签批的公文，印发前应当对公文的审批手续、内容、文种、格式等进行复核；需作实质性修改的，应当报原签批人复审。

（二）登记。对复核后的公文，应当确定发文字号、分送范围和印制份数并详细记载。

（三）印制。公文印制必须确保质量和时效。涉密公文应当在符合保密要求的场所印制。

（四）核发。公文印制完毕，应当对公文的文字、格式和印刷质量进行检查后分发。

第二十六条　涉密公文应当通过机要交通、邮政机要通信、城市机要文件交换站或者收发件机关机要收发人员进行传递，通过密码电报或者符合国家保密规定的计算机信息系统进行传输。

第二十七条　需要归档的公文及有关材料，应当根据有关档案法律法规及机关档案管理规定，及时收集齐全、整理归档。两个以上机关联合办理的公文，原件由主办机关归档，相关机关保存复制件。机关负责人兼任其他机关职务的，在履行所兼职务过程中形成的公文，由其兼职机关归档。

第七章　公文管理

第二十八条　各级党政机关应当建立健全本机关公文管理制度，确保管理严格规范，充分发挥公文效用。

第二十九条　党政机关公文由文秘部门或者专人统一管理。设立党委（党组）的县级以上单位应建立机要保密室和机要阅文室，并按有关保密规定配备工作人员和必要的安全保密设施。

第三十条　公文确定密级前，应当按照拟定的密级先行采取保密措施。确定密级后，应当按照所定密级严格管理。绝密级公文应当由专人管理。公文的密级需要变更或者解除的，由原确定密级的机关或者其上级机关决定。

第三十一条　公文的印发传达范围应当按照发文机关的要求执行；需要变更的，应当经发文机关批准。涉密公文公开发布前应当履行解密程序。公开发布的时间、形式和渠道，由发文机关确定。经批准公开发布的公文，同发文机关正式制发的公文具有同等效力。

第三十二条　复制、汇编机密级、秘密级公文，应当符合有关规定并经本机关负责人批准。绝密级公文一般不得复制、汇编，确有工作需要的，应当经发文机关或者其上级机关批准。复制、汇编的公文视同原件管理。

复制件应当加盖复制机关戳记。翻印件应当注明翻印的机关名称、日期。汇编本的密级按照编入公文的最高密级标注。

第三十三条　公文的撤销和废止，由发文机关、上级机关或者权力机关根据职权范围和有关法律法规决定。公文被撤销的，视为自始无效；公文被废止的，视为自废止之日起失效。

第三十四条　涉密公文应当按照发文机关的要求和有关规定进行清退或者销毁。

第三十五条　不具备归档和保存价值的公文，经批准后可以销毁。销毁涉密公文必须严格按照有关规定履行审批登记手续，确保不丢失、不漏销。个人不得私自销毁、留存涉密公文。

第三十六条　机关合并时，全部公文应当随之合并管理；机关撤销时，需要归档的公文整理后按照有关规定移交档案管理部门。

工作人员调离岗位时，所在机关应当督促其将暂存、借用的公文按照有关规定移交、清退。

第三十七条　新设立的机关应当向党委、政府的办公厅(室)提出发文立户申请。经审查符合条件的，列为发文单位，机关合并或者撤销时，相应进行调整。

第八章　附则

第三十八条　党政机关公文含电子公文。电子公文处理工作的具体办法另行制定。

第三十九条　法规、规章方面的公文，依照有关规定处理。外事方面的公文，依照外事主管部门的有关规定处理。

第四十条　其他机关和单位的公文处理工作，可以参照本条例执行。

第四十一条　本条例由中共中央办公厅、国务院办公厅负责解释。

第四十二条　本条例自2012年7月1日起施行。1996年5月3日中共中央办公厅印发的《中国共产党机关公文处理条例》和2000年8月24日国务院发布的《国家行政机关公文处理办法》停止执行。